U0819377

权威・前沿・原创

皮书系列为

“十二五”“十三五”国家重点图书出版规划项目

河北蓝皮书

BLUE BOOK OF HEBEI

河北社会发展报告
（2018~2019）

ANNUAL REPORT ON SOCIAL DEVELOPMENT OF HEBEI (2018-2019)

主　　编／康振海

执行主编／王文录

副 主 编／侯建华

社会科学文献出版社
SOCIAL SCIENCES ACADEMIC PRESS (CHINA)

图书在版编目（CIP）数据

河北社会发展报告. 2018－2019/康振海主编. －－北京：社会科学文献出版社，2019. 3
（河北蓝皮书）
ISBN 978－7－5201－4242－7

Ⅰ. ①河… Ⅱ. ①康… Ⅲ. ①社会发展－研究报告－河北－2018－2019 Ⅳ. ①D672. 2

中国版本图书馆 CIP 数据核字（2019）第 024021 号

河北蓝皮书
河北社会发展报告（2018～2019）

主　　编／康振海
执行主编／王文录
副 主 编／侯建华

出 版 人／谢寿光
责任编辑／丁　凡
文稿编辑／徐崇阳　马甜甜

出　　版／社会科学文献出版社·城市和绿色发展分社（010）59367143
地址：北京市北三环中路甲 29 号院华龙大厦　邮编：100029
网址：www. ssap. com. cn
发　　行／市场营销中心（010）59367081　59367083
印　　装／天津千鹤文化传播有限公司

规　　格／开 本：787mm × 1092mm　1/16
印 张：17. 5　字 数：261 千字
版　　次／2019 年 3 月第 1 版　2019 年 3 月第 1 次印刷
书　　号／ISBN 978－7－5201－4242－7
定　　价／128. 00 元

《河北社会发展报告（2018～2019）》编辑委员会

主编简介

康振海 中共党员，1982年毕业于河北大学哲学系，获哲学学士学位；1987年9月至1990年7月在中央党校理论部中国现代哲学专业学习，获哲学硕士学位。

三十多年来，康振海同志长期工作在思想理论战线。1982年8月至1984年10月在南和县人事局工作；1984年10月至1987年9月、1990年7月至1990年11月在邢台地委宣传部工作；1990年11月至2016年3月在河北省委宣传部工作，历任干事、主任科员、副处长、调研员、处长、助理巡视员、副巡视员、副部长；2016年3月至2017年6月任河北省作家协会党组书记、副主席；2017年6月至今任河北省社会科学院党组书记、院长。

康振海同志理论学术成果丰硕，在《人民日报》、《光明日报》、《经济日报》、《河北日报》、《河北学刊》、《社会科学论坛》、河北人民出版社等重要报刊和出版社发表、出版论著多篇（部），以及主持并完成"《宣传干部行为规范》可行性研究和草案初拟研究"等多项国家级、省部级立项课题。主要代表作有著作：《中国共产党思想政治工作九十年》《春风化雨——人文关怀和心理疏导读本》《艾思奇传》《恽代英传》《雄安新区经济社会发展报告》等。论文：《以绩效管理推动企业思想政治工作科学化》《在服务群众中加强党的基层建设》《以"塞罕坝精神"再造绿水青山》《新时代：我国发展新的历史方位》《勇于推进实践基础上的理论创新》《试论邓小平的马克思主义观》《努力建设社会主义文化强国》《在新时代继续把改革开放推向前进》《在构建中国特色哲学社会科学中彰显新作为》《习近平新时代中国特色社会主义思想是马克思主义中国化的最新成果——写在马克思诞辰200周年之际》《改革开放——决定当代中国命运的关键一招》等。

王文录　毕业于吉林大学，经济学博士，现为河北省社会科学院社会发展研究所所长、研究员，河北省社会科学院社会治理研究中心首席专家、河北省社会科学院人口社会学重点扶持学科首席专家。主要从事人口城镇化研究，同时关注生态、公共服务和文化治理等问题。获得“河北理论人才五十人工程”等称号。近年来主要代表作有年度报告《河北社会发展报告》、《人口城镇化背景下的户籍制度研究》、《河北贫困人口大病医疗救助研究》等著作；主持并完成国家社科基金课题“人口城市化背景下的户籍制度研究”，先后承担各类课题90余项。

摘　要

本书是河北省社会科学院主持编纂的河北蓝皮书丛书之一，由河北省社会科学院社会发展研究所组织院内外专家学者撰写而成，是河北省社会发展的年度报告。《河北社会发展报告（2018～2019）》贯彻党的十九大及河北省委九届五次、六次、七次全会精神，以脱贫攻坚背景下的生态建设与乡村治理为主线，对河北省的脱贫攻坚、京津冀生态环境支撑区建设、文化带建设、乡村建设、社会治理等重大问题进行了全面、深入、系统的分析。

本书由总报告和生态文明篇、乡村建设篇、社会治理篇四个板块组成，包括1篇总报告和22篇专题报告。总报告认为，2018年河北省深入贯彻落实党的十九大精神和省委六次全会的全面部署，国民经济总量保持持续增长，居民收入水平不断提高，就业形势总体稳定，脱贫攻坚取得阶段性胜利，环境质量得到有效改善，社会形势和谐稳定。河北省突出问题导向，勇于攻坚克难，脱贫攻坚战、污染防治攻坚战和京津冀生态环境支撑区、农村新型社区、大运河文化带建设等重大领域均取得良好进展和成效，但也存在一些难点和问题。2019年，脱贫攻坚进入关键期，“四大文化带”新动能更加突显，公共服务标准化成为新趋势，社会发展将呈现高质量的持续健康发展态势。推动社会发展高质量运行，集中力量脱贫攻坚，建设生态高地，创新社会治理机制，打造“四大文化带”将是河北社会发展面临的主要任务。生态文明篇围绕京津冀生态环境支撑区建设和环境治理，分析了问题和突破点，并对坝上、白洋淀、城市社区几个重点区域进行了深入分析。乡村建设篇聚焦了乡村建设和脱贫攻坚问题，深入剖析了特色小镇、农村新型社区、传统村落保护、新媒体平台等在乡村振兴和脱贫攻坚中的重要作用，分析了存在的问题，并提出了对策建议。社会治理篇围绕河北省公共服务、就业创业、乡村社会治理、社会发展评价及老龄化问题展开，为提升河北省的社会治理水平提供参考。

关键词： 河北社会发展　生态文明　乡村建设　社会治理

Abstract

This book is one of Hebei's blue books compiled by Hebei Academy of Social Sciences, and wrote by experts and scholars organized by Sociology Institute, Hebei Academy of Social Sciences, being a yearly report of the social development of Hebei Province. *Annual Report on Social Development of Hebei* (*2018 – 2019*) makes an overall, deep and systematic analysis of such significant issues as the struggles for poverty eradication, the construction of Beijing-Tianjin-Hebei Ecological Environment Support Zone, the construction of cultural belts, rural reconstruction, and social governance of Hebei Province by carrying out the spirits of the CPC 19th National Congress and the Fifth Plenary Session, the Sixth Plenary Session and the Seventh Plenary Session of the CPC Ninth Hebei Provincial Committee and centering around ecological development and rural governance in the background of the struggles for poverty eradication.

This book falls into the four parts of General Report, Ecological Civilization, Rural Reconstruction, and Social Governance, and involves one general report and 22 special reports. General Reports states that Hebei Province deeply carried out the spirits of the CPC 19th National Congress and overall arrangements of the Sixth Plenary Session of the CPC Ninth Hebei Provincial Committee, the GDP kept growth, the residents' income level improved constantly, the employment situation remained steady largely, the struggles for poverty eradication achieved an initial history, the environment quality became better, and the social situation was harmonious and steady in 2018. Hebei Province, being highly problem-oriented, courageously exerted itself in struggles for solving difficult problems, and such significant issues of social development as the struggles for poverty eradication and pollution preventioncontrol, as well as the construction of Beijing-Tianjin-Hebei Ecological Environment Support Zone, rural new-pattern communities, and the Grand Canal Cultural Belt all achieved good advancements and results, but some difficulties and problems still exist. In 2019, the struggles for poverty eradication will enter a critical period, new kinetic energy of the "Four Grand Cultural Belts" will be more noticeable, the public service standardization will become a new trend, and the social development will take on a sustained and sound development situation with high quality. Advancing the social development towards high-quality operation, concentrating efforts in the struggles for poverty eradication, constructing the ecological highlands, innovating mechanisms of social governance, and establishing the "Four Grand Cultural Belts" will be major tasks facing Hebei's social development. Ecological Civilization centers around the construction of Beijing-Tianjin-Hebei Ecological Environment Support Zone and the environmental improvement, expounds problems and points of breakthrough, and makes a deep analysis of the several key areas of the Bashang Highland, the Baiyangdian Lake, and urban communities. Rural Reconstruction focuses on rural reconstruction and the struggles for poverty eradication, and makes a deep analysis of important roles of characteristic towns, rural new-pattern communities, traditional village conservation, new media platforms, etc. in the rural revitalization and the struggles for poverty eradication, as well as existing problems, and puts forward policy proposals. Social Governance centers around studies of the public service, employment & new-businesses establishment, rural social governance, social development evaluation and old-age in Hebei Province, and provides reference for improving the social governance of Hebei Province.

Keywords: Hebei Social Development; Ecological Civilization; Rural Area Construction; Social Governance

目 录

Ⅰ 总报告

Ⅱ 生态文明篇

Ⅲ 乡村建设篇

Ⅳ　社会治理篇

皮书数据库阅读**使用指南**

CONTENTS

I General Report

II Ecological Civilization

Ⅲ Rural Area Construction

Ⅳ Social Governance

总 报 告

General Report

B.1
2018 ~2019年河北省社会发展报告

王文录　侯建华　车同侠　王立源*

摘　要：　改革开放40年来，河北经济社会发展取得了辉煌成就，特别是党的十九大以来，河北经济社会发展进入新时代。2018年河北整体社会发展形势平稳，民生支出持续增长，城乡居民收入稳步提高，就业形势总体稳定，社会保障取得新突破，脱贫攻坚取得阶段性胜利，环境质量得到有效改善。社会发展领域的重大热点问题，如脱贫攻坚、污染治理、京津冀生态环境支撑区建设、农村新型社区建设、大运河文化带建设均取得显著成效。2019年，加强社会事业提标突破，集中力

* 王文录，河北省社会科学院社会发展研究所所长、研究员，研究方向为人口城镇化；侯建华，河北省社会科学院社会发展研究所副研究员，研究方向为社会政策；车同侠，河北省社会科学院社会发展研究所副研究员，研究方向为社会学和金融学；王立源，河北省社会科学院社会发展研究所助理研究员，研究方向为人口城镇化。

量脱贫攻坚，建设生态高地，创新社区治理机制，打造“四大文化带”，推动社会发展高质量运行。

关键词： 社会发展　脱贫攻坚　生态环境支撑区　大运河文化带

2018 年是中国改革开放 40 周年，改革开放以来，河北省的经济社会发展取得了突出成绩，国民经济总量持续增长，居民收入水平不断提高，各项社会事业均取得了跨越性发展。为贯彻落实十九大精神，河北省委九届六次全会提出“抓好三件大事、打好六场硬仗、实施八项战略、深化九项改革”的经济社会发展基本思路，对全省经济社会发展工作进行了全面部署。2018 年，河北突出问题导向，勇于攻坚克难，社会民生事业补短板，脱贫攻坚战、污染防治攻坚战、京津冀生态环境支撑区建设等重大领域均取得了良好进展和突破，为实现新时代经济强省、美丽河北的奋斗目标砥砺前行。

一　2018年社会发展基本形势

（一）财政支出结构优化调整，民生支出保持持续增长

2018 年 1 ~ 9 月，河北省全部财政收入为 4573.7 亿元，同比增长 10.8%，其中一般公共预算收入为 2812 亿元，增长 7.4%。一般公共预算支出为 5381.6 亿元，增长 12.4%。其中 9 月出现高增长形势，当月全省财政收入为 503 亿元，增长 15.1%。支出预算按照保民生支出、保重点项目、保社会稳定的原则进行统筹安排，一般公共预算支出中，民生项目包括一般公共服务、公共安全、教育、科学技术、文化体育与传媒、社会保障和就业、医疗卫生、节能环保、城乡社区、农林水、交通运输，一共支出 4836.2 亿元，占 89.9%。其中教育占一般公共预算支出的比例为 18.3%，

社会保障和就业占一般公共预算支出的17.2%，增长率18.2%，医疗卫生占一般公共预算支出的10.2%（见表1）。

表1 河北省2018年1～9月财政支出（一般公共预算支出）情况

单位：亿元，%

	支出	增长率	占一般公共预算支出的比例
一般公共预算支出	5381.6	12.4	—
一般公共服务	497.8	11.5	9.3
公共安全	283.8	19.2	5.3
教育	984.9	7.9	18.3
科学技术	51.7	18.4	1.0
文化体育与传媒	74.8	15.4	1.4
社会保障和就业	925.2	18.2	17.2
医疗卫生	547.5	10.2	10.2
节能环保	217.2	10.8	4.0
城乡社区	416	11.1	7.7
农林水	551.3	9.3	10.2
交通运输	286	24.3	5.3
民生项目总支出	4836.2	—	89.9

资料来源：河北省统计局、国家统计局河北调查总队，《2018年河北统计月报》。

（二）城乡居民人均可支配收入继续增长，收入差距与上年基本持平

2018年1～9月，河北省城乡居民人均可支配收入为17233元，同比增长9.2%，超过GDP的增长幅度2.6个百分点。工资性收入为10328元，增长9.1%，占比为59.93%；经营性收入为2591元，增长10.7%，占比为15.04%；财产净收入为1158元，增长8.9%，占比为6.72%；转移净收入为3156元，增长8.6%，占比为18.31%（见图1）。城镇居民人均可支配收入为24152元，增长8%；农村居民人均可支配收入为10640元，增长9.1%。城乡居民人均可支配收入中，工资性收入占比最大，城镇居民占

63.3%，农村居民占52.6%；经营性收入增幅最快，城镇居民为12.8%，农村居民为10.7%。

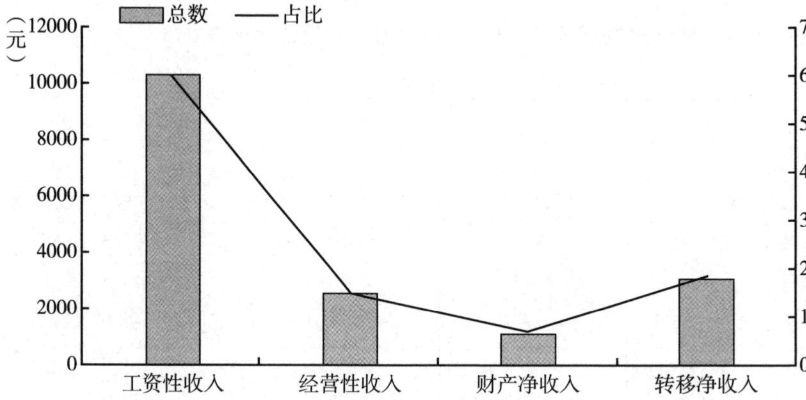

图1 河北省1~9月城乡居民人均可支配收入及占比情况

资料来源：河北省统计局、国家统计局河北调查总队，《2018年河北统计月报》。

（三）社会消费水平有所提高，消费者信心指数有所下降

消费品市场运行平稳，前三季度，全省消费品市场保持平稳较快增长，社会消费品零售总额实现11436.2亿元，比上年同期增长9.5%，高于全国0.2个百分点。全省城镇市场实现消费品零售额8748.4亿元，同比增长9.0%；农村市场实现消费品零售额2687.8亿元，同比增长11.1%。2018年9月，居民消费价格总指数（CPI）为103，增长3个百分点；工业生产者出厂价格指数为105，增长5.1个百分点。1~9月，居民消费价格总指数为102.5，增长2.5个百分点；工业生产者出厂价格指数为107.4，增长7.4个百分点。居民消费价格总指数累计增速高于上年将近1个百分点。在八大类消费构成中，与上年同期相比，医疗保健的价格指数最高，为108.4，增长8.4个百分点。全省第二、第三季度消费者信心指数持续下降，第三季度比第二季度降低1.1个百分点，其中城镇下降了1个百分点，农村下降了1.4个百分点（见图2）。

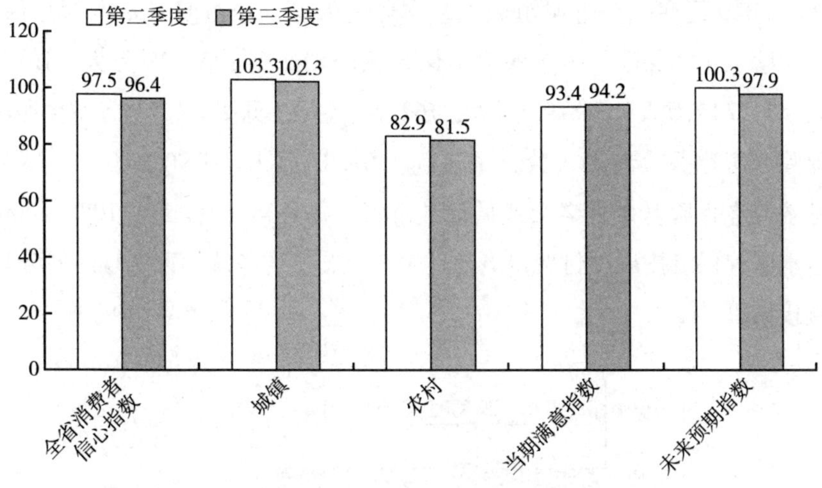

图2　2018年第二、第三季度河北省消费者信心指数

资料来源：河北省统计局、国家统计局河北调查总队，《2018年河北统计月报》。

（四）就业形势总体稳定，结构性矛盾依然严峻

加强就业失业技能培训“展翅行动”，开展职业教育和就业培训工程，培训49.34万人。2018年1～9月，全省城镇新增就业77.98万人，同比增加0.41万人。高校毕业生就业率为87.84%，与2017年同期基本持平。新增农村劳动力转移就业人数44.06万人。全省城镇登记失业率为3.27%，比上年同期降低了0.36个百分点，零就业家庭实现动态清零。河北省推动产业转型升级，年内压减钢铁产能1000万吨以上、煤炭1062万吨、水泥100万吨、焦炭500万吨、平板玻璃500万重量箱、火电50万千瓦，分流人数将近100万人。高校毕业生36万人以上，比上年增加1.2万人，“招工难”和“就业难”结构性矛盾持续存在。

（五）社会保障得到进一步重视，多个领域实现突破

全面启动健康河北建设，推进公立医院综合改革、医保支付方式改革、分级诊疗改革，推动医养结合，开展社会保险扶贫，降低社会保险费率。截

至2018年9月底，全省城镇职工基本养老保险、城镇职工基本医疗保险、失业保险、工伤保险、生育保险参保人数分别达到1255.38万人、1015.13万人、545.45万人、888.92万人、762.74万人（见图3）。全省城乡居民养老保险、医疗保险参保人数分别达到3501.87万人、6890.2万人，城乡居民基本养老保险基础养老金最低标准由每人每月90元提高至108元。省本级基本医疗保险按病种付费试点超过100个，全省各统筹区实现跨省异地就医直接结算。

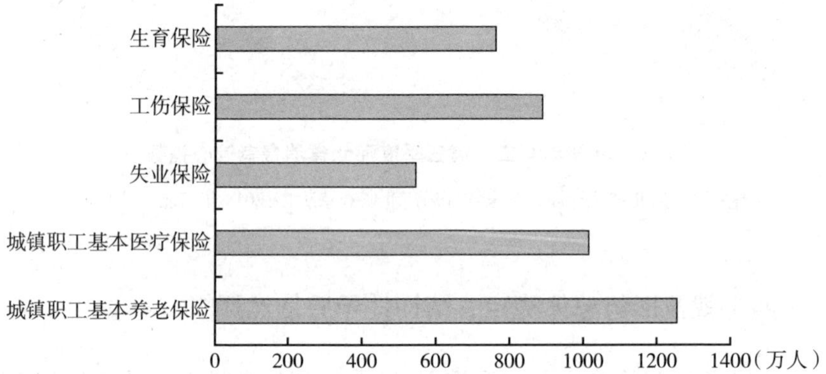

图3 河北省2018年9月底社会保险参保人数

资料来源：河北省人力资源和社会保障厅网站。

（六）精准扶贫力度继续加大，脱贫攻坚成效显著

2018年河北省社保扶贫、医疗扶贫等多项扶贫手段全面实施，截至6月底，全省共计为贫困人员参保代缴资金1.66亿元，涉及133.4万贫困人口，医保扶贫累计兑现门诊住院待遇430.3万人次，提高待遇部分报销22.43亿元。全省实行脱贫攻坚三年行动，精准到贫困村的扶贫工作队达到7366个，扶贫干部达到2.2万人。上半年，省级整合涉农资金下达10县4.7亿元，省级扶贫发展资金下达2.3亿元。平山、青龙、魏县等11个国家扶贫开发重点县和广平、馆陶、博野等14个省扶贫开发重点县脱贫出列，全省贫困发生率降低到1.86%。

（七）生态环境治理力度加大，环境质量得到明显好转

省委、省政府制定出台《关于划定并严守生态保护红线的实施意见》，在全省各市县范围内划定生态红线。全面落实四级河长制，涉及4386条河流、15350名河长。实施流域生态补偿，推动建立滦河、潮河横向生态补偿机制，京冀水源林、京冀生态清洁小流域治理、密云水库上游“稻改旱”等获得生态补偿资金18.2亿元。完成“引黄入淀”水利工程，白洋淀年净补水量可达1.1亿立方米。2018年继续推动全省“双代工程”，截至10月30日，全省气代煤工程完成户内安装138.8万户，完成率95.6%；验收并置换通气130.6万户，完成率89.9%；电代煤工程完成采暖设备安装（含户内线路改造工程）30.7万户，完成率95.4%。纵观全年，河北省空气质量整体呈现好转态势。2018年10月，张家口（3.26）、承德（4.02）、秦皇岛（5.29）空气质量综合指数较低，空气质量较好；邯郸（6.84）、石家庄（6.88）、邢台（7.03）三市空气质量综合指数较高，空气质量较差。

二　重大社会发展问题分析

（一）脱贫攻坚战

1. 脱贫攻坚取得阶段性胜利

新政策逐步推进扶贫机制日益完善。省负总责、市抓协调、县抓落实脱贫工作机制全面实施，层层签订责任书，责任清晰、各负其责、合力攻坚的责任体系日趋完善。省委、省政府相继出台《关于建立健全脱贫攻坚巩固提升机制的意见》《关于进一步做好就业扶贫工作的实施意见》等系列政策文件，强化了巩固提升机制、扶贫项目资金绩效管理、就业扶贫、健康扶贫、金融保险业扶贫、农业技术扶贫等多项措施。建立健全财政专项扶贫资金逐年递增机制，整合涉农资金，财政扶贫资金使用的监督和管理得到加强，扶贫资金使用效率进一步提高。

产业扶贫全面激发脱贫内生动力。贫困地区根据自身资源优势和发展特点，积极发展特色种养业、特色林业产业、乡村旅游业、光伏产业、家庭手工业等扶贫产业项目，贫困人口基本实现产业项目全覆盖。在这个过程中，新的产业扶贫模式不断涌现，特色优势产业迅速发展，发展的内生动力不断增强。涞水把旅游业作为脱贫攻坚的有效途径，在发展旅游产业扶贫中探索出“双带四起来”新模式，野三坡景区通过这种模式，辐射带动5个乡镇71个贫困村通过乡村旅游迅速发展起来，覆盖贫困人口9094户17526人，减贫效果明显。

关注民生不断增强贫困群众获得感。就业扶贫、健康扶贫、教育扶贫、政策兜底扶贫、易地扶贫搬迁等民生领域脱贫攻坚举措，切实提高了贫困人口收入和贫困地区公共服务水平。以就业扶贫为例，一方面通过多种形式的就业技能培训、致富带头人培训、农业实用技术培训等提升贫困劳动力就业能力，另一方面通过引导居家灵活就业、设立扶贫专岗等举措拓宽贫困劳动力就业渠道。2018年有劳动能力和就业愿望的建档立卡贫困劳动力转移就业后稳定率有望到60%以上。健康扶贫方面，通过推进基层医院对口帮扶、加强贫困地区医疗卫生人才培养、开展大病集中救治、实施“基本医保+大病保险+医疗救助”三重保障制度、强化疾病预防控制等一系列政策措施，截至2018年8月，因病致贫返贫人口由138.4万人减少至59万人。

结对帮扶显著增强社会扶贫外援力量。全省向7366个贫困村选派2.2万名驻村干部，实现贫困村驻村工作队全覆盖，明显提高了贫困村的基层治理能力。与京津扶贫协作不断深化，京津通过扶贫资金投入和扶贫项目建设，结对帮扶河北张家口、承德、保定三市的贫困县。2018年北京市与河北省签署全面深化京冀扶贫协作三年行动框架协议，明确今后三年北京将投入帮扶资金26.21亿元，助力河北受帮扶地区如期脱贫。与阿里巴巴集团合作，启动“阿里·河北”扶贫计划，建立社会扶贫网络信息平台，实施“互联网+扶贫”行动，实施贫困村“一村一店”、淘宝村、特色馆等项目，推动互联网与扶贫工作深度融合。

2. 面临的主要问题

深度贫困县仍然是脱贫重点。截至2018年11月，河北省仍有34个贫困县没有摘帽，其中有10个深度贫困县206个深度贫困村，深度贫困县贫困发生率在15%以上，深度贫困村贫困发生率在35%左右，这些深度贫困地区大都自然条件差，经济基础弱，基础设施差，公共服务水平低，是脱贫攻坚战中的硬骨头，如期完成脱贫攻坚任务十分艰巨。

特殊贫困人口脱贫难度大。截至2017年底，河北省尚有贫困人口183万人，这些贫困人口主要是因残因病致贫人口和孤寡老人等无法靠产业、就业脱贫的贫困人口以及部分文化程度较低、缺乏劳动技能的贫困人口。据调查，疾病是河北贫困家庭致贫返贫的主要因素，比例高达57%。这部分人很难靠自身发展脱贫，脱贫难度加大。

深山区基本不具备就地脱贫条件。一些深山区村庄布局分散，一个行政村平均有6个自然村，多的甚至有20个以上，且自然村距离较远，大量的基础设施投入严重浪费，部分自然村的"空心率"已达70%。这些地区往往自然条件恶劣，据专家测算，人均耕地面积基本无法满足人们的温饱需要，基本不具备就地发展产业脱贫的基本条件，靠常规脱贫措施很难彻底改变贫困面貌。

3. 解决山区脱贫的根本性对策

推进山区"空心村"进行搬迁。在全省范围内进行普查，把空心率大于70%的村庄列入搬迁计划，实施整村搬迁，向县城、重点镇、特色小镇集中。山区各县通过调查摸底，制订搬迁计划，尽快启动搬迁工作。

实施保留村就地改造提升计划。对有一定文化底蕴的历史文化名村、传统村落和具有一定旅游资源、有开发价值的村庄，实施就地改造提升，完善配套基础设施和公共服务设施，保留乡村风情，提高村庄品位，在留住"乡愁"的同时，适度开发，通过发展旅游休闲产业提高群众收入，脱贫致富。

实现搬迁与扶贫紧密结合。搬迁安置过程中，充分利用城乡建设用地增减挂钩、易地扶贫搬迁、棚户区和农村危房改造等资金，确保贫困户利益不受损失，不增加贫困户经济负担。在产业配套等后续保障中，优先解决贫困户的就业需求，为贫困户提供稳定性、连续性生计保障。

（二）污染防治攻坚战

1. 污染防治攻坚战全面打响

体制机制建设推动污染防治体系不断健全。2018 年，河北制定出台《关于全面加强生态环境保护坚决打好污染防治攻坚战的实施意见》《关于加强扬尘污染防治的决定》等一系列文件，污染防治重点领域的政策体系逐渐建立。通过争取中央支持、加大省级财政投入、统筹整合相关专项资金等多种形式，污染防治的财政保障机制基本建立。2013 ~ 2017 年，全省累计投入大气污染防治资金 603 亿元。在全省所有乡镇设立环保所，截至 2018 年 7 月底，全省 191 个县（市、区）的 2293 个乡（镇、街道）全部完成环保所设立工作，在全国率先实现乡（镇、街道）环保所全覆盖，生态环境管理体制改革进一步深化，基层生态环境监管能力得到有效提升。

大气污染防治“组合拳”强力推进蓝天保卫战。在大气污染防治中，河北突出产业结构、能源结构、运输结构、用地结构调整，强化区域联防联控和重污染天气应对，实施散煤治理和燃煤锅炉整治、工业企业达标排放和重点行业超低排放改造、产业结构和空间布局调整、“散乱污”企业整治、机动车（船）污染治理、扬尘污染综合治理、秸秆和垃圾露天焚烧专项治理、国土绿化多项治理措施，大气环境质量实现根本性扭转。2018 年 1 ~ 10 月，河北省共淘汰、改造各类燃煤锅炉 6650 台，全年将淘汰燃煤锅炉 6764 台，削减燃煤 310 万吨，可实现 SO_2、NOx、PM2.5 和 VOCs 减排量 2.3、0.5、3.4、1.2 万吨/年，实现 PM2.5 年均浓度降低 1.5$\mu g/m^3$。

减排和治理“两手抓”全面发力碧水保卫战。注重流域治理，坚持污染减排和生态扩容两手发力，对工业、农业、生活污染源和水生态进行系统整治。2018 年以来，依托河长制体系，开展全省河湖清理行动、白洋淀及上游河道清理专项行动、入河排污口整治等河湖治理保护专项行动。上半年，全省共清理河湖垃圾 943 万立方米，整治入河排污口 410 个，治理黑臭水体59条段。

治理与修复同步推进净土保卫战。持续推进土地污染状况详查工作，2018年，农用地土壤样品采集工作已基本结束。土壤污染防治先行区建设取得重要进展，雄安新区作为国家土壤污染综合防治先行区，已完成农用地和重点行业企业用地土壤详查工作，将在土壤污染源头预防、耕地土壤环境保护、受污染土壤风险管控、土壤污染治理与修复等方面先行先试，为全省土壤污染防治发挥示范引领作用。

政策取向更加关注民生。制定出台《河北省严格禁止生态环境保护领域“一刀切”的指导意见》，在与民生密切相关的领域制定实施差异化的管控和监管措施，严禁“一刀切”式停限产，比如除重污染天气红色预警期间外，机动车原则上不得采取单双号限行措施；建筑工程项目在确保污染防治设施与扬尘管控措施到位的情况下，秋冬季可以正常施工；对钢铁、焦化等高污染排放行业，污染物能够实现稳定达标排放且依法获得排污许可证的，按照排放绩效评价，秋冬季采取差异化错峰生产等。通过这些差异化措施，达到经济发展、社会民生与生态环境保护的和谐统一。

2. 面临的主要问题

雾霾依然是突出环境问题。经过近几年的强力治污，河北整体空气环境质量有了较大提升，关键指标PM2.5浓度有了较大幅度降低，但大气污染状况并未彻底改变，雾霾依然是河北中南部地区的“梦魇”，特别是秋冬季动辄雾霾锁城，对生产生活造成的影响依然很大。根据生态环境部通报的2018年1～10月全国空气质量状况，169个重点城市排名后10位的城市中，河北省占5个，空气质量差的状况尚未根本改变。

面源污染威胁主要流域水环境安全。河北是农业大省，化肥、农药、地膜等农用化学品用量逐年增加，畜禽养殖、水产养殖规模不断扩大，废弃物得不到有效处理，导致农业面源污染问题日趋严重，省内主要流域水质恶化，七大水系总体呈中度污染状况，水环境安全受到威胁。

农村污水垃圾难以洁净化处理。生活垃圾和污水处理设施主要集中在大中城市和县城，仅有部分县市能够实现村收集、镇转运、县处理的城乡垃圾一体化处理，大部分农村中垃圾围村、污水随意排放现象还比较普遍，生活垃圾、污水难以做到无害化处理，对环境污染较大。

3. 解决问题的对策措施

提升空气污染治理技术能力。加强空气污染源分析与治理，离不开先进的技术支撑，加大空气检测和治理技术的资金和人才投入，引进国内外先进技术和管理体制，提升空气污染治理能力。

推行循环经济和清洁生产理念。对企业治理设备改造和治理技术提升给予资金和政策支持，引导企业承担起社会责任，树立循环经济和清洁生产理念，主动节能降耗、治污减排，实现绿色发展。

实施农业面源污染综合治理。减少农药化肥使用量；合理规范畜禽养殖区，加强粪污处理设施建设，推进畜禽废弃物的无害化处理和有效利用；科学划定水产养殖禁止区和限养区，改善水库、河流、湖泊水质；开展地膜回收与再利用，减少白色污染。

着力解决村镇垃圾污水处理。加大农村垃圾治理工作力度，完善农村垃圾收运设施设备，建立乡村环境清洁队伍，建设乡镇垃圾中转站，在全省推行“户分类、村收集、乡（镇）转运、县（市）处理”的城乡生活垃圾收运处理体系，实现城乡生活垃圾处理一体化。加强农村污水处理设施建设，临近城市管网的村庄污水就近接入市政管网统一处理，人口较多的村庄建设集中污水处理站，人口较少、居住分散的村庄建设分散式污水处理设施，提高农村污水处理率。

（三）生态环境支撑区建设

1. 主要功能分区建设发力

京津保中心区生态过渡带宜居性进一步增强。为更好地为京津冀城市发展提供生态保障，此区域内县、市、区积极调整种植业结构，实施退耕还林和小麦休耕，适度退出保护地周边耕地和地下水超采、土壤污染严重区的耕地。“引黄入冀补淀”工程全线通水，每年可以向白洋淀净补水 1.1 亿立方米，同时积极开展白洋淀及上游河道清洁、入河排污口专项整治等行动，白洋淀湿地生态修复和治理初见成效，为雄安新区建设提供水资源保障，环首都地区生态环境宜居性进一步增强。

坝上高原生态防护区防风固沙和涵养水源功能进一步增强。习近平总书记视察张家口时明确指示要“建成首都水源涵养功能区和生态环境支撑区”。为加快“两区”建设，张家口积极构建绿色生态、绿色城镇、绿色能源、绿色产业、绿色交通五大绿色体系。2018 年将完成造林绿化 600 万亩，新增高效节水灌溉面积 10 万亩，完成清洁能源替代电供暖 700 万平方米，压减煤炭消费 20 万吨。在坝上四县开展 2 万亩退水还旱、旱作雨养种植试点，在怀来实施 3 万亩湿地生态恢复治理项目，水源涵养和防风固沙功能逐步增强。

燕山—太行山生态涵养区绿化和水土保持取得扎实进展。太行山、燕山绿化攻坚取得突出成效，2017 年完成植树造林 536 万亩。积极开展生态清洁型小流域治理，潘家口、大黑汀水库全面完成网箱养鱼清理，水质得到改善。旅游产业发展加速，休闲旅游等区域主体功能得到提升。

低平原生态修复区地下水超采综合治理取得突出效果。河北省是全国地下水超采综合治理试点，通过连续几年的地下水超采综合治理，农业地下水压采效果突出。2016 年，浅、深层地下水位回升幅度均大幅增加，其中浅层水治理后上升 0.58 米，深层水治理后上升 0.70 米，地下水位下降趋势有效缓解。

2. 面临的主要问题

坝上生态脆弱性尚未找到根本性解决办法。坝上地区人口和资源环境承载力之间矛盾不断深化，人口的增加导致农业规模过度扩张，直接后果就是水资源的掠夺式应用所带来的地下水位持续下降，过度垦殖带来的草场资源退化，生态脆弱性进一步增强，坝上地区长期处于生态和发展的“两难”境地，找不到根本性的解决对策。

白洋淀生态修复未放在全流域视角全面治理。白洋淀的生态修复目前基本停留在自身水量补给、污染治理上，虽然通过多方补水水量有所增加，通过控制污染排放水质有所改善，但从长远来看，恢复白洋淀良好生态功能，离不开其所处大清河全流域生态环境的改善。

平原地区地下水超采严重导致“漏斗”问题突出。据有关统计，河北已累计超采地下水1500亿立方米，面积达到6.7万平方公里，地下水超采量和超采面积高达全国的1/3，是全国最大的地下水漏斗区，并带来地面沉降、地面裂缝、土壤盐碱化、海水入侵等一系列地质和生态灾害。

3. 解决问题的根本路径

推动人口下坝和农业适度退出。在张北、康保、尚义、丰宁、围场等贫困和生态退化地区实施生态恢复性人口迁移工程，实现坝上人口退出50%以缓解生态压力。一方面引导人口向县城和重点镇集中，另一方面通过劳务输出等方式引导人口向外迁移，减少人口对生态的压迫。压缩现有耕地面积，将农业耕种面积减少50%，生态敏感地带耕地全部退田还林还草，同时推广节水农业，减少地下水过度开采利用，涵养水源。

推动大清河流域全面治理修复。在大清河流域全面禁止非法河道盗采，进行河道垃圾清理、入河排污口专项整治、拆除河道违法建筑、河道清淤疏浚专项治理。严控上游水量过度拦截和消耗，推动大清河全线通水。通过全流域治理和修复，恢复白洋淀生态活力，为雄安新区建设提供水资源保障，助力生态环境支撑区建设。

综合治理地下水超采。调整农业种植结构，适当减少小麦种植面积，实行休耕或改种玉米、棉花等低耗水作物；改变灌溉方式，发展喷灌、滴灌等高效节水灌溉技术。推进水权水市场建设，深化水价、水资源税等改革，利用市场机制推动地下水超采治理。

（四）农村新型社区建设

1. 农村新型社区建设呈现新亮点

农村新型社区建设试点初步启动。河北省农村新型社区建设可以追溯到10年前的新民居建设，一些基础条件较好的村庄开始联村并建新民居。2015年河北省明确提出以新型社区为方向，积极推进中心村建设。同年全省启动实施中心村建设“十县百点”工程，2016年启动示范点142个、示范县13个，2017年启动示范点138个、示范县3个，2018年启动示范点105个、示范县1个。全省累计启动建设449个示范点、26个示范县，出现了枣强、平泉等一批先进县和八里庄、闾里小镇等一大批产村融合、社区和园区协同发展的典型。

新模式不断涌现。近年来，各地根据自身发展特点和资源优势，在农村新型社区建设上做了一些探索，形成了“三区同建”“两区同建”“村企联建”等新机制新模式。衡水市立足村多村小的市情，推进农民向社区集中、产业向园区集中、土地向规模经营集中，实施农村新型社区与工业园区、现代农业园区“三区同建”，其开工率、入住率、拆迁复耕率全省领先。

社会公益性配套不断完善。农村新型社区建设中，同步谋划建设了村民服务中心、供热、供水、教育、医疗、养老等公共基础设施和服务设施，大大增加了公共服务的可及性。康保县针对“空心村”多、人口老龄化严重的县情，将农村危房改造、财政“一事一议”、土地流转等项目和资金捆绑使用，在集中安置区配套建设农村互助幸福院，解决留守老人的集中安置和养老问题。阜平县史家寨社区建设中，同步配建标准化幼儿园，高质量满足农村居民的学前教育需求。

镇村体系得到有效优化。农村新型社区是农民就地城镇化的载体，它的建设，形成了特大城市—大城市—中小城市—小城镇—农村新型社区五级城镇体系，对推进新型城镇化进程具有重要意义。阜平县在易地扶贫搬迁中重新进行了村庄布点规划，提出“1（县城）+6（中心镇）+43（农村中心社区）+37（基层村）+32（特色保留村）”的城乡发展新格局，在全县范围内同步规划建设易地扶贫搬迁和搬迁整合项目，建设43个农村新型社区，有力地推动了当地的城镇化进程。

2. 面临的困难和问题

全省推进力度整体上不大。农村新型社区（中心村）在河北省内主要是在一些示范县、示范村实施，建设范围不大，还没有做到像山东、江苏等省份那样全省行动，整体规划建设。

规划滞后。部分社区建设未考虑区域镇村体系，规模过小或过大，产业布局和农村新型社区内部各项功能布局不甚合理。社区规划中对原有村庄自然、文化、民族的特点挖掘不够，特色不突出，生搬硬套城市社区设计元素，千篇一律的“模式化”特征明显。有些社区规划设计过于考虑节约土地，设计的房屋结构、功能未能考虑农民居住习惯，与农民实际需求相差较大。

社区建设资金瓶颈制约突出。农村新型社区基础设施和公共服务设施建设基金需求量大，周期长，回报率却很低，很难吸引商业投资，目前资金筹措主要依赖增减挂钩政策、政府补助、资金整合、村企联建等渠道，资金缺口较大。以阜平县为例，阜平县在新型社区建设中，运用了大量贫困县城乡建设用地增减挂钩节余指标流转资金，2020 年脱贫之后土地指标流转是否持续还是未知数，一旦资金链断裂，往往造成半拉子工程，严重损害群众利益。

社区治理能力欠缺。新型农村社区多是多村联建形式，几个行政村集中在一个社区，社区内部治理体系存在一定程度混乱，缺乏有力的治理力量。居民之间受原有村庄关系影响，融合度不高，邻里关系不密切，社区内部凝聚力不强。居民经济收入水平较低，文化水平不高，参与社区治理的意识不强。

3. 解决问题的对策措施

完善省级农村新型社区建设政策。要统一认识，把农村新型社区建设作为新型城镇化和城乡统筹示范区建设的一个载体，制定推进政策体系和领导管理机构，加大农村新型社区建设力度。

增强对农村新型社区规划建设的专业技术支撑。支持规划、水利、国土、智库等专业机构为农村新型社区规划、选址、房屋设计、建设施工等各个环节提供技术支撑，从全流程增强农村新型社区建设的科学性和合理性。

建立健全多元投融资机制。探索建立多元化投融资渠道和机制，为农村新型社区建设提供资金保障。从基层角度来说，要大胆探索，勇于创新，开拓符合当地特点的新路径。

创新新型社区社会治理方式。重视培育和发展新型农村社区多元治理主体，提高社区治理能力。加强社区党组织建设，发挥基层党组织先锋作用。

充分发挥社区居民的主体性，鼓励居民参与社区公共事务，促进社区自治。积极培育社区社会组织，发展和规范公益性、社会服务型等社会组织，并完善其参与社区管理的体制机制。广泛搭建社区居民交往平台，积极组织各种文体活动吸引社区居民参与，促进居民融合。

（五）大运河文化带建设

1. 大运河文化带建设受到高度关注

大运河河北段文化遗产丰富。大运河河北段始凿于东汉末年，全长530多公里，流经廊坊、沧州、衡水、邢台、邯郸5市17个县（市、区），河北段河道、码头、沉船点等遗址遗存丰富，沿线5市共有国家级非物质文化遗产87项、省级非物质文化遗产322项，南运河沧州—衡水—德州段、连镇谢家坝、华家口夯土险工“两点一段”被列入世界文化遗产，“三弯抵一闸”的古河道形态和“糯米砂浆”古法筑造运河大坝留存至今，大运河河北段原生态特色突出。

规划编制全面启动。2017年习近平总书记先后两次对大运河历史文化保护传承、大运河文化带建设做出重要指示，强调保护大运河是运河沿线所有地区共同的责任，要“把大运河文化保护好、传承好、利用好”。此后，河北省委、省政府领导高度重视，建立大运河文化带建设联席会议制度，迅速启动大运河（河北段）文化带建设规划编制工作，以统筹推进文化遗址保护利用、文物遗产挖掘梳理、非物质文化遗产传承弘扬，并科学规划流域内生态和产业发展，目前规划正在紧张编制中。

运河文化研究受到关注。随着从中央到地方对大运河文化带建设的重视，运河遗产保护、运河文化传承、运河文化资源活化利用、运河精神、运河区域社会史、运河城镇文化、运河旅游等相关研究也受到一些大学和研究机构学者及沿线政府部门的关注，田野调查、专题讲座、学术研讨等研究活动不断增多，这在客观上对于加强运河区域物质与非物质文化遗产的搜集与整理，丰富河北地域文化，促进沿线区域经济社会发展、文化建设和生态建设具有重要的推动作用。

各部门和沿线市、县积极应对。省文物局开展运河文化资源摸底调查，并与水利、公安等部门协作，积极建立文物保护和河道管护长效机制。廊坊、通州、武清三地研究建立通武廊大运河文化带规划协同机制，统筹规划三地北运河生态文化项目。邯郸市、邢台市对永济渠遗址进行勘探试掘。衡水市充分发掘运河漕运文化、民俗文化，在阜城县码头镇魏圈村建成全国首家以运河文化为主题的村级博物馆。社会的广泛参与，营造了大运河文化带建设的良好氛围。

2. 面临的主要问题

高层协调职能尚未发挥应有作用。大运河文化带建设涉及多个部门，涉及5市17县，需要省级层面成立大运河文化带建设领导小组来协调各部门、各市县及京津鲁豫等邻省市关系和合作。

运河文化研究尚待深化。山东、江苏、北京等地都谋划成立了大运河研究会或运河文化研究院等研究机构或平台，组织了大批专家学者投身运河文化研究，推出了一批有影响力的研究成果，但河北省内目前尚没有从事运河研究的专门机构，对运河文化进行深入研究的人员也较少，对运河文化内涵挖掘研究不够，难以为大运河文化带建设提供充分的理论支撑。

河北运河文化名片有待进一步擦亮。河北大运河文化遗产丰富，遗址遗存众多，但由于宣传不够，活化利用不足，在影响力上尚不及山东、江苏等省份。

3. 解决问题的对策措施

构建河北大运河文化带建设协调管理机制。尽快组建河北大运河文化带建设领导小组，并建立常态化工作机制，确定牵头部门，统筹协调大运河文化带建设相关工作。沿线5市在省领导小组统一领导协调下组织各自相关部门参与大运河文化带建设，避免同质建设、恶性竞争。

加快做好大运河相关勘探调查、文化遗产调查等工作。加快大运河古河道、沿岸遗产点的勘探工作，进一步厘清河北省境内运河历史发展脉络。对沿线物质和非物质文化遗产、历史地名进行普查和定级，确保运河沿线文化遗产能够得到有效保护。

加快运河沿线基础设施建设。对运河故道及两岸垃圾倾倒、违规排放、违法建筑等进行集中整治，恢复运河沿线生态，保持运河的基本形态。积极谋划全线或部分河段通水通航，做好沿线景观设计和文化资源开发利用。在运河两岸建设高标准车道、步道，实现省境内运河沿线堤岸互联互通。

加强运河文化宣传、展示、推介。利用电视、报纸、广播、互联网等多种传统媒体和新媒体，传播大运河文化知识，在全省形成浓厚的运河文化带建设氛围。加大运河沿线城市运河专题博物馆建设力度，全面展示运河文化遗产，并充分利用现代信息技术，进行运河文化数字化展示。设立“运河文化旅游节”，由运河沿线城市轮流主办，集中推介运河遗址、遗存、传统艺术、美食等文化资源，开展全域旅游，吸引沿线群众参与大运河文化带建设，提高其运河文化遗产保护传承利用的自觉性和责任感。

三　2019年社会发展形势预测与建议

（一）社会发展基本走势

1. 社会领域逐步走向高质量发展

改革开放40年，全省生产总值年均增长10.2%，财政收入年均增长12.9%，预计2018年全省生产总值增速6.5%，将突破3.6万亿元，持续为社会高质量发展提供物质条件。2019年河北省铁路客货运输能力将提高，新增10条新线路，承德市将告别无动车历史，城乡居民出行将更加便捷。生命教育课程开始走向校园，医疗保险支付方式将迎来重大变革，农村低保线和扶贫线将实现“两线合一”，房价涨势得到有效控制，遗产保护利用设施建设得到不断加强。支持民营企业发展和鼓励科研人员离岗创业等各项改革措施的效能开始释放，社会活力进一步得到激发。继续推进民生领域重大工程建设，将给城乡居民带来更多看得见摸得着的实惠。

2. 脱贫攻坚进入决胜关键期

今后两年，河北省脱贫攻坚进入决胜关键期，脱贫形势依然严峻，主要表现在：一是未脱贫贫困县数量多，还有半数以上贫困县尚未实现脱贫；二是深度贫困县和最贫困人口将成为扶贫焦点，深度贫困县、深度贫困村、最贫困人口脱贫难度大。2019 年作为脱贫攻坚的重要节点，重点任务主要有以下三方面：一是巩固现有的脱贫成果；二是对无劳动能力的特殊贫困人口重点施策；三是对深度贫困县和最贫困人口采取新措施、采用新力度。2019 年扶贫政策方向是，在脱贫县继续执行现有的扶贫政策，防止贫困人口返贫，探索扶贫政策和社会救助政策的有效衔接，探索慈善组织加入扶贫队伍的新机制，单列深度贫困县扶贫专项基金，派驻扶贫工作队，选派已脱贫县干部到深度贫困县交流挂职，推动整村扶贫搬迁，确保扶贫目标圆满实现。

3. 生态环境支撑区建设受到更高关注

2018 年 5 月 29 日，全省生态环境保护大会召开，2019 年会议精神将得到全面落实，生态环境保护和修复工作将统筹推进，大气污染治理会更加严格，水资源涵养利用规划将出台，土壤污染状况得到详细调查，农村人居环境进一步改善，生态保护红线管控机制走向健全，生态红线内机构、企业向外迁移，项目叫停。重点区域、重点领域生态修复工作得到加强，张承“两区建设”将从规划走向实施阶段，农村人口退出、农业节水工程、植被恢复绿化、退耕还林还草还湖、村庄搬迁、产业结构调整将成为下一步重点工作。雄安新区生态环境保护专项规划有望年内出台，白洋淀水生态系统治理恢复仍是关注重点，白洋淀上下游水环境治理、流域周边污染清除会提上日程。大运河生态带建设也将开始实施。生态补偿机制开始探索，生态价值核算更加明晰，生态补偿责任主体更加明确，流域跨区域生态补偿会率先尝试。

4. “四大文化带”新动能更加突显

长城、沿海、太行山、大运河“四大文化带”正成为新的文化产业发展增长极，拉动全省经济的作用日益明显，一定程度上将重构河北省经济发展空间布局。太行山文化带依托良好自然环境、深厚红色文化底蕴、众多历史文化名村名镇，发展观光游、休闲游、文化游等旅游产品，加速交通基础设施建设，重点推进太行高速建成通车。大运河文化带沿线的 5 市（廊坊、沧州、衡水、邢台、邯郸）17 个县（市、区），将完成运河故道勘察，文化遗址遗产、全国重点文物保护单位梳理工作，开始筹建文化遗迹展示区，建设大运河文化主体公园，编制大运河沿线生态保护规划。沿海文化带研究将提炼出沿海文化特性，以开拓创新、包容开放的姿态成为河北经济社会发展重要一极。长城文化带相关研究开始启动，文化带的品牌内涵和功能定位将被确定，通过长城沿线历史文化遗存带动成线连片发展的势头更加显现。

5. 公共服务标准化正在成为基本准则

“十三五”期间，基本公共服务向均等化发展成为施策方向，标准化服务是衡量基本公共服务均等化的重要尺度，2019 年河北省将在公共教育、劳动就业创业、社会保险等八个领域制定出服务项目相关标准，内容涵盖基础设施建设、设备配置、人员配备、经费投入、服务规范和流程等方面。城乡义务教育公办学校全部实现标准化建设，基层医疗卫生机构标准化达标率在 90% 以上，优抚政策和对象抚恤优待标准实现上调，养老服务质量标准和评价体系实现全省统一，基本公共文化服务实现标准化管理，城乡服务标准、服务质量开始统一衔接，90% 以上的服务项目标准接近京津水平或差距明显减小。

（二）政策建议

1. 提标突破，推动社会发展高质量运行

抓住民生领域城乡居民最关心、最直接、最现实的利益问题，增加财政投入，吸引社会资本参与，提高基本公共服务标准，推动社会向更高质量发展。彻底改善偏远山区、困难地区薄弱学校的基本办学条件，分类推进中等职业教育免除学费，加大家庭经济困难学生资助力度。鼓励就业服务机构开展扶持服务、融资服务，开展更深层次就业技能培训、职业技能培训，推进同一市域内职工同职级同标准改革。以社会平均工资和物价变动为依据，建立社会保险金动态调整机制，推进社会保险和社会救助制度有效衔接。深化公立医院综合改革，完善分级诊疗模式，发挥中医药在医疗诊治和治未病中的独特作用，完善中医药健康服务，推动中医药传承与创新。通过政府购买服务方式推进公共文化服务发展，推行“订单式”公共文化服务。通过社会调查、舆情关注、信访案件等方式，梳理矛盾纠纷大、反映集中、群众普遍关注的社会问题，落实责任、加强督办，防范化解社会重大风险。

2. 集中攻坚，确保脱贫任务如期实现

继续保持省市县乡村五级书记扶贫负责制、涉农资金统筹使用制、扶贫扶持政策保障制，以及厅局联系单位对口帮扶制，保证扶贫政策连续性。巩固脱贫成果，已脱贫县和已脱贫人口继续享受扶贫政策，激发脱贫人口通过劳动致富的内生动力。探索扶贫政策与社会保障政策、社会福利政策、社会救助政策的无缝对接，提高社会救助标准，将无劳动能力和有精神障碍的贫困人口纳入社会救助范畴，对全家患病及背负巨额债务的贫困家庭，引入社会慈善组织，倡导公益慈善、医疗卫生、精神健康等志愿者广泛参与脱贫攻坚事业。重力施策助力深度贫困县顺利脱贫，生产生活条件恶劣、不具备持续生存条件的自然村全部整体搬迁，有一定生产条件的贫困村通过发展集体经济、合作经济、大户引领和吸引企业投资等方式发展生产，吸纳贫困人口就业；自然环境良好、生态环境压力小的贫困区域适度发展景观游、文化游，通过民居民俗增加收入。

3. 建设高地，引领生态环境支撑区不断完善

以水源涵养保护、大气和土壤污染治理为政策重点，确定坝上、太行山、大运河、白洋淀为生态修复重点区域或重点治理项目，给予生态政策支持，减少经济活动，推动当地或沿线生态系统良好运行。压缩农业生产范围，降低农业生产强度，减少农业对水资源的消耗比例，限制高污染、高耗能工业发展，调整工业产业结构，着力建设现代工业园区，发展战略性新兴产业、新能源产业、智能产业，提升无污染、低耗能、高附加值产业比重和经济贡献率，积极推动旅游业向高端发展。落实山水林田湖草保护工程，提高还林还草还湖补助标准，并及时发放补贴，提高当地居民生态保护的主动性和积极性。鼓励生态脆弱区耕地和农业人口退出，通过村庄迁并、农村新型社区建设，改善农民人居环境，推动农业人口向非农就业。探索推行生态补偿机制，科学核算生态补偿资金数量，落实生态补偿责任主体，开展生态

补偿试点试验，争取国家更大的生态补偿支持。积极协调京津支持，共同商定划出一定区域为生态共建区，协同推进京津冀生态文明建设，加强与山西、内蒙古、辽宁、山东、河南等省份的沟通联系，探索建立跨区域联合生态治理新机制。

4. 创新机制，推动社区治理走向现代化

加强基层党组织建设，强化基层党组织战斗堡垒作用，创新基层党组织工作方式方法，提升基层党组织社会整合能力，通过党员干部的模范带头作用，树立良好的社会风气。城市社区应建立健全社区管理委员会组织机构，定岗定编定职能定责任，确保社区事情有人做、居民事情有人管。加强社区管理委员会与小区物业、业主委员会的横向连接，确定社区居民管理服务责任人，及时解决社区居民遇到的生活问题。农村社区应加快建设信息化网络，通过现代化手段管理服务外出就业人口，尽快建立乡规民约，发挥基层社会精英引导示范作用，以合作社形式强化村民之间的联系。迁并整合后的新型农村社区要成立联合党支部和社区管理委员会，委员会人员按村庄数量和人口数量确定，委员会主任从委员中选举，充分发挥社区居民主体作用，创造条件让其参与到社区公共事务当中，通过各种文体活动为社区居民提供交往机会，构建居民间横向关系，尽快实现从陌生到熟悉。

5. 统筹谋划，着力打造建设“四大文化带”

省级层面提出“四大文化带”发展战略，制定“四大文化带”建设发展规划，明确建设目标、重点任务、重点项目、保障措施。相关设区市制定出相应规划的实施方案，分解建设任务，明确建设时限，落实责任主体，提供政策支持，将重点项目列入财政预算，积极争取国家和省专项资金，保证人、财、物、政策及时到位，根据当地现实基础，以文化带建设为新动能推动当地经济社会向高质量发展。相关县（市、区）成立文化带建设推进领导小组，发改局、文化局、文物局、旅游局等部门相互联系配合，以产业发展、文化发展、生态保护为当前任务，吸引历史学家、文化学者、生态专家、社科专家、文物专家等广泛参与，充分挖掘历史遗存遗迹、文化记忆、名城古镇、传统村落、驿站码头等文化遗产，建设文化带集中展示区，加大宣传力度，引导当地居民参与文化带建设和生态环境保护。加强省内沿线各市横向联系，既要协同保护又要防止恶性竞争，增强省际联系，相互学习借鉴，发掘本地文化特点，错位发展。

6. 营造氛围，助推社会组织规范健康发展

省社会组织管理局会同省发改委、财政厅、工商联、社科联、科协、行业协会和相关社会组织主管厅局，联合起草鼓励规范社会组织发展实施意见，以省委、省政府名义下发，统筹推进社会组织发展。改革社会组织监督管理方式，由注重事前登记向注重事后监管转变，简化商会类、科技类、公益慈善类、城乡社会服务类社会组织登记程序，鼓励全社会以社会组织为载体的创业活动，通过政府购买服务方式，优先扶持环境保护类、公益慈善类、健康服务类社会组织发展，鼓励省内注册登记的社会组织与京津社会组织加强联系，在京津冀协同发展框架下开展社会工作服务。加快省内社会组织立法工作，推进社会组织在法律法规范围内规范开展活动。

生态文明篇

Ecological Civilization

B.2 积极打造京津冀生态环境支撑区三大高地

王文录　王彦芳*

摘　要： 京津冀生态环境支撑区建设取得了重要进展，主体功能区划分更加清晰，生态制度体系、绿化工程、蓝天保卫战以及水生态保护等重大生态举措成为近年来河北省生态建设中的亮点。京津冀生态环境支撑区高质量发展，还需要具有重大带动力的重点区域引领，因此，需要着力打造生态高地，培育带动京津冀生态环境支撑区建设的新引擎。

关键词： 京津冀生态环境支撑区　生态高地　坝上　太行山　白洋淀

---

* 王文录，河北省社会科学院社会发展研究所所长、研究员，研究方向为人口城镇化；王彦芳，河北省社会科学院社会发展研究所助理研究员，研究方向为生态经济与生态文明建设。

近年来，河北省在京津冀生态环境支撑区建设方面取得了一系列重要进展，尽管全省整体生态仍有不尽如人意之处，但生态环境的改善却是有目共睹的不争事实。为了把京津冀生态环境支撑区建设推进到一个更高的水平，今后，生态建设的关键应当是集中优势，寻求重点突破，形成能够辐射和带动全省生态高质量发展的引领高地——坝上生态高地、太行生态高地和白洋淀生态高地。

一　京津冀生态环境支撑区建设现状

打造京津冀生态环境支撑区是河北在京津冀协同发展战略中“三区一基地”定位的重要一环，是河北一体两翼发展战略的必然选择。2016 年年初，《河北省建设京津冀生态环境支撑区规划（2016～2020 年）》印发，有效推动了河北省生态环境改善和生态环境支撑区建设，大气污染治理、水污染和土壤污染治理、规模化国土绿化、生态环境修复保护等重大行动持续发力，全省生态环境质量取得突破性提升。

生态文明制度体系更加健全。《河北省生态环境保护“十三五”规划》《关于实施绿色河北攻坚工程的意见》《关于推进水污染防治领域政府和社会资本合作的实施意见》《河北省深化环境监测改革提高环境监测数据质量实施方案》《河北省林业厅关于进一步加快推进环首都地区经济林建设的通知》等一系列意见和方案密集出台，生态环境支撑区建设的规划、监测、治理等各项内容逐步健全。并于近期发布了《河北省生态保护红线》，明确全省生态保护红线总面积 4.05 万平方公里，占全省面积的 20.70%。

蓝天保卫战有效净化了大气环境。全省上下强力推进能源、产业、运输结构调整，通过淘汰小燃煤锅炉、取缔无照经营散煤网点、没收劣质散煤，全面减少燃煤污染。同时，整治“散乱污”企业和恶臭异味气体企业，淘汰老旧机动车，推广新能源汽车，推进货物运输轨道化。在生态环境部日前通报的 2018 年上半年全国 169 个地级及以上城市中，河北省多个地市处于“空气质量改善幅度相对较好”城市前列。

规模化国土绿化行动成绩斐然。《国土绿化三年行动计划实施方案(2018～2020年)》发布，加快了生态脆弱地区和重点生态功能区绿化步伐，全面提升国土绿化水平。保定市依托国家三北防护林、太行山绿化工程项目和白洋淀上游规模化林场试点建设项目，廊坊市实施了“六个一”造林、“一十百千万”重点造林绿化、“两年攻坚战、造林一百万”等一系列造林绿化工程。四年来全省累计造林两千多万亩，造林绿化数量、质量均居全国前列。2018年，仅张家口市全市就已完成营造林任务600.27万亩，全省森林覆盖率提高到33%。

水污染防治和水生态保护得以系统推进。全省河湖垃圾清理、非法入河排污口清理、涉河违障违建清理、树障清理、黑臭水体治理、非法采砂整治等全省河湖清理行动工作全面铺开，成效初显。加快恢复“华北之肾”功能，雄安新区启动白洋淀综合整治攻坚行动，确定入河入淀排污口整治攻坚等六大专项攻坚任务。官厅水库国家湿地公园建设正式启动，规划总面积20.3万亩，集保护湿地、改善生态、休闲观光、科普宣传等功能于一体。

生态环境支撑区重点区域日益初露端倪。经过近年来的持续建设，京津冀生态环境支撑区的重点区域带动作用日益突显，特别是以坝上为重点的张承生态涵养功能区、以海河水源地为重点的太行山生态区和以大清河流域为支撑的白洋淀生态区，在构建整个京津冀生态环境支撑区中发挥着独特作用。

二　三大生态支撑重点区存在的主要问题

（一）坝上地区的主要问题

坝上高原位于河北省最北部，系内蒙古高原的南缘，由草原陡然升高而形成的地带，以防风固沙和涵养水源为主要生态功能，肩负着构建京津冀绿色生态屏障的任务。坝上地区是季风气候与大陆气候、干旱与半干旱地区、农区与牧区的过渡带，也是内陆流域与外流域的交接带，寒冷、多风、干旱是坝上最明显的特征。受气候条件的影响，植被类型以多年生草本植物为主，是河北省畜牧发展的重要基地。坝上地区是河北最干旱的地区，年平均降水量不到400毫米，缺少地表径流。由于受干旱的气候和剧烈的人类活动的影响，坝上的生态环境问题突出。

水资源严重短缺，地下水位持续下降，湖泊日趋干涸。受气候变化和人类活动的影响，近些年，坝上地区地下水位平均每年的下降趋势高达30毫米。坝上原有的200多个湖泊湿地中，目前九成以上已干涸，面积最大的安固里淖已于2004年彻底干涸，著名的察汗淖尔国家湿地公园多数时间处于无水状态。

土地退化形势严峻，植被生态极其脆弱。21世纪初，坝上地区的水土流失面积为387.6万公顷，其中水力侵蚀面积占全国水蚀面积的一半以上，是全国水土流失严重的地区之一。土壤退化的直接后果是导致草场退化，植被覆盖度降低，坝上草场植被覆盖度由20世纪50年代的90%，降低到21世纪初的40%，其中植被覆盖度不足10%的重度沙化面积为7.64万公顷。

人口和耕地过快增长，生态承载力处于上限。目前，坝上地区人口总量为112万人，人口密度远远高于联合国提出的标准值。同时，农业种植面积大幅增加，2015年，已占坝上总面积的50%，尽管近年来开始退耕还林还草，但耕地面积仍然居高不下。与此同时，大量土地流转后，由一些外来农业大户以更大的开发力度经营，不仅增加了耗水，而且对当地的草原湿地造成了更大的威胁。

（二）太行山区的主要问题

河北省山区面积11.7万平方公里，占全省总面积的62%，由纵贯西部的太行山和横跨北部的燕山组成。其中，太行山区是海河流域的上游，不仅是京津冀的水源涵养地，而且是保持生物多样性的重要“基地”，对保障整个华北平原的生态安全具有重要意义。目前太行山生态主要存在四大问题。

村庄布局分散，人口对生态压迫明显。河北省山区县（市、区）59个，人口2400万左右，其中太行山山区分布有县（市区）24个，人口1000万。深山区村庄规模小，行政村平均人口不足500人。山区塘坝众多，虽对解决本地生产生活用水作用突出，但对整个流域的径流变化、局部水资源量影响巨大。非法采石挖沙屡禁不止，现在一般中小型采石场年产量在3万~5万吨，挖沙船挖沙量在每小时50~200立方米，不严格控制将导致植被破坏、土地裸露、水土流失等一系列严重的生态环境问题。

村庄空心化严重，优化村镇布局困难较大。目前贫困山区有劳动能力的青壮年大多外出务工，老人、妇女及儿童则留守村庄以务农或低保来维持生活，造成了人口的持续空心化，深山区的空心率已经达到了70%。但是，从已经推动村庄迁并和农村新型社区建设的几个县的经验看，村庄迁并十分困难，生态修复和环境治理难以在整个村镇布局优化中得到切实改善，个别村落和建筑物对河流生态构成侵害。

山体裸露严重，水土难以保持。太行山很多山体长期以来缺少植被，山石裸露，很难保持水土，树木缺少成长的生存环境，对植树造林、改善山体环境带来了极大困难，有些山体尽管进行了多次绿化尝试，但树苗存活的概率较小。

开发强度过大，对水源地构成致命威胁。随着旅游开发热的到来，太行山生态条件较好的区域成为景区、度假区和居住区的首选地，由于缺少整体规划和监管不严等问题，有些地方开发强度过大，人为干预了水系自然系统和生态原始风貌，致使一些泉眼枯竭、河流断流，严重威胁到太行山地区，甚至影响整个海河流域生态系统。

（三）白洋淀地区的主要问题

以白洋淀为核心的京津保中心区生态过渡带是环首都生态圈的重要组成部分，白洋淀的生态环境治理是京津冀生态环境支撑区建设的重要内容。但白洋淀水资源先天不足，加上气候暖干化和上游水库的大量修建，导致入淀河道断流，白洋淀成为无源之水，甚至经历了连续5年干淀。此后，白洋淀经历24次调水，成为多源之水，但即便如此，仍面临缺水困境，淀区水域面积较20世纪中期大幅减少。同时，水环境污染严重，水生态系统退化。2018年8月，白洋淀水位为8.62米，属于正常水位。淀内王家寨、枣林庄、端村三个监测点的水质分别为Ⅳ类、Ⅴ类、劣Ⅴ类水质，仍未达到功能区划要求的Ⅲ类，属于中度污染。有的观测点因水位较低，采样点处已为地面。随之出现的是水生态系统遭破坏，生物多样性明显降低，生态系统服务功能减退。

水量匮乏，水质面临“三源污染”。流域降水先天不足，上游拦截水量多，入淀水量少，即使跨流域调水也难保足够的水量。湖面蒸发量和地下水超采导致湖水渗漏量大，年损失水量约为3亿立方米。水量常年不足导致淀区自净能力差，加剧了水污染。水质面临面源、点源、内源交叉污染。上游农业面源污染，流域工业和生活污水点源污染，淀区水产畜禽、黑臭淤泥和非法围埝的内源污染，“三源污染”是白洋淀水环境污染的主要源头。“三源”交叉加大了白洋淀水污染的复杂性，也加大了水环境治理难度。

治理速度赶不上污染速度。由于流域各市县尚处于工业化阶段中期，为了追求经济的发展，忽略了环境的承载能力。治理方面，白洋淀水污染治理是一个复杂的系统工程，涉及一系列区域协同、资源调配和产业布局等。如果只强调因水治水、因淀治淀，势必会导致污染反复。当前的区域发展－环境治理模式无法从根本上扭转白洋淀持续污染现状。同时，治水的科技支撑手段不足，包括处理设备先进性不够、对白洋淀污染成分分析和水环境科技创新不足、生态修复技术研究不够，导致治理缓慢。

管理分割又重叠。白洋淀水环境的治理涉及多行政区划和多职能部门，水质水量管理权分散、水务管理部门重叠，形成分割又交叉的管理格局。区域内各主体各自为政自谋发展的现象依然严重。虽然在1989年成立了白洋淀管理领导小组，但随后因人员的流动而解散。白洋淀管理的分割与重叠，造成了政令不统一、数据共享不畅通，不利于水资源的统一管理和监督。

法律法规保障缺失。虽然早在1989年和1995年分别出台了《河北省白洋淀水产资源管理办法（试行）》和《河北省白洋淀水体环境保护管理规定》，但都已失效，目前只有几部规划指导，而相关的《白洋淀水污染防治条例》《白洋淀管理条例》制定多年仍未出台。相关立法的缺失极大地影响了白洋淀水资源保护与管理效率。

三　三大生态支撑重点区的建设对策

（一）坝上地区生态环境建设对策

1. 以新定位重构发展理念

传统的发展方式已经使坝上地区的生态承载能力几乎达到极限，作为京津冀重要的生态环境支撑区，建设坝上生态高地，必须重构发展理念，才能保障坝上生态沿着健康的轨道发展。

明确发展定位。坝上特殊地理位置和独特气候条件，决定了其发展定位与其他地区具有明显的差别。坝上的规划与发展应以建设京津冀生态屏障和保持绿色原生态自然系统为基础，压缩各类生产要素的聚集，较大规模地退出人口和耕地，最大限度地减少人类活动对生态系统的干扰，使坝上生态环境尽可能回归自然本真，生态系统实现良性循环，真正成为京津冀生态支撑的绿色高地。

推动示范区建设。坝上具备建设京津冀生态环境支撑区生态高地的先天生态条件，因此，落实京津冀生态环境支撑区建设规划应该把坝上作为一个重要示范区，按照生态高地的标准给予优先的政策安排。积极探索京津冀三方共建示范区，引领京津冀生态环境支撑区走向协同治理。通过对共建示范区实施政策、资金、技术、人才以及运行机制等方面共建共管，不断尝试和探索京津冀生态环境的协同治理，逐步形成完善的协同治理有效机制。首期示范区可以选择如滦河源、塞罕坝、中都草原等特色区域先行试点，以国家公园、国家自然保护区、国家康养旅游示范区等为主要的示范区实现形式。

2. 积极退出人口和耕地

人口适度退出。人口过多是坝上生态环境的主要压力之一，修复和保护坝上生态必须适当退出人口。据估算，坝上地区至少应该退出50%的人口。各市县应制定和出台系统的政策，鼓励更多的人下坝就业和生活。各级政府应积极推动有意下坝人员进行职业技能培训，并与京津冀发达市县建立劳务输出战略合作关系，作为京津冀合作计划的重要内容之一。

加快村庄迁并。优化人口布局结构，在积极建设农村新型社区的同时，推进村落分散人口向县城、特色镇集聚。整治空心村落，通过实施村庄迁并，帮助更多空心村落的农村人口离开小村落，加快向城镇转移。生态高度脆弱区和草原湿地、自然保护区等生态保护区应坚决杜绝人口生产生活。

加快耕地减压。坝上农业的节水技术虽已处于全国领先水平，但农业耗水总量仍不断攀升，水资源的过度消耗是坝上地区生态的最大威胁。因此，加快耕地减压是一项刻不容缓的工作。尤其是生态极度敏感区、气候极端干旱区的农业必须全部退出，退出的耕地全部实施还林还草。

3. 优化坝上生态经济体系

通过产业生态化实现绿色创新发展。重构坝上产业规模和结构，严格控制产业规模，坚决取缔高污染、高耗能、高耗水的“三高”传统产业，审慎上马新的各类产业，杜绝一切对生态环境产生威胁的产业落户坝上。抑制低产出、低效益的“两低”产业，以走高端路线为目标，重点选择附加值高、劳动力少、用水少的“一高两少”产业作为发展方向。逐步完善和调整国民经济和社会发展规划，重新确定产业园区发展定位，鼓励大数据等能耗低、科技含量高的产业发展。科学适度安排新能源产业，积极调整新能源产业布局结构和新能源空间布局，积极发展生物质能。

加快生态产业化实现生态资源的价值增值。依靠优良的生态资源，近些年，坝上的旅游业得到了较好发展。但大量的游客涌入坝上，对原本脆弱的生态环境构成了新的威胁。因此，坝上地区的旅游业应向附加值更高的高端旅游业发展，可根据各区域特点，适当保持农家院的发展规模，积极推动发展高端休闲康养产业，对客源进行合理的组织安排，避免对生态构成季节性压迫，并逐步推动全域旅游实现高质量发展。此外，借鉴国内外经验，积极探索生态资源产业化和生态价值实现路径，采取碳汇交易、生态补偿等多种方式，逐步形成多元化的生态经济结构。

4. 加快完善生态补偿制度

实施生态补偿制度是坝上地区建设生态高地的重要保障，是坝上人口耕地退出、产业发展规模压减、发展与脱贫攻坚矛盾解决等一系列问题的核心保障。改变生态补偿仅集中在森林、草地等少数几个项目的现状，实施覆盖整个坝上地区、涵盖完整生态系统的生态补偿。

生态补偿应该包括生态系统服务补偿、生态成本补偿和限制产业发展补偿等方面。在已经实施的水源地保护工程、防沙治沙工程、退耕还林还草工程等生态修复工程的基础上，应加大投入力度，重点对坝上最为干旱区、湿地区和沙化洼淖区实施生态修复。加大生态补偿力度，鼓励广大农户主动参与退耕还林还草。从当前生态修复的急迫性考虑，生态补偿的重点应该是农民，同时应充分考虑集体利益补偿和区域利益补偿。

（二）太行山区生态环境建设对策

1. 强化主体功能区的生态责任

《河北省生态环境保护“十二五”规划》明确了太行山区各个主体功能区的职责，各个主体功能区应该制定具体的落实措施，强化责任，按照全省统一要求制定落实时间表，逐条逐项完成规划任务。

2. 重点推动自然保护区生态保护

省级以上自然保护区往往是水源地和原始植被生存地，对于生态环境支撑区建设有特殊的重要意义，这些地区应该成为生态修复和环境保护的重点，严格按照自然保护区的有关规定，不折不扣地实施生态环境建设。

3. 最大限度减少人为生态破坏

推动太行山区，特别是深山区实施村庄整体迁并计划，把分散在深山区的人口向外转移。除个别生态条件较好，有一定文化资源，具备旅游开发条件的村落，实行生态改造、就地提升，其他应该全部整体向外搬迁，落实生态修复计划，在还耕的同时，重点是还林、还湿。

4. 建立上下游生态经济补偿机制

太行山生态建设是山区县的责任，也是流域下游县的责任。水源地各县重点是保护水源，保障河流清澈有水，根据实际条件，清理河道附近违法建筑，拆除各类小水库、塘坝，增强河流径流能力。下游各县也应为太行山生态修复做出实际贡献，在可能的情况下，通过一定的经济补偿，帮助上游地区对水源涵养区实施保护性投入。

（三）白洋淀生态环境建设对策

1. 持之以恒推进源头治理

水量方面，应建立完备、长效、灵活的补水机制。除了西大洋、王快水库放水和引黄济淀调水之外，应逐步对上游不同功能和级别的水库实施整改，部分河道率先实现正常通水，逐步恢复流域完整性。并通过对上游地区山水林田湖草进行合理布局，调整种植结构，发展耗水管理技术，实施限水灌溉等措施，减少上游耗水。通过低温季节输水等措施，减少无效蒸发和渗漏。实施区域地下水补给工程，强化地下水禁限采分区管理，统筹协调当地水与外调水、地表水与地下水等关系，加大对地下水的补给和保护。

水质方面，应尽快构建完善的白洋淀污染源控制系统。上游地区通过发展生态农业，推进净化槽、农业集落排水设施、农田循环灌溉等设施建设，减少面源污染；全流域通过调整产业结构、加强工厂企业点源污水排放监管和处罚、建立流域集中式污水处理系统等措施，全面控制工业点源污染；严格控制淀区及周边的水产畜禽养殖发展，对淀区内现有养殖、种植和经营的围堤围埝，依法进行彻底清除，坚决遏止水面碎片化趋势。通过物理清淤、磁分离、化学药剂、微生物法、水生植物等生态修复法解决内源污染。

2. 升级区域发展－环境治理模式

产业升级，减少污染排放。白洋淀的治理和可持续发展必须要以改变当地和周围地区落后的产业面貌为前提。淘汰一批高污染、高耗能、高耗水的三高产业和企业，升级一批具有发展潜力的本地传统产业，引进一批高新高端产业，发展一批支撑生态城市、智慧城市建设的产业，促使经济结构向多元化方向发展。变高耗发展为绿色发展，促进环境与经济的和谐发展。

加快环境基础设施建设和升级。合理规划和建设一大批高标准污水处理厂和垃圾处理厂，引进国际领先技术、高端处理企业、相关优秀人才，实施精细化管理和最严格限值标准。同时对污泥、垃圾等实施最大限度的回收和资源利用。以高标准建设新区排水系统，实施雨污分流、排水许可制度，推进设施监管和市场化养护，制定长效机制。

科技创新引领白洋淀水环境治理。成立白洋淀环境研究实验室，建设引领水环境治理的国际一流团队，探索水环境治理和生态修复前瞻性理论。加强淀区环境监测、水污染治理研究，加大微生物、水生生物、生化技术、生态浮床技术、生物膜技术等治水科研投入和转化应用，不断探索白洋淀水污染科学治理新途径。注重治水科技与多领域新技术的融合与应用，不断拓展分子技术、生物技术、新材料技术、信息技术、云计算和大数据等在治水中的应用，形成一批创新、有效的水环境治理关键技术和管理技术，推进相关产业集群化。

加快数字白洋淀和智慧白洋淀建设，实现智慧水务。加快建立完备的流域水量、水质、水调度实时自动监测系统，综合运用大数据、互联网+、云计算等现代信息技术，构建智能水网和智慧水务，对白洋淀水环境和调水过程进行全要素在线监控、数据共享和智能化调度，实现流域的数字化、信息化、现代化、自动化和智能化管理。

3. 推动多区域、多部门、多要素统筹治理

建立流域内地区间、部门间协同治理机制。建立所在流域的上下游、各部门、各地区的综合决策机制、沟通与协调机制、政府间的信任机制、流域环境影响评价机制和流域生态补偿机制等一系列制度，保障协同治理。

集中水务管理权，创新水管理体制。以白洋淀为抓手，创新水环境治理体系改革。带动大清河实行流域水务集中管理，成立白洋淀及上游流域管理机构，整体把脉，立体治理。加强不同级别管理机构协调，做到“责任到户”。确立新机构在涉水事务管理上的主导地位，建立统一管理、垂直领导的流域管理体制，对流域的水量、水质、地表水和地下水等实施统一管理、

监督、治理，必要时由其他部门合作治理。

构建白洋淀及上游流域自然资源综合管理机制。践行山水林田湖草生命共同体理念，严守流域生态红线、耕地红线、城市开发红线，以流域生态系统服务功能最大化为目标，优化流域国土空间开发格局。建设一支高级别的流域自然资源综合管理队伍，形成流域综合管理体制，创新统筹、协调、协商机制，健全法律保障，强化监督管理。通过流域自然资源合理分布和配置，系统解决水资源、水环境、水生态、水灾害问题，实现流域生态经济的协同发展。

构建流域水资源产权制度，实现水资源精细化管理。根据流域不同地区的社会经济、生态功能等特征，构建流域水资源量化配置方案和相关生态补偿方案。主要运用价格和税收手段，逐步实施农业灌溉、工业企业、城乡生活、生态等用水定额管理和水质量化管理制度。建立合理的水资源价格管理体系，实行差别水价和超定额累进加价制度。同时，下游城市对上游地区以产业转移、财政转移支付等多种形式进行生态补偿，但上游来水水量和水质不达标时，赋予下游地区请求赔偿的权力。

4. 提高白洋淀治理的法治化保障

加快全面立法，以流域为对象，制定引水、供水、用水、水产、排水等水资源开发管理利用全过程的相关法规。细化法律法规，提高法规的可操作性。充分总结白洋淀及上游流域水污染突出违法行为和威胁白洋淀水环境行为，结合过去治理上的经验教训，制定一套可操作性强的管理法规，并根据白洋淀治理阶段不断修订和完善。制定比国家条例更严格的地方污染物排放标准、环境影响评价标准、违法处罚标准等相关条例，加大惩戒力度。以严格的标准倒逼企业加强自主创新，提高企业竞争力，优化经济结构，从而实现水环境防治与经济结构优化双赢。加大水资源法治宣传力度，全民树立依法治水观念。在法治宣传上狠下功夫，先得让百姓知法懂法，才能守法。

切实加强相关法律法规的贯彻执行，增强依法治水能力。建立一支高素质的执法队伍，认真履行法律法规赋予的执法职责。探索流域与区域相结合，水行政主管部门与公安、司法等相关部门相协调的联合执法工作机制和沟通机制，提高执法效率。相关部门加强对执法队伍和执法人员的监督，包括法律监督、部门监督、群众监督等，让执法行为切实做到程序规范、执法公正，对执法不严行为坚决进行严肃处理。

5. 实现多元主体共同治理

政府加大环境整治和保护力度。提高水环境信息透明度，打通公众参与环境治理通道。鼓励公众对周围环境问题进行舆论监督，以听证会、公民诉讼和环保活动等形式让公众参与水污染控制。投入鼓励和激励模式，如以标语宣传、水污染举报奖励、节水发明奖励、垃圾分类积分兑换等方式引导群众转变思想。政府通过加强监督、推行绿色市场准入、绿色税收、环境审计、环境信息披露、环保信用评价、严惩重罚等制度，引导全社会对环境的重视。

建立流域内企业环境责任制度。企业要充分重视环境竞争力的重要性，加强企业环境管理的理念，承担起节约资源和保护环境的社会责任，不仅有利于社会，也有利于企业的可持续经营。通过延伸生产者责任制度、环境责任保险制度、清洁生产等制度的建设增强企业环境责任，约束企业不断增强企业绿色竞争力，逐步实现绿色生产、绿色技术创新、绿色管理体系、绿色供应链、绿色营销、绿色财务核算。

增强公众节水、护水、管水意识，牢固树立社会主义生态文明观。将水资源保护、水环境治理等内容纳入教育体系，从小养成节约水资源、保护水环境的意识和习惯。并将宣传教育、文化熏陶、环境实践等手段结合起来，鼓励公众参与白洋淀的治理与保护工作。培育和壮大社会组织，调动各社会组织对白洋淀治理和监督的积极性。全流域大力营造人水和谐的氛围，由治水和治人转变为人们的自觉保护，逐渐形成节约资源和保护环境的空间格局、产业结构、生产方式、生活方式，真正成为生态文明的一个标杆。

参考文献

王彦芳、裴宏伟：《1980—2015 年河北坝上地区生态环境状况评价与对策研究》，

《生态经济》2018 年第 1 期。

常春平、薛隅：《张家口坝上地区环境与经济协调发展浅析》，《中国人口·资源与环境》2001 年第 2 期。

王文录：《构建河北坝上生态经济新高地》，《经济论坛》2018 年第 10 期。

顾时贵：《河北省太行山区农业可持续发展能力分析与发展战略研究》，中国农业大学博士学位论文，2005。

齐丽艳：《白洋淀水域环境质量演变评价及防治对策研究》，中国农业科学院硕士学位论文，2009。

刘秀娟、刘妍琳：《白洋淀流域水资源管理体制建设途径初探》，《资源与产业》2012 年第 2 期。

B.3
河北省环境治理的瓶颈与突破点

田桐羽　龙　涛　田翠琴*

摘　要： 大气污染、水污染、土壤污染和农村环境污染简称“四大污染”，是河北省环境治理久治不愈的“顽疾”。“四大污染”的长期存在，不仅成为河北省环境治理的“四大瓶颈”，而且直接影响到河北省的社会经济发展和广大居民的生活质量。治理“四大污染”、突破“四大瓶颈”，是河北省环境治理的核心内容和中心任务，也是建设美丽河北、和谐河北必须重点关注和解决的社会问题。

关键词： 环境治理　四大瓶颈　四大污染

自1972年开始治理官厅水库的水污染，河北省一直重视和积极治理“四大污染”（大气污染、水污染、土壤污染和农村环境污染），但因多方面的原因，时至今日，河北省的环境保护与社会经济发展仍然被这“四大污染”困扰。“四大污染”的长期存在，不仅成为河北省环境治理的“四大瓶颈”，而且直接影响到河北省的社会经济发展和广大居民的生活质量。因此，如何治理“四大污染”、如何突破“四大瓶颈”，仍将是河北省环境保护的核心内容和重点工作，是河北省环境保护与生态建设的重中之重。

---

* 田桐羽，内蒙古师范大学地理科学学院研究生，主要研究方向为城市地理与地理信息系统研究；龙涛，河北省信息安全评测中心工程师，主要研究方向为信息安全评测、风险评估；田翠琴，河北省社会科学院社会发展研究所研究员，主要研究方向为环境社会学。

一　河北省环境治理的“四大瓶颈”

河北省环境治理的“四大瓶颈”是严重的大气污染、水污染、土壤污染和农村环境污染。

（一）大气污染严重

大气污染是河北省一直致力解决的重大环境问题，也是久治不愈的“顽疾”。近几年，河北省的11个城市，在74个城市（包括京津冀、长三角、珠三角等重点区域地级市及直辖市、省会城市和计划单列市，以下简称“74个城市”）空气质量排名中，总有6个以上的城市排在相对较差的后10位城市（从第74名到第65名，下同）之列。2013年74个城市中，空气质量相对较差的前10个城市中，河北省占7席，分别是邢台、石家庄、邯郸、唐山、保定、衡水和廊坊，[①] 且位列较差的前5个城市均属河北省。2014年74个城市中，在空气质量相对较差的10个城市中，河北省占7席。2015年74个城市中，在空气质量相对较差的10个城市中，河北省仍然占7席。2016年74个城市中，在空气质量相对较差的10个城市中，河北省占了6席。2018年5月，生态环境部发布的《2017中国生态环境状况公报》显示，2017年74个城市中，在空气质量相对较差的10个城市中，河北省仍占6席，且最后5名（从第74名到第70名）石家庄、邯郸、邢台、保定和唐山[②]全在河北省。2018年6月13日，生态环境部发布的2018年5月和1~5月重点区域和74个城市空气质量状况显示，1~5月，在空气质量相对较差的后10个城市中，河北省占有6席。[③] 概括说，2013~2017年，各年度空气质量相对较差的10个城市中，河北省至少占6席，且在2013年、2014年、2016年和2017年四个年度中，位列环境质量较差的前5位的城市均属河北省。

---

① 环境保护部：《2013中国环境状况公报》，2014年5月27日。

② 生态环境部：《2017中国生态环境状况公报》，2018年5月29日。

③ 《生态环境部发布2018年5月和1~5月重点区域和74个城市空气质量状况》，新华网，2018年6月13日。

（二）水污染严重

河北省从20世纪70年代治理官厅水库与白洋淀的水污染开始，到近几年持续进行的“净水行动”，防治水污染一直是河北省各个时期环境保护工作的重中之重，但因种种原因及边治理边污染现象的存在，目前，河北省的水污染问题依然十分严重。如近些年，河北省的八大水系水质总体上一直处于中度污染，全省河流水质总体上也一直为中度污染。《2017年河北省生态环境状况公报》显示，2017年全省209个地表水国控监测点位中，实际监测199个点位，其中河流监测158个断面，湖库淀监测41个点位。199个点位中，Ⅳ类水质断面占16.08%，Ⅴ类水质断面占7.04%，劣Ⅴ类水质断面占24.62%，[①] 三者合计47.74%。而达到或好于Ⅲ类的水质断面占52.26%，同比降低2.01个百分点。2017年河北省河流水质总体为中度污染。其中，Ⅳ类水质比例为15.82%，Ⅴ类水质比例为6.33%，劣Ⅴ类水质比例为29.75%[②]，三者合计51.90%。2017年全省河流主要污染物指标为化学需氧量、生化需氧量和总磷，超标率分别为44.3%、39.9%和36.1%。

2018年9月，河北省监测的18座重点湖库淀中，13座水库为中营养，3座水库为轻度富营养，白洋淀和衡水湖为轻度富营养。[③]

河北省不仅地表水污染严重，地下水污染也十分严重。受地表水污染下渗和农业面源污染影响，河北省区域浅层地下水已有1/3遭受不同程度的污染。[④] 河北省在水污染严重的同时，还长期存在大量超采地下水的问题。《河北省保障水安全实施纲要》显示，河北省年均超采地下水量59.6亿立方米，累计超采量1500多亿立方米，超采区总面积6.7万

① 河北省环境保护厅：《2017年河北省生态环境状况公报》，2018年7月5日。

② 河北省环境保护厅：《2017年河北省生态环境状况公报》，2018年7月5日。

③ 河北省环境保护厅：《河北省2018年9月水质月报》，河北省环境保护厅网，2018年10月22日。

④ 河北省人民政府：《河北省建设京津冀生态环境支撑区规划（2016－2020年）》（冀政发〔2016〕8号），2016年2月27日。

平方公里，占平原区面积的91%。[①] 地下水长期超采，会引发地面沉降、地裂、海水入侵等一系列地质问题，恶化地下水环境，进一步加重地下水污染。

（三）土壤污染日趋严重

河北省土壤污染日趋严重。污水灌溉是造成土壤污染的一个重要原因。1999 年河北省利用污水灌溉的农田面积为 115240 公顷，占全省耕地面积的 1.78%，造成废耕面积达 240 公顷。[②] 2006 年全省污水灌溉面积为 65380.37 公顷，废耕面积 92 公顷。据农业部门内部统计，2006 年全省农业污染事故 56 起，污染耕地面积 2583 公顷，造成农产品损失 6530.5 吨，损失金额达 662.08 万元。[③] 2015 年全省有 576.75 万亩农田处在工矿企业区周边、大中城市郊区和污灌区等外源污染风险区域，约占农田总面积的 6%，全省达到三级标准的土壤污染面积有 252 平方千米。[④]

（四）农村环境污染加剧

河北省农药、化肥使用量逐年增加，与此同时，污水灌溉、地膜覆盖等对环境的污染也逐渐增加，由此造成土壤板结、土质恶化、肥效下降和农产品质量低下等问题。随着农业生产的发展，河北省化肥使用量连年增加。2002 年全省施用化肥总量（折纯）为 278.8 万吨，农药使用量（折纯）7.5 万吨，地膜使用量 4.1 万吨，地膜覆盖面积达 610.4 千公顷。[⑤] 2012 年全省农用化肥施用量（折纯）为 329.33 万吨；农药使用量为 8.48 万吨；农用塑料薄膜使用量为 12.69 万吨，其中地膜使用量为 68248 吨，地膜覆盖面积达

① 《河北省保障水安全实施纲要》，河北省水利厅网，2015 年 3 月 18 日，http：//www.hebwater.gov.cn/a/2015/03/18/1426638686416.html。

② 河北省环境保护厅：《1999 年河北省环境状况公报》，2000 年 7 月 1 日。

③ 河北省环境保护厅：《2006 年河北省环境状况公报》，2007 年 7 月 9 日。

④ 河北省人民政府：《河北省建设京津冀生态环境支撑区规划（2016 - 2020 年）》（冀政发〔2016〕8 号），2016 年 2 月 27 日。

⑤ 河北省环境保护厅：《2002 年河北省环境状况公报》，2003 年 7 月 1 日。

1159.06 千公顷。与 2011 年相比，全省农药、化肥、地膜的使用量呈上升趋势。[①]

河北省农村的环境污染主要面临四个问题：一是过量使用化肥、农药，加剧了面源污染；二是畜禽养殖造成的面源污染；三是环保设施滞后，加剧了环境污染；四是农村固体废弃物污染严重。另外，河北省的环京津贫困带也是河北省环境保护与生态治理绕不开的难题。环京津贫困带面临生态与生活的双重贫困和双重制约，直接威胁到京津冀地区的生态环境质量与水源地保护和城市供水安全。[②]

二 形成“四大瓶颈”的原因

（一）造成大气污染严重的原因

造成河北省大气污染严重的因素有很多，其中产业结构不合理、能源消费结构不合理以及机动车增长速度过快等因素都会直接或间接造成大气污染。

（1）产业结构不合理，高耗能高污染产业占的比例偏大，是造成河北省大气污染的最主要最直接的因素。2017 年河北省的三次产业结构为 9.8∶48.4∶41.8，[③] 虽然第一、第二产业的比重比往年有所下降，但第二产业的比重仍然偏高，而且第二产业中的优势行业又是以钢铁为主的高耗能高污染产业。

（2）能源消费结构不合理，煤炭消费比例偏高，是造成空气污染的又一主要原因。河北省作为我国的工业大省，依托工业发展，2014 年全国燃煤 35 亿吨，京津冀地区是 3.8 亿吨，但仅河北省就燃煤 3 亿吨。可见，河

① 河北省环境保护厅：《2012 年河北省环境状况公报》，2013 年 7 月 1 日。

② 田翠琴、赵乃诗、赵志林：《京津冀环境保护历史、现状和对策》，北京时代华文书局，2018，第 212～222 页。

③ 《2018 年河北省政府工作报告》，河北新闻网，2018 年 2 月 5 日。

北省的能源消费依旧严重依赖煤炭，燃煤污染现象依然严峻。

（3）机动车猛增，尾气排放量加大，是形成雾霾的又一重要污染源。交通运输过程中排放的机动车尾气是形成雾霾的又一重要污染源。近几年，河北省机动车的保有量是量大且增长迅猛。随之，机动车尾气排放量自然量大且增长快，这是造成空气污染的又一重要因素。

（二）水污染治理难的原因

（1）生产和生活废水排放量大且增长速度快，远远超过水体的纳污能力，加重了水污染。尤其是工业废水排放量大且持续增加，加大了污水治理的难度。“十二五”期间，在国家环境部调查统计排污量最多的41个行业中，废水排放量位于前4位的行业依次为造纸及纸制品业、化学原料及化学制品制造业、纺织业、农副食品加工业。其中，河北在造纸及纸制品业、农副食品加工业废水排放量分别居全国第四、第五位。在全国工业废水中石油类排放量最多的十大省份、挥发酚排放量大于100吨的四大省份、氰化物排放量大于10吨的六大省份中，河北均名列其中。①

（2）对废水治理的重视不够，投资偏低。目前，我国各地对废水治理的重视程度远不及对废气的治理。河北省工业污染治理投资也是以废气治理为主，其用于废气治理的投资远高于废水治理的投资。环境治理投资不足，仅有的治理投资又是偏重废气、轻废水，必然会影响污水治理的效果。

（3）水污染本身的特点加大了治理的难度。水污染具有流动性和跨区域污染的特征。河北省大部分地区处于海河流域，具有明显的流域水系连通性。长期以来，河北省的发展模式和产业结构造成地下水超采严重、废水排放量巨大，对整个流域的水环境造成严重的影响。另外，地下水污染具有极强的隐蔽性，且污染源点多面广。地下水一旦遭受污染，其治理周期长、费用高、难度大。河北省不仅地表水污染严重，地下水污染及超采也日趋严

① 崔松虎、杨明娜：《SCP模式下提升京津冀环境污染治理效应研究》，《生态经济》2015年第12期。

重。地下水的严重超采又加剧了地下水的污染，加大了地下水污染的治理难度。

（三）土壤污染治理难的原因

相对于大气和水污染防治，河北省土壤污染防治工作基础薄弱，尚未形成土壤污染防治体系和制度。土壤污染治理难具体有以下原因。

（1）家底不清，监测不到位。一是家底不清。河北省的土壤污染的实际情况，包括污染面积、污染程度、污染分布等情况，缺乏全面性、权威性的调查与监测数据。二是监测水平滞后、调查精度不高。部分地区缺乏监测仪器和人员配置，基本农田和集中式饮用水源地等重点区域存在监测站点布置过少、监测项目少、监测数据流通信息不畅、专业技术人员和资金投入不足等多方面问题。

（2）法律法规不健全。大气、水体、土壤污染治理是我国环境保护工作的三个重点领域，但其中的土壤污染防治方面立法仍是空白，由此导致我国土壤污染防治标准体系不明确，土壤污染防治工作受到阻碍。目前，我国没有专门的土壤环境保护的法律法规，同水污染和大气污染相比，土壤污染防治法律制度建设明显滞后。

（3）标准体系不健全。目前我国土壤环境质量标准中，仅有笼统的土壤概念，现行的土壤污染分类、治理标准体系均不完善，尤其是缺乏污染修复以及环境风险评估等技术规范和管理制度，致使土壤环境保护工作缺乏依据和指导。此外，尚未建立用于污染土壤风险识别和风险预测的土壤环境质量指示值或指导值，缺乏土壤污染风险评估和控制修复技术提出的相关标准，也缺乏居住、工业建设项目中相关的土壤环境质量现状评价依据标准，缺乏居住、农田、采矿用地环境质量风险评价基准。[①]

（4）土壤修复技术落后，防治资金短缺。与发达国家和地区相比，我国土壤污染防治工作起步较晚，土壤污染治理与修复技术研发远远落后于发

① 吴平、谷树忠：《我国土壤污染现状及综合防治对策建议》，《发展研究》2014 年第 4 期。

达国家和地区。国外土壤修复已有40～50年的历史，并形成了专业化的土壤修复技术体系、完备的修复产业链和修复市场，而我国土壤修复技术研发和工程化应用只有短短10年，尚处于起步阶段。另外，防治土壤污染的资金需求量大，且没有形成土壤治理修复的商业模式，社会资金难以进入该领域。

（四）造成农村环境污染的原因

农村面源污染来源复杂分散、分布面广、发生随机、污染物浓度低、难以治理，这些特征增加了农村环境污染治理的难度，是造成农村环境污染治理难的原因。

（1）城乡二元化造成的体制性困境。城乡二元化体制下城乡政策制度的不合理、环境权益的不均衡与环境法规的非正义是导致我国农村环境治理长期被排斥于城市环境治理体系之外的根本原因。生态环境治理的城乡不均衡性体制，造就了城乡环境治理结构的“内卷化”陷阱，使城乡社会断裂和农村生态环境步入彼此强化的恶性循环之中。农村空心化程度的加剧，弱化了农村环境治理的主体力量；基层政府权力结构的肢解，削减了乡镇政府公共事务领域的治理功能；农村集体经济的衰败，制约了农村公共服务质量的提升。①

（2）农村环境立法缺失。我国针对农村环保方面的法律条文比较分散，很多方面没有具体针对农村环境的相关法律法规，有些法律法规实际操作起来也比较困难。基层环境保护机构因为缺少相关的标准和依据，在环境执法中显得力不从心。②

（3）农村环境保护资金不足，导致农村环保基础设施不足和污染治理乏力。目前河北省农村环境保护资金的来源比较单一，主要来自政府和社

① 范和生、唐惠敏：《农村环境治理结构的变迁与城乡生态共同体的构建》，《内蒙古社会科学》（汉文版）2016年第4期。

② 陈婧、孟媛媛、杨卓：《河北省农村生态环境问题及对策研究》，《中国环境管理干部学院学报》2016年第2期。

会，而且河北省一直把工业和城市作为污染防治的重点，没有农村污染治理的专项资金，农村环境保护的财政投入远远不能满足实际工作的需求，致使农村环保基础设施非常薄弱。资金问题成为农村污染治理受阻的重要因素。

（4）农民注重经济利益，忽视环境保护。一方面，在农业生产中，农民为了经济利益和高效增产，加大了农药化肥、农用地膜的使用量，加大了农业土壤的污染；另一方面，在农民生活中，农民缺乏对生态环境的关心，为了自己的方便，不顾对环境的影响，其产生的生活污水随意倾倒，生活垃圾随意丢弃，传统的生活习惯和生活理念也使农村环境污染不断加剧。

（5）乡镇企业污染防治难。农村乡镇企业遍地开花，但多数没有购置环保设施。村民自办企业主要选择一些投资小、见效快的产业，如小加工厂、小造纸厂、小印染厂、小制革厂等，而这些企业的污染物及废水治理成本较高，很少有企业添置环保设备，其产生的污水多数是随意排放，污染农田、污染农作物。

三　河北省环境治理的突破点

（一）大气污染治理的突破点

如何治理大气污染、改善空气质量、“退出后十”城市，河北省任重而道远。河北省应该从以下五个方面有所突破。

（1）继续调整产业结构，积极发展清洁生产，认真进行钢铁、水泥、有色金属冶炼等行业的清洁生产审核，深度推进工业节能减排。应优先发展生产性服务业和生活性服务业，进一步提高第三产业在产业结构中所占的比重。

（2）积极调整和优化能源结构。解决河北省的大气污染问题，必须优化和调整能源结构，清洁化利用煤炭资源。坚持能源消费总量与污染物排放总量的约束性控制，推行以天然气或电替代煤炭，切实减少煤炭消费总量，改变不合理的能源消费结构。

（3）进一步抓好机动车尾气减排工作，推进优“路”、洁“油”、控“车”同步发展，协同防治机动车污染。

（4）实施污染物总量减排和多污染物协同控制。通过污染物总量减排，倒逼企业使用清洁能源，开展节能减排行动。通过制定严格的排放标准、实行在线监测、清洁生产审核等手段，促进污染物总量的减排。

（5）倡导低碳绿色的生活方式，引导广大居民积极参与雾霾治理。倡导绿色出行，倡导节俭型生活方式。

（二）水污染治理的突破点

河北省的水污染治理要从以下六个方面有所突破。

（1）构建水环境功能分区体系。河北省应该深化水资源保护、开发、节约和治理全过程系统治水理念，构建水质、水量、水生态统筹兼顾的水安全保障体系。一是构建水环境功能分区体系，推行水环境红线管理。二是构建陆域污染源系统治理、地下水分区分类防治、陆海统筹污染防治、跨界污染综合整治四位一体的水污染综合防治格局。①

（2）注重源头控污，遏制违法排污。多部门联动，治理各类企事业违法排污、超标排污现象，尤其是出重拳治理未工商注册的黑户的排污现象和向下水道偷排现象。

（3）加强污水处理设施建设，为治理水污染提供物质保障。加强水源地的污水治理工作，严格保护水资源。针对有些地方污水处理厂管网配套建设跟不上的情况，通过市场化建设、专业化运营，彻底解决污水处理厂资金不足以及投资、运行效率不高的问题。

（4）严格落实“河长制”“湖长制”。积极探索和实施以“河长制”“湖长制”为依托的水资源管理模式，加大行政问责力度。

（5）严格控制水资源超采。要严格控制超采问题，尤其要控制地下水

---

① 张伟、蒋洪强、王金南：《京津冀协同发展的生态环境保护战略研究》，《中国环境管理》2017 年第 3 期。

资源超采，遏制因地下水超采而引发的一系列水生态问题。对于摸清的水源强化责任制，各级政府责任到人进行保护。要将水资源保护纳入环境保护规划之中，且要加强水资源保护的监督落实。

（6）加强地下水污染的治理。一是尽快摸清掌握地下水资源现状。二是加强河北省地下水污染状况的普查、调查与监测，完善地下水水质监测网络化建设，加大地下水环境监测力度。三是加大地下水污染防治的投资力度和资金支持力度。四是完善地下水污染预警机制，要加快对场地型污染预警的研究与预警机制建设。五是有计划开展地下水污染修复工作。

（三）土壤污染治理的突破点

河北省土壤污染治理的突破点包括五个方面：一是加强土壤污染的基础性调查，加强监测网络建设；二是对农用地实施环境分类管理，保障农业生产环境安全；三是加强建设用地环境风险管控；四是开展土壤污染治理与修复；五是强化重点区域土壤污染防治。重点开展以下四个方面的工作。

（1）开展土壤污染调查，摸清全省土壤环境质量状况，并建立土壤环境状况定期调查制度。

（2）强化未污染土壤保护，防范建设用地新增污染，加强农村生活污水排放设施的建设，通过管控生活污水的随意排放，减少生活污水对农村农业用地的污染。

（3）加强三大污染源（工矿污染源、农业污染源和生活污染源）的监管，做好土壤污染的预防工作。继续深入实施“以奖促治”政策，扩大农村环境连片整治范围。

（4）开展土壤污染修复，改善农业土壤环境质量。

（四）农村环境污染治理的突破点

治理农村环境污染重点从以下方面突破。

（1）构建多层次多主体的合作治理体系。治理农村环境污染是一项复杂的社会工程，关键是形成以村级两委为核心要素，村民个人及家庭、民间组织等多元主体共同参与协同互动的网络治理模式。

（2）从污染源头治理土壤污染。农业生产造成的污染主要来自污水灌溉，化肥、农药和农膜的过度使用，以及畜禽养殖。从源头治理农村环境污染要从三个方面着手。一是严格控制污水灌溉。尽快出台针对农业污水灌溉的标准、规范以及技术指南等，为污水灌溉提供必要的指导。二是严格控制化肥、农药的使用，鼓励使用有机肥料取代化肥、农药；培训农民正确的化肥、农药使用方法，提高农药、化肥的利用效率。三是畜禽养殖污染治理要加强分区分类管理，构建畜禽养殖与环境防控一体的新模式。对于规模养殖场，可采用污水减量、厌氧发酵、粪便堆肥等单项技术，以种养结合为主体模式处理利用畜禽粪污；对于分散畜禽养殖密集区，可采用粪污集中处理模式；对于位于禁养区内、必须拆除的异地重建畜禽圈舍及配套粪污处理设施建设等予以补助。

（3）加强环境保护宣传和制度建设，完善农村环境保护的保障体系。一是建立常态化宣教网络，开展环境保护知识的普及工作。二是加强农村环境监测建设。三是完善农村生活垃圾“村收集、镇转运、县处理”模式，切实做好农村生活垃圾的处置，既要防止“垃圾围村”，又要防止城镇垃圾向农村转移。

（4）加强农村环境保护主体建设，提高农民的参与意识和参与度。农村环境问题所牵涉的利益相关主体包括基层政府、两委、乡镇企业和村民，这些主体应该成为农村环境协同治理的主体。提高农民参与环境保护的意识和积极性，逐步把农民培育成农村环境保护的主体。

（5）加大农村环境保护投入的力度。农村环境保护投入偏低，导致农村环境保护基础设施严重短缺，加重了农村环境污染。若从根本上扭转农村环境污染日益加重的趋势，需要采取多元化渠道筹措农村环保资金，提高农村环境治理的能力。

（6）加强农民环境行为的引导。农村环境问题由农民不当的环境行为引起，农村环境问题的解决也得从农民的环境行为抓起，从改变农民日常生活行为和生活方式切入。农民环境行为应重点从三个方面加以引导。一是消费方式的引导。引导农民增加文化消费和健身消费，以提高农民的文化素质和身体素质。二是生活行为的引导。引导农民改变生活污水和生活垃圾的处理方式，逐步克服生活污水和生活垃圾随意倾倒的习惯。三是消费文化的引导。在农村要倡导适度消费、合理消费，逐步遏制攀比消费。通过消费引导，减少生活垃圾、生活废弃物的产生，减轻环境压力。

（7）加大农村生活污水排放设施的建设。加快农村生活供排水、旱厕改造等基础设施建设，对生活污水进行相对集中收集、集中处理。既要监管好企业利用渗坑、渗井、旱井排放污水问题，也要对农村各家各户的排水旱井进行摸底调查。通过建设村庄的排水系统，消减和杜绝农户的旱井排水，减少生活污水的随意排放。

参考文献

田翠琴、赵乃诗、赵志林：《京津冀环境保护历史、现状和对策》，北京时代华文书局，2018，第212～222页。

崔松虎、杨明娜：《SCP模式下提升京津冀环境污染治理效应研究》，《生态经济》2015年第12期。

吴平、谷树忠：《我国土壤污染现状及综合防治对策建议》，《发展研究》2014年第4期。

范和生、唐惠敏：《农村环境治理结构的变迁与城乡生态共同体的构建》，《内蒙古社会科学》（汉文版）2016年第4期。

陈婧、孟媛媛、杨卓：《河北省农村生态环境问题及对策研究》，《中国环境管理干部学院学报》2016年第2期。

张伟、蒋洪强、王金南：《京津冀协同发展的生态环境保护战略研究》，《中国环境管理》2017年第3期。

B.4

深化河北省城市社区生态文明建设研究

刘书越*

摘 要： 近年来，河北省以压煤减排、提标改造、错峰生产、重污染天气妥善应对为主攻方向，持续实施科学治霾、协同治霾、铁腕治霾，大气质量明显改善。如今，河北省城市社区大气污染治理从先易后难、先重点后全面的初始期，进入紧盯排污大户、重视盲区散户、着力啃硬骨头的攻坚期，要通过补短板、消盲区、克难关、调政策等途径，打赢全省大气污染综合治理攻坚战，实现雾霾治理从“利剑斩污”向“釜底抽薪”的历史性跨越。

关键词： 城市社区 污染治理 生态文明

长期以来，河北诸多城市面临环境治理难题，全国大气污染城市排名中，河北经常有6~7个处于全国倒数10名以内，备受社会各界重视，国家也十分关注。为了打赢污染攻坚战，尤其是蓝天保卫战，河北省不断加大力度，完善举措，加强监督，取得了一定成效。现在，河北所有城市的环境，无论是优良天数，还是总体PM2.5、PM10的观测值，抑或是普通民众的感受，同比都可以说大为改观。但相对于党中央、国务院的要求，相对于广大人民群众对绿水青山、蓝天白云常驻的美好生活的期待，河北生态文明建设

* 刘书越，河北省社会科学院邓小平理论、“三个代表”重要思想和科学发展观研究所研究员，主要研究方向为生态文明。

还有很多工作要做，尤其是城市社区生态文明建设还有不少盲区和短板，需要加以治理和弥补。为更好发挥社科智库在生态文明建设中的积极作用，笔者针对河北省城市社区生态文明建设中的突出问题——大气污染综合治理，进行了调研。

一　河北城市大气污染综合治理存在盲区和短板

面对重污染天气频发的生态文明建设严峻局面，河北省站在强化“四个意识”、践行新发展理念高度，迎难而上，抓住主要污染源和主要矛盾，盯住了排污大户，积极谋划，加强督导，一系列“利剑斩污”方案、措施相继出台，着力打响雾霾阻击战。总体来说，河北城市社区路径是正确可行的，但由于城市社区大气污染的源头是多方面的，还存在一些问题未引起应有重视。

（一）市区家庭厨房油烟污染是盲区，治理亟待启动

民以食为天。居民日常做饭，既满足了生活，同时也产生了大量垃圾废物。长期以来，在河北城市社区，固体、液体等垃圾处理做得比较好，街头烧烤治理也早已启动，并取得成效，只是需要进一步加大力度，问题都已经不太突出。当前城市社区生态治理的主要问题是油烟，特别是居民家庭厨房油烟的治理不够，这一盲区亟待启动治理。

首先，厨房油烟危害大。厨房油烟含有醛、酮、醇及其衍生物，此外还有多环芳烃类、杂环胺类等多种有毒化学成分。其毒性主要有肺脏毒性、免疫毒性、致突变性等，这些都严重威胁人们的身体健康。厨房油烟吸入人体后，对肠道、大脑神经的危害明显，会引起食欲减退、心烦、精神不振、疲乏无力等症状，医学上称油烟综合征。油烟中的苯并芘，可致人体细胞染色体损伤，诱发肺癌。同时，它还会损害人的面部肌肤和感觉器官，引起鼻炎、气管炎、咽炎等呼吸疾病；会使面部皮肤因子活性下降，变得灰暗而粗糙，充满皱纹。

其次，一家一户油烟污染微不足道，累加起来就成了天文数字。笔者曾选择一个面积100平方米、高3米的住宅做实验。关闭门窗和抽油烟机后，利用管道天然气，使用普通食用油和葱、姜、十三香、酱油、醋、味精等常见佐料，模拟普通家庭午餐，做了两菜一汤——芹菜炒肉、西红柿鸡蛋和紫菜汤。做好后，整个房间内充满刺鼻、辣眼、难闻的油烟，PM2.5浓度超过国家规定的115～150μg/m^{3}中度污染标准。也就是说，一顿饭产生了中度油烟污染型空气300立方米。石家庄市区常住人口500万人，大概150万个家庭单元。如果每家一天做两顿饭，就会产生油烟污染空气9亿立方米。石家庄市主城区面积455多平方公里，如果把当地每天的家庭厨房油烟污染空气平铺在主城区地面上，将厚达两米！可见，厨房油烟治理很有必要。

河北石家庄、保定、邯郸、邢台等大气污染严重城市，都是西临太行山，唐山市则北靠燕山。近年来，这些城市冬天风速变小，扩散条件差，每天居民生活产生的大量厨房油烟，日积月累，危害同样惊人。因此，开展治理，消除大气污染治理盲区，已刻不容缓。

（二）城郊及附近农村烟花爆竹燃放日常监管有待加强

为了环保，河北许多城市主城区禁止燃放烟花爆竹，这对大气污染治理起到积极作用。但是在广大非主城区及城郊和农村，禁燃规定及执行情况则大不相同。同时，除春节等重大节日外，河北省不少农村也有殡葬婚庆燃放烟花爆竹的习俗。一些农村殡葬5天，烟花、鞭炮、二踢脚等应有尽有。有的富裕发户，每天此项开支就上万元，还不算亲朋好友赠送的。甚至有的在出殡时，鞭炮从灵堂一直铺到田间坟地，整个村庄过后弥漫在浓烟中，久久不散。高龄老人去世是“喜丧”，更要大摆筵席，燃放鞭炮，往往白天炮声隆隆，夜晚礼花灿然，照亮夜空。结婚时也有燃放鞭炮的，阴婚有的地方更甚。这既污染了空气，也加重了群众经济生活负担。

（三）重型柴油车和农用三轮车是治污短板

城市连着农村，尽管河北许多城市都严格限制大型车辆进入市区，这在一定程度上减轻了城市空气污染。但是空气具有流动性，市中心的空气受外围影响客观存在。因此，仅仅限制重型车进二环、三环是不够的。

重型柴油车是指最大总质量超过3500千克的柴油车辆，占重型车的90%以上。重型柴油车是污染大户。据了解，一辆国三重型柴油车一年排放的氮氧化物，相当于一辆国五小轿车一年排放量的90倍，超标的情况下相当于100～200倍。河北省境内高速公路、国道四通八达，本省和外省途经河北省的这类车辆众多，一些超标柴油动力重型运输车所过之处往往是一团黑烟，远远望去，俨然一条黑龙！尤其是石黄、青银、邢汾等高速公路，作为国家运煤通道，俨然已成为重大空气污染源。此外，连接晋、鲁，贯穿河北省的308国道，年底拓宽改造完成后，石家庄、邢台等地的治污形势将更加严峻。仅阻止污染车辆进市区是不够的，因为其产生的污染空气照样会流入市区。

时下河北省农村，包括城郊广泛使用的时风、五征等品牌三轮车，多数以柴油为动力，如果维护不够，或驾驶不科学，就会造成柴油燃烧不充分，或燃烧机油，而冒出大量黑烟。一辆满负荷载重的时风牌三轮车，行驶在乡村公路或田间地头，往往就是一个移动的黑烟团，污染不亚于几十辆普通小汽车。农用拖拉机、收割机、挖掘机、摩托车等也不同程度存在这一问题。在当前河北省农村大力推进“煤改电”“煤改气”，机动车尾号限行背景下，对以上污染我们决不能等闲视之。

二　深化河北省城市大气污染综合治理的建议

搞好河北省大气污染治理，深化社区生态文明建设，必须创新视角、创新途径、创新措施、创新阵地，以科技攻关为核心，以政策完善为支撑，努力实现铁腕治霾、科学治污、精准治霾，尽快摘掉罩在河北城市头上的“雾霾大户”帽子。

（一）尽早启动家庭厨房油烟治理，开辟治污新战场

厨房油烟治理的开启，将把河北省大气污染治理引入一个新领域。啃下

家庭厨房油烟这一硬骨头，既要靠科技，也要靠政策。

首先，要鼓励研发环保型家用抽油烟机。家用抽油烟机“只排不净”，而宾馆饭店的油烟净化器体积大、价格高，又不适于家庭。环保型抽油烟机是未来发展方向。建议设立省“环保型抽油烟机”科技专项，面向省内外高校、科研院所招标，支持价廉物美、具有净化功能的家用抽油烟机研发。研发成功后，要申报国家专利，并积极推广，对带头使用环保型抽油烟机的予以补贴。如果河北省率先研制成功，并在全国得到推广，有可能出现一个类似空气净化器的新家电，催生一个新产业和新经济增长点。

其次，要利用好楼宇烟道。楼房大都设计建造了烟道，这些烟道具有厨房油烟收集、净化功能，只是不少家庭安装抽油烟机时，没有把抽油烟机排烟管接入烟道，而是把排烟管直接通到户外。因此，把好家庭装修关，督促住户把抽油烟机接入烟道，并做好烟道及时清洁与维护，就显得很有必要。社区街道、物业、规划、环保等部门要齐抓共管，搞好经常性的督促检查，久久为功。

再次，要积极推进餐饮社会化。家用厨房抽油烟机无净化功能，饭店、单位食堂、中小餐馆的设备比较完善，可出台财政、税收、规划等配套政策，鼓励社区、机关、中小学、工厂等自办食堂，支持中小饭店发展早餐、快餐、外卖等。调查发现，有的小区建有面向居民的食堂，颇受居民欢迎。这既可减少油烟排放，又可增加就业，推动家务劳动社会化，提高人们的幸福指数。

最后，要倡导绿色环保生活方式，改变人们的饮食习惯。中华美食主张烹、炸、煎、烤，但这容易造成环境污染。因此，应引导人们改变饮食习惯，从根本上减少油烟排放。要搞好舆论引导，定期发布油烟监测报告，不断提高广大市民重视程度。

（二）着力解决各类柴油车的污染问题

首先，要开展重型柴油车污染治理工作。公安、环保、交通、城管等部门，要根据有关法律文件精神，联合上路执法，在重型运输车辆通行的主干道和主要入市口设卡严查，从重从严查处超标重型柴油车，该限期整改的限期整改，该停运的停运，该罚款的罚款。要在途经河北省的运煤通道，包括高速公路和国道省界处的现有治超站，加派环保专员，携带检测设备，进行专项检测，杜绝重污染车辆进入河北省。有关部门要明确排放标准，整改、处罚条件及标准，并在省内外主要媒体（网站）、主要交通要道、检测站点等场所公布。京津、太原、郑州早已开展这项工作，河北省应该做得更好。

其次，要支持农用柴油车换代升级。柴油车是机动车治污的“硬骨头”，这离不开技术攻关。应建议国家有关部门，要求时风、五征等厂家，提高其产品环保标准，并派专员到主销区进行巡回免费维护和驾驶指导。柴油三轮车虽有污染，但功率大、载重多，田间地头可以行驶，能够满足农民需要，而电动三轮车普遍功率低，因此要鼓励研发大功率、价格低的农用电动三轮车。还要做好统计摸底，搞好宣传发动，鼓励以旧换新，加快农用三轮车油改电、油改气步伐。

最后，要不断提高油品质量。油品质量决定污染程度，是管控重型车污染的咽喉。有关部门要加大监督，管好炼油厂和加油站，杜绝低质柴油入市，并不断加大油品升级步伐。拖拉机、挖掘机等柴油动力车用油标准要逐步提高到“国五”。重污染天气时，可对达不到“国五”标准的重型柴油车限号禁入。

（三）废止城乡居民用电“阶梯电价”政策

“阶梯电价”政策是当前城乡居民生活能源清洁化的拦路虎。电也好，气也罢，其清洁属性人们都明白，只因价格高、收入低，不得不烧煤。20世纪90年代，电价比煤价便宜时，河北省广大农村及城郊居民，包括一些天然气不普及的城市社区居民，都曾广泛使用电磁炉烧水、做饭。随着后来“煤电联动”“阶梯电价”政策相继出台，人们的用电成本大幅增加，许多家庭才只好又恢复成烧煤或柴做饭、取暖。因此，应协商国家有关部门，在河北省城乡停止执行生活用电“阶梯电价”政策。因为即使他们夏季烧煤，也照样污染环境。据了解，有的城市居民还在通过烧柴、木等做饭。同时，继续鼓励城乡居民购买电暖器、空调等取暖设备，并且给予用电取暖补贴。

（四）从严管理烟花爆竹燃放

当前，城市非主城区等地首先要严格管理起来，周边县也要积极行动。烟花爆竹绝对不能市区禁放、市外自由，包括非主城区都要禁放。

婚丧时燃放烟花爆竹造成的污染问题，只要基层公安和乡村政权真抓敢管，积极倡导移风易俗，肯定可以大大改善。为尊重地方民俗，基层组织可参照公职人员婚丧管理做法，提出燃放上限，禁止大操大办、污染环境。

（五）调控空气湿度，促进科学治霾

高湿、少风、低温是雾霾形成的三大条件。清华大学、中科院分别组织国际团队的研究均发现，冬季取暖期低温、不利扩散时，高相对湿度就会加快雾霾形成和转化速度，加剧雾霾的严重程度。北京及华北雾霾期间，硫酸盐主要由二氧化硫和二氧化氮溶于空气中的“颗粒物结合水”，在相对湿度较高的环境下迅速反应生成。二氧化硫转化成硫酸盐的速率，随湿度增高呈指数型增加，相对湿度小于20%时，转化率为0.1；相对湿度大于90%时，转化率高于1.1，增加了十倍。秋冬季石家庄滹沱河两岸区域雾霾较重似乎也是佐证。

为此，建议秋冬季降低河北石家庄、保定、邢台、唐山等重污染城市城区及周边的水面水位。同时，重污染天气期间，停止道路洒水，以提高空气能见度，减弱民众的雾霾体感。因河道、湖底多数是水泥做的，放水后只要做好清淤打扫，就不必担心大风扬尘。大风天雾霾往往会被吹散。

鉴于近年来河北省许多城区实施的道路洒水、构建水系、购买雾炮车等做法，可能因提高空气湿度而增加了雾霾发生频率与强度。在此，笔者建议成立由环保、气象、社科等专家组成的试验组，首先在省会石家庄进行一次试验。试验包括降低（或放干）民心河、环城水系、城市公园及社区水面等蓄水，雾霾天停止道路洒水。同时进行监测对比，既和石家庄往年相同天气条件下的雾霾发生情况对比，又和北京、保定等地对比，界定冬季空气湿度和雾霾的发生率及程度的关系，为全省治霾提供实验依据。

B.5

河北坝上生态文明建设障碍因素分析及对策研究

王 玫*

摘 要： 作为京津冀生态环境支撑区重要组成区域，河北坝上地区在京津冀协同发展战略和河北生态文明建设中具有重要战略地位。本文在对目前坝上生态文明建设面临自然困境、环保困境、脱贫困境、发展困境、补偿困境、资金困境、制度困境七大障碍因素的分析基础上，提出了建设一个实验区、遵循两大理念、处理三个关系、选择四条路径的“1234”发展思路和七个方面的对策建议。

关键词： 坝上地区 生态文明 对策建议

河北坝上毗邻京津，自然资源丰富，作为京津冀重要生态屏障、水源涵养区和生态环境支撑区，在京津冀协同发展战略实施与河北省生态文明建设中具有重要战略地位，肩负着京津冀生态保障与生态支出功能，决定着京津冀生态协同发展的成效，直接影响着未来京津冀经济社会的可持续发展。目前坝上生态脆弱、经济发展滞后、脱贫任务艰巨，环境与发展之间矛盾突出，环境建设与脱贫攻坚是目前坝上生态文明建设的主要领域。寻求环境与经济的和谐发展，保障京津冀水源涵养与生态支撑，探索坝上

---

* 王玫，河北省社会科学院社会发展研究所副所长、研究员，主要研究方向为人口与环境社会学。

生态文明建设之路，是坝上地区的重要抉择与当务之急，也是京津冀协同发展面临的巨大挑战。

一 河北坝上生态文明建设障碍因素分析

河北坝上地区位于内蒙古高原南缘，处于河北省最北部的张家口、承德两地，隶属张家口的张北、沽源、康保三县全部及尚义县大部分，还有承德的丰宁、围场两县各一部分。总人口为112.36万人，占全省总人口的1.7%，土地总面积约1.6万平方千米，占全省总面积的8.5%。坝上地区位于国家重点生态功能保护区——浑善达克沙漠化防治生态功能区内，也是我国生态环境质量脆弱地带之一。在此生态基础与背景下，坝上生态文明建设目前面临七大障碍因素。

1. 自然困境：生态脆弱性明显

该区位于内蒙古高原向冀北山地过渡带，土壤沙化严重，草地退化趋势凸显，风沙活动强烈，气候高寒干旱少雨，沙尘暴、雹灾、冻灾等自然灾害频发，植被稀少，草场退化，水土流失严重，生态系统脆弱，生态退化问题相当严重。本区90%以上的耕地为旱地，坝上有“三年一大旱，二年一小旱”的谚语，是严重缺水的干旱与半干旱地区，生态环境恶劣，再加上长期的超强开发和垦殖，导致区域内可利用的自然资源几乎全部动用，并呈持续退化态势。坝上脆弱生态对京津冀区域及环渤海地区可持续发展构成直接威胁。

2. 脱贫困境：贫困问题极为突出

恶劣的自然条件和多发的自然灾害，对该地区生产条件改善和农牧业发展非常不利。多年来，这里一直就是贫困地区，工业发展滞后，人地矛盾难以缓解，农业生产基本上仍停留在以手工劳动为主、粗放经营、靠天吃饭的阶段，劳动生产率低下，经济发展落后，贫困问题突出。该区是我国主要贫困地区之一，6个县都是国家级贫困县，基本是靠天吃饭，农民收入增长缓慢，是环京津贫困带所在地，与周边地区尤其是京津地区的经济发展落差明显，形成京津冀地区经济发展的“洼地”，构成对全面建成小康社会目标的严重威胁，这里扶贫脱困的可持续性任务异常艰巨。

3. 环保困境：环境与发展矛盾凸显

一是坝上地区作为京津冀水源涵养与生态环境支撑区，为京津冀生态文明建设做出了巨大牺牲与付出，但保护生态限制了坝上地区经济发展，环境与发展矛盾日渐突出：为保障向京津两市供应充足水源，坝上地区几乎所有不利于生态环保的企业、项目都陆续被关停，治理环境在不同程度上丧失了自身发展的机遇，地方政府投入巨资治理环境，也给当地财政造成沉重负担，使坝上经济发展与农民脱贫致富受到较大制约。二是坝上地区为摆脱贫困，选择发展农业脱贫，毁林开荒种田，不断扩张农耕用地，大量生态用地被挤压，草原开垦过度，导致坝上生态环境恶化，整个生态系统处于长期不可持续状态，环境与发展的矛盾明显。三是从20世纪末开始，为急于解决农牧民严重贫困问题，坝上大力发展高耗水蔬菜种植产业，成为农民脱贫致富的主要渠道，但留下了严重的后遗症：种植蔬菜使水资源开发过度，致使生态用水被挤占，大片草场退化，地下水位下降，湖泊干枯河道断流，水土流失加剧，导致坝上地区水资源明显短缺、地下水资源供应严重不足。目前，坝上地区环境治理与自身发展矛盾日益突出，对坝上地区生态文明建设构成瓶颈制约。

4. 发展困境：生态产业调整面临艰巨挑战

坝上农业生产极不稳定，波动性较大，依靠粮食生产维持生计已不可能，无法满足基本的生活需求，必须彻底改变以粮为纲的政策观念，发展粮食替代产业，由耕地利用为主向草地利用为主转型，由绿色种植业为主向奶、肉、毛皮为主的农业转型，由粗放式粮食种植为主向集约型精作高效特色作物生产为主转型等；本区由于干旱缺水严重，还面临如何向节水、免水产业转型问题；退耕还林（草）区域农业产业结构如何正确调整问题也比较突出。目前如何将生态环境建设与农民脱贫致富、产业结构调整相结合，加强生态产业发展与技术升级是坝上地区发展的难点与突破点。

5. 补偿困境：市场化资源配置低下

坝上地区的生态优势比较明显，但尚未建立起市场化的开发运作模式，潜在的生态资源优势迫切需要市场化机制的建立而转化为经济优势。目前坝上地区市场化资源配置机制薄弱，主要表现为两方面。一是生态产品市场化率极其低下。张家口市森林与湿地生态系统服务中，可以市场化的价值仅占11.01%；而2006年塞罕坝机械林场森林所提供的生产与服务中，可以市场化的价值仅占12%。显而易见，目前坝上地区大部分生态产品还处于沉睡阶段。二是生态资源市场化配置水平低。迄今为止，京津冀生态资源配置方式基本上是无偿调拨，国家也无特殊的扶持及其补偿制度政策。由于区域间的生态补偿机制不完善，坝上地区与京津经济发展之间的差距不断扩大，“落后地区保护生态、发达地区享受生态”的不合理现象长期存在，导致坝上生态输出地与京津生态受益地之间的矛盾加剧。这不仅使坝上生态输出地逐渐丧失了生态建设与环境保护的动力，也使京津生态受益地可持续发展面临资源环境的多重约束。所以，亟须建立完善的市场化区域生态补偿机制，使坝上地区获得生态补偿，将生态优势转化为经济优势。

6. 资金困境：生态治理投资欠缺

虽然国家与京津长期投入大量环保资金修复和改善该区生态环境质量，但由于坝上生态治理实际所需资金量巨大，因此大量的投入远远不能满足实际治理所需。并且随着经济社会的日益发展，坝上地区生态系统的各种压力也将持续加剧，将面临艰巨而繁重的生态修复、治理、保护及环境综合整治任务。目前坝上6县财政长期处于建设性资金投入严重不足的境地，生态污染治理、水资源保护、农业水利基础设施建设、可再生能源建设、重点生态功能区建设、环境管理能力建设等生态建设投入十分欠缺，而生态环境治理、修复任务又异常艰巨，资金投入严重匮乏，造成坝上地区环境保护能力极其薄弱。

7. 制度困境：生态一体化治理模式尚未建立

京津冀三地生态依存度较高，坝上生态文明建设直接关系到京津冀生态环境建设成败。从京津冀整个区域来看，近年来国家先后启动了京津风沙源治理、三北防护林等重点林业生态工程，但由于缺乏一体化生态治理制度，没有进行整体建设规划，效果不很理想。同时，坝上的扶持政策与京津两市生态政策扶持力度差距较大，同样的荒山造林，北京给予农民的生态补助金是每亩1000~3000元，而坝上地区每亩只有50元，直接影响区内农民造林植树的积极性。要改善区域内生态涵养水平，必须突破行政分割，按照区域生态一体化理念，加快与京津建立共建共享的一体化生态治理制度，使坝上生态文明建设取得突破性进展。

二　河北坝上生态文明建设的基本思路

要始终坚持坝上生态涵养的功能定位，建设一个坝上生态文明试验区，遵循两大理念，处理三个关系，选择四条路径，按照“1234”发展思路，在涵养生态中实现自身发展，在落实功能定位中加快脱贫致富步伐。

建设一个试验区，即河北坝上地区生态文明试验区。试验区将建成生态涵养区保护性开发的试验区、探索区域生态补偿新机制的示范区、创新环境治理体系的引导区、建立绿色发展评价体系的实践区。作为顶层设计，这个试验区为河北坝上地区生态文明建设绘就蓝图、引航指道。

遵循两大理念，即“自然生态系统完整性”与“生态系统具有经济价值”的理念。京津冀是一个完整的自然生态系统。坝上地区生态文明建设必须遵循“自然生态系统完整性”的理念，打破行政界限，以生态流域、生态单元进行治理，走生态一体化之路，建立京津冀区域一体化生态治理机制；遵循“生态系统具有经济价值”的理念，坝上地区应以自身提供的生态服务，像清洁的水资源、水源涵养、造林植树、整治风沙、保护湿地等，来获取相应的生态价值补偿与碳汇，从而实现坝上经济发展、生态保护和农民收入增加的多赢目标，积极建立生态资源产权和生态资源有偿使用制度，让绝大部分生态产品彻底实现市场化而转化为商品，将坝上地区生态环境优势转化为经济发展优势，将坝上地区的青山绿水转化为金山银山。

处理三个关系，即生态与发展、保护与开发、河北与京津之间的关系。要将生态建设与脱贫致富有机结合，走生态、低碳、绿色发展之路，融产业发展、资源开发于生态建设之中，通过生态建设带动农民脱贫致富，实现坝上生态保护与经济发展的双赢。自然保护区、生态功能区要处理好保护与开发的关系，要坚持保护优先的原则，开发要服从保护，决不能以牺牲环境为代价换取一时的发展。河北与京津两市生态互为一体化的状态，决定着坝上生态文明建设的成败与京津支持、协助密不可分，要统筹规划京津冀生态协同发展的步伐，构筑起三省市统筹协调的全方位合作关系，共同营造良好的生态环境。

选择四条路径，即自力更生、国家支持、京津互动、制度支持。一要坚持自力更生，发展生态产业，科学合理地开发利用资源，发挥自身的各种优势，在产业发展、项目对接上与京津深度融合。二要争取国家支持，在产业政策、生态投入、转移支付等方面予以支持倾斜，实施特殊政策。三要实现与京津的互动，积极加强与京津的沟通和协商，与京津联合建立顶层主导的协同发展机制和平台，共同开发保护生态资源，提供人才、技术等各方面支持。四要争取体制和政策支持。要积极争取国家和京津冀政策的共同支持，努力完善市场化的横向生态补偿机制，同时推进财税体制改革，加大扶贫开发、财政转移支付、生态补偿力度，加快自然资源及其产品价格改革。

三 加快坝上生态文明建设的对策建议

（一）加强生态文明政策制定的科学化

（1）坝上生态政策制定应该充分建立于科学研究的基础之上。坝上目前实施的绿色转型是对传统发展思路的转变，绿色转型的科学决策及政策选择涉及环境科学、环境社会学、环境工程学、经济学、公共管理等大量复杂的专业化理论知识，要对坝上生态文明建设做到科学合理决策，必须以理论专业知识为依托，以综合科学分析为依据。

（2）必须提升坝上科学民主制定生态政策的能力。坚持理论与实践相结合，既要采纳实际工作部门具体意见，更要认真听取该行业专家学者咨询建议（可专门组建一个综合性、负责任的专家委员会），将两方面意见和建议相互结合，在此基础上，实行充分的民主讨论与论证，可通过召开听证会、论证会等方式予以讨论论证，切实增加政策制定过程中的透明度，提升决策质量，以保证政策制定和执行的科学有效性，防止政策出台实施引发失误，进而对坝上生态文明建设带来意想不到的隐患与损害。

（二）重塑生态产业体系

（1）在生态保护优先前提下，调整经济结构，实现生态致富战略。确立生态产业目标，调退一产，优化二产，扩大三产。大力调整种植养殖结构，建立农牧业节水机制，发展节水农业，严格执行工业准入制度，缩减工业存量，淘汰落后产能，适度发展风电、光电等新型绿色产业，优化产业结构，依托坝上生态优势，优先发展生态旅游、运动康养等第三产业。

（2）以生态优先、绿色发展为原则，坚持生态与民生两条底线，正确处理生态与发展的关系。以产业绿色转型升级为目标，坚持绿色低碳发展，构建绿色产业体系。重点发展能够发挥生态优势和环境优势的绿色产业，推进“传统产业生态化、特色产业规模化、新兴产业高端化、产业发展绿色化”，大力发展生态环保、大数据、旅游、健康、创意文化与新技术、新能源等相关产业，加快落后产能的淘汰，切实改造传统产业，建立绿色工业和绿色服务业相互支撑、和绿色农业相融合的新型绿色产业发展体系。

（三）加快生态补偿机制落实完善

（1）京津冀层面要尽快制定整体、市场化的生态补偿机制方案。按照“谁受益、谁补偿”的原则，协商京津与坝上地区建立长期、固定化的跨流域生态补偿标准、机制与方案；完善区域财力支持机制，在产业政策、生态投入、转移支付等方面予以支持倾斜，出台特殊优惠政策，支持坝上产业，建立坝上生态公园、农业综合区、国家牧场等，促进坝上地区生态资源的市场化配置，推进京津冀生态协同、生态补偿的市场化水平。

（2）积极建立生态资源有偿使用制度。坝上地区可以自身提供的生态服务，像清洁的水资源、水源涵养、造林植树、整治风沙、保护湿地等，来获取相应的生态价值补偿与碳汇，从而实现坝上经济发展、生态保护和农民收入增加的多赢目标。坝上地区还要积极推动生态产品的市场化进程，探索生态产品标识、林业碳汇交易、水权交易等生态补偿的市场化模式，努力将生态环境优势转化为经济发展优势。

（四）建立集中连片贫困脱贫新机制

（1）加快推进生态移民、易地扶贫搬迁，按照坝上生态涵养功能区定位，实施人口迁移与村庄迁并政策，推进人口下坝工程，建立农民易地搬迁扶贫体系；加快构建坝上新型城镇化体系，围绕国家生态文明试验区建设，按照“生态规划、生态修复、生态建筑、生态产业”的“共生城市”理念，构建县城镇（旅游集散中心）—中心镇（旅游特色小镇）—中心村（景村共建精品旅游示范村）3级宜居宜业城镇体系，有序引导坝上人口集聚。

（2）深化农村土地制度改革，探索生态移民扶贫与农村土地制度改革相结合的扶贫机制，构建坝上生态文明+生态恢复+土地流转+现代农业+生态牧场的良性发展之路；健全生态脱贫利益连接机制，结合各类生态工程的实施，探索建立以资产为纽带的股份制扶贫开发新机制。

（五）加强生态修复保护和全面治理

（1）全面落实“山水林田湖草是一个生命共同体”的环保理念，加强山水林田湖草系统的修复与保护，统筹坝东与坝西、上游与下游、污染源与污染介质，强化生态安全格局的构建。制定基本草地、林地和湿地保护治理办法，实施生态治理工程，建立山水林田湖草生态修复保护机制。

（2）切实保护重点生态功能区，推进对森林、湖泊、草场、湿地的系统保护和生态修复，加强河湖生态缓冲带与水土流失的治理，开展草场重建、湿地修复及湖泊富营养化的生态治理，积极保护生物栖息地与珍贵鸟类，提升坝上高原的生物多样化水平，实现对坝上脆弱生态的全面保护与修复治理，促进坝上生态尽快恢复，提高坝上地区的水源涵养和生态支撑功能，为实现“两区”建设提供生态助力。

（六）拓宽生态修复治理资金路径

（1）通过市场化的手段，推进机制创新，出台吸引各类资本投向造林绿化、草场修复、涵养水源、湿地保护、荒山荒地开发的投融资政策，引导各类社会资金向坝上生态环境建设项目聚集，扩大投融资渠道，引导更多社会组织、企业团体和个人参与。

（2）借鉴国内外先进经验吸收社会资本用于生态环保。积极学习国内先进措施，可以绿色发展专项基金的形式，通过政府直接投资，并以排污费与资源使用税的方式，激励与保障坝上地区绿色发展；可实施国家代河北省进行债券发行或自主进行债券发行，积极吸纳社会闲散资本，以强有力的资金支持坝上生态建设；也可借鉴国外发达国家的经验，采取开征空气污染税、水污染税、碳排放税、固体废弃物税、注册税及矿区开采生态保证金等税收方式，努力保障坝上生态环境安全。

（七）加快建立与京津 ·体化的生态治理机制

（1）坚持生态一体化，统一制定生态功能区划，统筹自然资源配置，统一布局和建设生态工程，统筹协调三方利益关系，统筹发展生态经济，着力建设共同负责、共同受益、环境优良的京津冀生态环境支撑区。

（2）建立京津冀协同一体的经济补偿机制、耕地占补公平机制、退耕还林还草补偿机制；完善政策法规体系，统一完善区域环保标准，完善生态用地政策。如制定“京津冀地区生态环境保护条例”，建立京津冀一体化的生态治理制度，通过一体化的生态治理制度切实保障坝上生态文明建设的顺利进行。

参考文献

孙建中、杨明华、盛学斌等：《河北坝上地区脆弱生态环境特征》，《中国沙漠》1994年第4期。

常春平、李艳芳、崔立昌：《河北省坝上地区自然生态环境与可持续发展问题探讨》，《石家庄师范专科学校学报》2002年第4期。

郭宝艾、孙杰峰、孙和英等：《冀西北坝上地区生态环境现状分析与治理途径》，《张家口农专学报》2003年第4期。

课题组：《河北坝上地区生态文明试验区建设研究报告》，载《河北省社会形势分析与预测（2016－2017年）》，河北人民出版社，2017。

王玫：《河北生态涵养区建设面临的主要问题及思路建议》，载《河北省社会形势分析与预测（2016－2017年）》，河北人民出版社，2017。

刘晓星：《环境政策制定要更科学化》，《中国环境报》2015年12月3日。

B.6

基于大清河视角的白洋淀水生态综合治理

王彦芳*

摘　要： 白洋淀水生态的治理和修复既受到自身及周边环境的影响，也与大清河流域密切相关，作为大清河流域重要洼淀，仅仅从白洋淀自身系统修复水生态是远远不够的，必须站在大清河全流域的视角，从上中下游系统实施生态修复，白洋淀才能成为支撑雄安新区的绿色水系。本研究在对大清河上中下游生态环境进行了深入调查的基础上，从流域视角对白洋淀水生态综合治理提出了一系列意见和建议，为雄安新区建设提供参考。

关键词： 大清河　流域视角　白洋淀　综合治理

河北雄安新区建设是我国的千年大计、国家大事，是集中疏解北京非首都功能、推进京津冀协同发展的重要举措。雄安新区建设的首要定位是绿色生态宜居新城区，即生态优先、绿色发展，打造优美生态环境，构建蓝绿交织、清新明亮、水城共融的生态城市。白洋淀是雄安新区的生态之根、环境之本，是雄安新区未来能否实现党中央宏伟大计的关键。习近平总书记曾多次强调，建设雄安新区，一定要把白洋淀修复好、保护好。白洋淀生态的治

* 王彦芳，河北省社会科学院社会发展研究所助理研究员，主要研究方向为生态经济与生态文明建设。

理和修复既受到自身及周边环境的影响，也与大清河流域密切相关，作为大清河流域重要洼淀，仅仅从白洋淀自身系统修复水生态是远远不够的，必须站在大清河全流域的视角，实施上中下游系统的生态修复，白洋淀才能成为支撑雄安新区的绿色水系。

一 白洋淀的流域位置和生态现状

（一）白洋淀是大清河中部洼淀

大清河水系位于海河流域的中部，西起太行山区，东至渤海湾，北界永定河，南临子牙河，流域面积4.5万平方公里（其中山区占43%，平原占57%），流经山西、河北、北京和天津四省市，上游分为南、北两支。北支拒马河经新盖房分洪道汇入东淀，南支为赵王河水系，各主要支流“九河下梢”白洋淀，经白洋淀缓洪滞沥后，由赵王新渠入东淀，东淀以下分别经独流减河和海河干流入海。雄安新区位于大清河流域的腹地，域内白洋淀占雄县、容城和安新三县总面积的23.4%，地处大清河水利工程枢纽区域，雄安新区生态安全和白洋淀的生态修复均与大清河水系息息相关。

白洋淀与其上下游水脉相连，既受上游入水的影响，也受下游疏水的影响。上游受自然条件的变化、兴建水利和工农业用水等的影响，导致一半以上河流常年断流，入淀水量锐减。尚未断流的，随着流程的增加，污染逐渐叠加，到白洋淀时已为Ⅴ类和劣Ⅴ类水质。下游承接白洋淀之水。一方面保障雄安新区水安全，白洋淀水位接近警戒水位9.0米，必须启用枣林庄枢纽向下游泄洪。另一方面，白洋淀通过向下疏水增加水的流动性，降低污染，保持其自身活力。

（二）雄安新区及白洋淀水生态环境现状

雄安新区跨界河流断流严重，污染问题突出。保定市国、省控水环境质量月报公布显示，2018年上半年，雄安新区跨界河流7个断面监测中，龙泉河范郭桥断面、斗门河赵张庄断面、拒马河新盖房枢纽断面均断流，其余孝义河思乡桥断面、瀑河任庄断面、府河膳马庙村北断面和漕河迪城断面水质均在Ⅳ类~劣Ⅴ类变化，均存在不同程度的污染。

引黄济淀、南水北调工程等多方补水，白洋淀水量有所增加，但水生态环境问题仍然突出。2017 年底，引黄入冀补淀工程已全线通水，预计每年可以向白洋淀净补水 1.1 亿立方米。2018 年 4 月，南水北调中线总干渠经保定市徐水区瀑河水库向白洋淀进行补水，两个多月为白洋淀补水 1.12 亿立方米，入淀水量 3000 立方米。保定市国、省控水环境质量月报公布显示，2018 年 7 月，白洋淀水位为 7.95 米，高于上年同期水位 7.74 米，属于正常水位。淀内王家寨、枣林庄、端村三个监测点的水质分别为Ⅳ类、Ⅴ类、Ⅴ类，仍未达到功能区划要求的Ⅲ类，属于中度污染。

尽管白洋淀受多方补水，水量有所增加，外调水也将成为未来一段时间内白洋淀的主要水源。但从长远来看，恢复白洋淀良好生态功能，必定绕不开自然河道，也必然离不开整个流域的生态环境改善。白洋淀不仅要“解渴”，更要通过自身流域系统恢复“活力”，亟须尽快启动大清河全流域的综合治理和系统修复。

二 白洋淀上下游亟须解决的关键问题

（一）河流管理行政分治，流域统筹存在障碍

大清河流域涉及京津冀晋四省市，在河北省境内又分属于不同的县市，河流管理的行政分治严重。由于缺乏流域统筹管理，不同地区各自为政，上游不顾中下游，中下游不管上游。上游拦截地表水，导致河流断流，下游则大量开采地下水，形成地下漏斗。上中下游之间、地上与地下水之间水资源争抢形成恶性循环。另外，有的水库由县级政府管理，有的水库由市级政府管理，不同行政区之间的协商机制尚未建立。又如流域内不少河段属于界河，两县之间协调机制不畅，生态修复和问题追责认定难度大。

（二）河长制落实不到位，九龙治水责任不清

大清河流域河长制体系已初步建立，但在落实过程中仍存在一些问题。一是整个大清河治理思路不清，目前处于单打独斗状态，就治而治，缺少河流治理的全面性、系统性和统筹性；二是水环境监管手段有限、违法成本低的现象存在，导致监管效果不明显；三是基础设施及专项经费投入不足，投入缺乏稳定的保障机制；四是对上级督查和群众反映的问题整改不及时，有的河长存在慢作为和不作为，大沙河新乐和定州段的垃圾带问题充分反映了此问题。

尽管河长制已建立，但河道河流治理仍由水利、环保、河长等多管理部门负责，河长制工作涉及众多成员单位，仍然存在各自为营、各司其职的九龙治水现象，造成职责不清、推诿扯皮。

（三）水库塘坝数量众多，严重影响河道径流

上游水库塘坝拦截，直接影响白洋淀入水量。上游建起百余座水库、不计其数的塘坝对来水实施拦截，导致下游河道径流量锐减。仅曲阳一县境内就有2座大（Ⅰ）型水库，20座小（I）型和小（II）型水库，80多座塘坝。经过层层拦截，目前大多数的河流在到达白洋淀之前就已经断流。2018年4月，大清河流域内监测的40个跨县界考核断面中，就有17个断面断流。

（四）水利设施年久失修，部分功能发生根本转变

上游水利设施存在安全隐患，直接影响白洋淀水安全。上游病险水库、塘坝多，小型水库多，部分年久失修，存在安全隐患。以阜平县为例，有60%的塘坝年久失修，防洪压力大，堤坝防洪功能无法保障。大清河流域部分骨干河道防洪达标率极低，防洪堤坝破坏严重，有的河段更无任何防洪工程。

随着上游村庄搬迁、人口的迁并，农业耕作方式的变化，以及南水北调的补充，流域内部分水库塘坝的功能已经发生根本性变化。调研中发现，有的水库已经丧失了原有的防洪、农业灌溉、生活供水等功能，变成了单纯的养殖基地。

（五）河道“四乱”问题突出，生态本底破坏严重

河道滩地“乱堆、乱采、乱占、乱建”现象严重。河道断断续续存在工业、生活等垃圾堆放，如白洋淀下游无水河道，每路过一个村庄，河道两岸就堆满了垃圾。部分河道砂石偷采盗采问题十分突出，导致河流断流，沙堆成山，凹凸不平。调研中发现，大沙河曲阳段虽已禁止了全部采砂活动，但弃料随意堆放，沙堆遍河，形成河障。另外，河滩地处于无序开发状态，不少地方河滩已变成农田和临时建筑，有些竟是新建的永久性建筑。河道滩地“四乱”导致河道生态本底遭破坏，河道行洪能力降低，河道断流，同时也加剧河流污染。

（六）沿途环保设施缺乏，河流水质逐下愈差

沿途城镇、村庄环保设施缺乏，直接影响入淀水质。流域内除了主要县市外，其他乡镇、村庄基本没有环保基础设施，导致部分沿河村镇居民生活垃圾和污水不能集中处理，雨污不能分流，工业污水处理等级偏低，直接成了水体污染源，造成河流水质越流越差。

以潴龙河为例，上游大沙河阜平断面为Ⅰ类水质，流到王快水库已为Ⅱ类水质，流经曲阳县后，进新乐和定州水质已经不达标，而博野至蠡县段则完全断流。类似地，2018 年 5 月孝义河水质监控显示，从安国－博野－蠡县的路景村、留祥佐桥等断面水质均达标，流至高阳县蒲口断面水质已为劣Ⅴ类，孝义河入雄安新区思乡桥断面水质也为Ⅴ类/劣Ⅴ类。

三　流域视角修复白洋淀生态的建议

（一）编制大清河流域生态修复与保护规划，打造流域综合治理样板

从保障雄安新区建设和改善华北平原生态环境全局着眼，应该将大清河流域生态修复作为一项重大工程，高规格编制大清河流域生态修复与保护规

划。2017年10月，山西省已经印发了《山西省大清河流域（唐河、沙河）生态修复与保护规划（2017—2030年）》。河北省应重点围绕白洋淀的生态恢复与治理，加快推进大清河流域综合治理规划出台，推动全流域综合治理进程。

一要充分结合雄安新区建设的新要求，明确大清河流域水利发展总体布局和主要任务；二要牢牢把握生态文明建设要求，坚持生态优先，保障水安全、修复水生态、加强水管理，满足流域人民对良好水生态环境的向往；三要实施区域统筹和系统治理，实现大清河上中下游全流域的综合治理和山水林田湖草全要素系统修复；四要全面深化水利管理改革，健全现代水管理制度体系，提高水治理能力，打造成为我国流域综合治理和流域水生态文明建设样板。

（二）深入推进河长制工作，创新管水治水机制

第一，从流域视角通盘考虑大清河治水工作，明确治理保护目标和措施，从流域共治角度布局河长工作；第二，强化河长责任意识，形成长效督查机制，奖罚分明；第三，建立具有激励性的监督举报机制，提高社会组织和公众参与度；第四，大清河管理处除了承担部分水库、闸的管理之外，应该承担起整个流域的综合管理和协调；第五，探索适用于大清河流域的管水治水新机制、新办法，例如从河流的“线”上治理转变为流域的“面”上治理，提高治水效率和质量。

（三）控制上游水量过度拦截和消耗，推动大清河全线通水

由水利部门和相关河长对上游百余座水库和所有塘坝进行深度摸排，凡是村庄迁并后的废弃塘坝实施全部拆除，凡是失去主要功能的水库塘坝实施全部拆除。对仍需保留的水库，进行规范化流域统一管理，严格控制其拦蓄水量，并实施全年放水，实现大清河全线通水，恢复流域完整性。理论上，严格控制新建一切小型水库和塘坝。

压缩山前平原农业用水。山前平原有约1400万亩农业用地，是第一大用水行业，已占到总用水量的75%。迫切需要调整种植结构和模式，提高农业技术，实施大规模节水灌溉，实施地下水超采区综合治理。

（四）开展全流域“清四乱”专项行动，推进河道滩地生态治理

由河长负责，联合水利、环保、公安等部门，对全流域河道“乱占、乱堆、乱采、乱建”问题开展专项清理整治行动。坚持上下游、左右岸、干支流、城乡同步推进，全面禁止一切非法河道盗采，重点进行河道垃圾清理、入河排污口专项整治、拆除河道违法建筑和违法耕种、河道清淤疏浚等。做到责任层层落实、进展层层上报，确保无死角。并通过此次“清四乱”专项行动，构建起河道巡查、管护、执法相结合的河道滩地长效管护机制。同时，开展堤防绿化工程、河道护坡工程、护滩工程等，对河道滩地实施生态治理、修复和美化。

（五）加快全域环保基础设施建设，加大污染控制和处置力度

集中省市县镇村五级力量设立环保基础设施基金，用于全流域城乡垃圾处理厂、污水处理厂、排污设施、雨污分流设施等的建设。逐步推行垃圾分类、雨污分流，形成农村生活垃圾全面治理和长效治理。另外，加快对上游地区实施村庄迁并、农村新型社区建设，有利于实现生活污水、垃圾的集中统一处理。

加大污染控制和处置力度。以最严的排放标准和最强的打击力度保障雄安新区建设。对白洋淀上游流域实施最严格的排污标准，设置区域排污总量上限，并按照行政区域或行业进行分解。加大对入淀河流、黑臭水体、纳污坑塘等整治力度，从污染末端治理转向污染的源头治理，严惩偷排行为，加强执法监督。

（六）加快白洋淀上游规模化林场建设，提高水源涵养能力

作为2018年国家大规模国土绿化行动建设试点之一，雄安新区白洋淀上游规模化林场建设要做到选准位、造宜林。建设范围应该包括河流上游河两岸集水山地、王快和西大洋水库周边、沿河两岸2公里的护岸林，规模化林场要广泛栽植乡土树种，推广容器苗，营造涵养林，有效提升生态涵养和防护功能。

（七）推动白洋淀下游河淀修复，打造大清河洼淀湿地生态走廊

白洋淀下游水系包括赵王新渠、大清河干流、中亭河等众多河流，西与白洋淀水脉相连，东与大运河互联互通。以国家大运河文化带建设和大清河治理修复为契机，尽快实现下游通水，一方面有助于白洋淀水质改善、生态环境支撑区建设；另一方面，由水脉带动文脉，打通洼淀文化和运河文化。

推进东淀、文安洼等湿地修复。推动下游地区与新区共同打造“水脉相连、河清水碧、良性循环”的生态水网，形成西连白洋淀，东接大运河，直至渤海湾的洼淀湿地生态走廊，不断提升生态系统服务功能，提高生态支撑能力，满足人民日益增长的生态产品需要。

参考文献

梁世雷、李岚：《雄安新区生态安全问题及应对策略》，《河北学刊》2017 年第 4 期。

夏军、张永勇：《雄安新区建设水安全保障面临的问题与挑战》，《中国科学院院刊》2017 年第 11 期。

乡村建设篇

Rural Area Construction

B.7

关于河北省旅游特色小镇制度供给创新的思考

汪 洋*

摘 要： 旅游特色小镇是特色小镇众多类型中的一种，主要指那些拥有较为丰富的自然景观及人文历史景观，能提供相应的旅游服务，旅游产业占比较高的特色小镇。2017 年 2 月，河北省公布了《河北省首批特色小镇创建和培育类名单》，提出着力建设首批 30 个创建类特色小镇、52 个培育类特色小镇。从公布的名单来看，旅游型特色小镇占 70% 以上，互联网、金融、工业制造业和其他类型小镇仅占 20% 多。这种特色小镇建设类别构成和浙江省相比具有较大差异，这是河北省经济发展阶段、发展基础、客观条件的现实选择，也是河北省

* 汪洋，河北省社会科学院科研处，主要研究方向为区域经济。

确保完成建设任务的必然要求。河北省旅游资源丰富，旅游特色小镇天然融合了产业、科技、文化、环境、人居等要素，准确契合了“产城人文”一体的复合载体，较为适合当前河北省的发展阶段和客观条件，是河北省建设特色小镇的最优路径和发力点。因此，着力打造好旅游特色小镇，对全省特色小镇建设全局具有重要意义，特别是在京津冀协同发展、承接非首都功能转移的大背景下具有重大现实意义。

关键词： 特色小镇 旅游 制度供给创新

近两年来，特色小镇建设热潮席卷全国。加快特色小镇建设，是落实国家新型城镇化战略部署和推进区域产业转型升级的有效抓手。河北省社科院课题组近期通过对河北省特色小镇调研发现，目前河北省特色小镇建设取得积极进展，积累了一些经验，但也暴露出了不少问题，例如定位不准、盲目发展以及市场化不足。河北省在学习特色小镇建设“浙江经验”的同时，要认真研究特色小镇建设的“河北样本”，重视不同区域的差异性问题，认真审视河北省独特的资源环境、产业类型、发展基础、社会文化等方面的差异。旅游特色小镇是河北省特色小镇建设的重要类型，是河北省新型城镇化建设的有效路径。当前，要深入学习贯彻河北省委九届六次全会精神，围绕“推进京津冀协同发展、规划建设雄安新区、筹办北京冬奥会”这三件大事，在环京津地区加快发展旅游特色小镇，打造特色小镇建设的“河北模式”，对京津冀协同发展和河北省特色小镇建设全局具有重大意义。

一 抓好旅游特色小镇的重要意义

河北省正在建设中的特色小镇按照基本特征可以划分为两种主要类型，一是旅游特色小镇，二是产业特色小镇。旅游特色小镇，是指那些拥有较为丰富的自然景观及人文历史景观，能提供相应的旅游服务，旅游产业占比较高的特色小镇，它是融合产业、文化、旅游、社区等多种功能的创新发展平台。从住建部公布的全国特色小镇名单来看，旅游特色小镇占创建总数的50%以上。从河北省发改委公布的第一批82个省级特色小镇名单来看，旅游特色小镇有53个，约占65%。这种特色小镇建设类别构成和浙江省相比具有较大差异，这是河北省经济发展阶段、发展基础的客观选择。河北省旅游资源丰富，旅游产业发展巨大，特别是在旅游业乘数效应的作用下，对区域经济产生极大的辐射和带动作用。旅游特色小镇天然融合了产业、科技、文化、环境、人居等要素，准确契合了“产城人文”一体的复合载体，较为适合当前河北省城镇化发展的客观条件。

当前，京津冀旅游产业协同发展快速推进，随着环首都地区“断头路”和“瓶颈路”的打通，环京津高速公路网络的互联互通，各种旅游专线、旅游直通车不断增加，为北京、天津游客提供了自由灵活的出行方式，京津周边旅、休闲度假游市场潜力巨大。在京津城市群周边重点布局建设旅游特色小镇，可以有效承接京津旅游资源外溢市场，促进京津冀旅游产业协同发展。同时，在环京津地区加快建设京津冀城市群的旅游休闲度假区、养生养老区、生态体验区，解决大城市病，“让城市融入大自然，让居民望得见山、看得见水、记得住乡愁”，对河北省全力推进京津冀协同发展和城镇化战略具有重要意义。

二　河北省旅游特色小镇的主要类型和发展模式

（一）主要类型

（1）历史文化小镇。这种小镇主要依托保存相对完好的古建筑等历史文化资源，展示历史文化风貌，让游客体验传统生活方式，从而产生独特的吸引力。开发建设历史文化型旅游小镇要具备以下三点要求：一是小镇要具有清晰可循的历史文化脉络；二是小镇要具有特色鲜明的文化内涵；三是小镇的规划设计要尊重历史与传统，让历史遗迹可追寻。目前河北省建设中典型的历史文化小镇有：平山县西柏坡红色旅游小镇、围场县皇家猎苑小镇、定兴县非遗小镇、滦县滦州古城小镇等。

（2）自然生态小镇。这种小镇适宜建设在大中型城市周边，距主城区1小时车程，依靠环境优美、生态宜居的特色作为主要推介点，主要接待城市休闲观光居民。建设自然生态小镇要具备以下三点要求：一是小镇具有优美的生态环境，宜居宜游；二是小镇重点发展绿色低碳类型的特色产业；三是小镇整体商业模式以生态观光、养生休闲产业为主。目前河北省建设中典型的自然生态小镇有：易县恋乡·太行水镇、涞水县四季圣诞小镇、涉县赤水湾太行民俗小镇、任丘市白洋淀水乡风情小镇等。

（3）创意休闲小镇。创意休闲小镇是自然生态小镇衍生出的一种小镇类型，是以文化创意、休闲产业和旅游服务为核心的特色小镇，包括艺术、创意、养生、养老、娱乐等各种消费结构和旅游业态。建设休闲创意小镇要具备以下三点要求：一是小镇位于都市旅游圈之内，与主城市空间距离不远；二是小镇的基础设施建设应具备一定的基础，与主城区差距不大；三是小镇整体商业模式根据城市潜在顾客人群的需求开发，以娱乐和休闲度假为主。目前河北省建设中典型的创意休闲小镇有：崇礼县冰雪文化小镇、北戴河新区医疗康养旅游小镇、迁西县露营小镇、武强县周窝音乐小镇等。

（二）发展模式

从外省特色小镇建设经验来看，旅游特色小镇建设基本模式有两种：第一种是以现有景区或景观为依托，在全方位旅游体验和空间上的延伸，是对现有旅游景区、旅游产业的创新升级，这种小镇建设难度低，易于运营；第二种是人为打造的古村古镇、文化创意小镇、艺术生态小镇，这种小镇建设难度较高，需要高层次的设计规划、高水准的运营团队、高水平的基础设施建设。

（1）景区即小镇型，是指把景区本身作为旅游特色小镇来开发建设。景区不仅要实现旅游核心吸引物的塑造与更新，还要把旅游小镇的创新元素吸收进来，以小镇的住宿、购物、美食等业态作为吸引旅游者的因素。此类小镇在选址上要求较高，必须充分依托旅游资源禀赋，旅游资源等级越高，建设成为景区型旅游特色小镇的可能性就大。此类模式由于景区和小镇是融为一体的，所以一般是由一家开发主体来运营。典型的例如浙江乌镇、古北水镇，平山县西柏坡景区和西柏坡红色旅游小镇。

（2）景区依托型，是指在知名景区周边选址建设特色小镇，依托景区的客流量和知名度来发展小镇。这类小镇是景区吃、住、购、娱等相关业态在空间上的拓展。景区和小镇的接待设施与相关旅游业态可以形成某种程度上的生态平衡，从而最大限度地延长游客的停留时间，产生更大的旅游收益。在选址上，景区依托型特色小镇同样对旅游资源有较高要求。

（3）“旅游 +”型。“旅游 +”型特色小镇属于泛旅游产业范畴，是旅游与农业、工业、商贸物流、互联网、文化创意等产业的融合。目前，“旅游 +”型特色小镇在国内备受瞩目，其发展创新模式形态多样，可以整合的旅游要素和营销模式众多，各种独具地方特色的产业、历史、文化、科技等元素都可以融入旅游开发。这种类型的小镇一般依托现有建制镇的产业发展，要遵循地方特色产业发展规律，在地方特色产业发展到一定基础上再与旅游产业进行有机融合，延伸出各种旅游产品，从而发展成为“旅游 +”型特色小镇。“旅游 +”型特色小镇选址相对比较宽泛，对基础设施建设投入要求较高。

三　河北省旅游特色小镇建设存在的问题

目前河北省正在建设的国家级特色小镇 12 个、省级特色小镇 82 个，国家体育局确定的体育特色小镇 6 个，此外还有众多的各市、县规划的特色小镇。课题组通过对石家庄、廊坊、保定、邯郸等地具有代表性的多个旅游特色小镇实地调研，发现目前普遍存在以下问题。

（一）缺乏高层次旅游发展规划

调研发现，部分旅游特色小镇建设规划编制水平相对较低，普遍存在开发项目雷同、缺少主题和内涵的问题，甚至个别开发项目名称相近、内容相似，例如很多小镇都有“异域风情街”“乡村酒吧”“田园养生”“农家乐”等板块，没有做到“一镇一特色”，运营以后容易让旅游者产生审美疲劳。特别是缺乏将旅游发展规划和小镇总体规划结合起来统筹设计，两者存在脱节的现象。

（二）缺乏富有内涵、丰富多彩的旅游文化产品

部分旅游特色小镇旅游产品重复单一，同质化严重，多数还是仅满足于为游客提供简单的游览观光，普遍缺乏特色小镇本该具有的核心竞争力产品和可持续发展性。特别是旅游产品的开发设计缺少和当地历史文化的深度融合，过于追求短期效益开发，缺乏具有深刻文化内涵的产品。独特的文化是旅游小镇持续发展的内生动力和吸引力，缺少文化支撑，小镇建成以后持续运营会困难重重。

（三）缺乏深度市场化运营

旅游特色小镇的核心是旅游产业的市场化运营，如空有建设而无产业运营，特色小镇的发展就不可持续。目前，除华夏幸福、荣盛集团等少数大型房地产企业整体建设运营的休闲度假小镇外，多数地方政府主导规划建设的小镇尚未形成深度市场化的开发运营模式。对特色小镇建设来说，传统的“政府投资、招商引资”等做法已不合时宜，但在实际工作中政府主导招商的模式并没有很大改变。政府招商模式中招商企业领域分散、核心产业不突出等现象严重，实质上的后期运营主体普遍缺失。

（四）缺乏旅游产业发展资金

部分旅游特色小镇所处县、镇经济基础薄弱，政府财力相对紧张，地方融资平台作用有限，对旅游产业的资金投入严重不足，已经不能满足旅游特色小镇的开发建设资金需求。整体来看，建设资金缺乏、融资模式单一已成为制约河北省旅游特色小镇开发建设的重要障碍。

（五）开发建设不均衡，基础设施建设滞后

由于地域和客观条件影响，河北省第一批 53 个旅游型特色小镇当前创建进度差异较大，部分地区完成计划困难。在一些交通便利、知名度较高的成熟景区附近的特色小镇开发建设相对较快，其他知名度较低的尤其是培育类特色小镇开发建设相对缓慢，特别是在小镇及周边的道路硬化、供电通信、排水管网、医疗卫生等基础设施建设方面均有待进一步提升。

四　加强河北省旅游特色小镇的制度供给创新

旅游特色小镇建设，是旅游、产业、科技、文化、环境、人居等要素创新的集合，需要政府在制度供给方面大力创新。河北省在学习“浙江经验”、研究河北省制度供给的时候，要注意考察河北省和浙江省发展阶段和发展环境的差异，特别是要深入研究河北省特色小镇建设的约束条件和隐形障碍。应结合河北省城镇化发展阶段和独特省情，进行河北省特色小镇建设制度供给创新。

（一）创新发展思路，做好顶层制度设计

一是做好全省旅游特色小镇协同发展的顶层设计。旅游主管部门要根据《河北省旅游业“十三五”发展规划、《京津冀旅游一体化协同发展规划》等政策要求，做好旅游特色小镇的顶层设计，特别是统筹整合全省旅游资源，避免各个小镇无序竞争与盲目低层次发展。加强旅游、文化主管部门在全省特色小镇建设联席会议制度中的话语权，做好各项旅游数据监测。二是小镇规划编制要契合河北自然山水特点和燕赵文化底蕴。把握好旅游特色小镇定位，避免“千镇一面”和“空城计”，要因地制宜契合自然生态环境和历史文化内涵，坚决避免同质化，发展小而精、专而强、美而特，具有河北自然山水特点和燕赵文化底蕴的特色小镇。坚决避免那种低级山寨、完全西方化或异域化的小镇风貌。三是规划设计要细化可操作。要细化小镇旅游、

文化、社区等功能区块的控制性规划，下大功夫完善规划的可操作性，那些偏离小镇发展定位的项目区块要尽快剥离，及时“断腕”。

（二）深入挖掘旅游文化资源，完善文化政策支撑

一是树立文化理念，汇聚文化资源。特色文化是小镇发展的软实力，是旅游产业发展最终的生命力。旅游特色小镇要把文化基因植入产业发展、生态建设全过程，旅游、文化主管部门要结合自身实际着力培育旅游文化、延续历史文化根脉、保护非物质文化遗产、打造独特的山水文化，保持地域特有文化的原生性、鲜活性。二是构建河北省特色小镇文化资源监测指标体系。产业指标体系对于经济社会发展具有重要作用，省文化主管部门应尽快从文化、经济学、社会学等视角构建河北省特色小镇文化资源监测指标体系，为全面系统掌握全省特色小镇文化资源开发状况，有效制定宏观政策提供科学依据。三是做好特色小镇文化资源保护和开发。小镇建设中要尊重传统建筑格局和传统文化，保护好小镇传统文化生态链。在文化部门统一领导下，积极做好文物古迹保护、历史建筑修复、基础设施改善等工作。在做好保护前提下，融合传统村落、历史建筑、名人故居等文化元素开发旅游产品。

（三）真正落实市场化开发建设模式，完善金融政策支撑

一是强化市场化开发建设机制。改变“政府投资、招商引资”的传统做法，建立健全市场化的产业选择决策机制，让市场占据主动权，选择符合发展定位、实力雄厚的投资主体，重点引入央企、国企、大型民营企业等龙头企业，统一承担小镇的开发建设、招商引资、对外合作和管理服务等工作。二是政府做好基础服务和政策研究。政府应该把工作重点放在如何加快基础设施与公共服务建设上，同时强化政策研究，出台促进小镇加快发展的政策组合拳，出台细化的土地、财政、金融、税收等支持政策。三是加大金融政策支持力度。政府应主动作为，积极了解开发运营龙头企业的难处，尤其应加大金融政策扶持力度，支持企业与银行、保险、信托

等金融机构开展合作。四是着力破解 PPP 建设模式中体制机制障碍。树立法治精神、合同意识，创建良好的营商环境，将社会资本吸引到旅游特色小镇的基础设施建设和经营管理中来，让旅游公共服务领域市场化，实现政府和企业的双赢。

（四）建立旅游特色小镇激励机制，完善考核政策支撑

目前河北省特色小镇建设采取“宽进严定”的创建方法，创建入围后省级政府才会给予相应政策优惠和奖励。旅游特色小镇由于基础设施建设投入较大、建设周期较长，旅游文化和旅游品牌推广更需较长时间的市场认同。鉴于此，有如下几点建议。一是适当放宽对两年创建期的考核指标要求。对选址科学、投资主体明确、规划编制完善的旅游特色小镇在创建初期即给予地方政府较大财政支持，创建期前五年财政税收全免、后两年减半返还，加大地方政府推进特色小镇建设的内在动力。二是加大对投资主体的激励力度。积极鼓励资金实力强大、市场信誉好的央企、省属国企和较大民营集团公司，对旅游特色小镇进行整体开发运营，对开发企业在土地、税收等审批事项中开辟绿色通道，并实施财税返还之外额外的奖励政策。三是建立旅游特色小镇独立的弹性考核方法。旅游特色小镇成长期较慢，一旦景区成熟即呈现爆发式增长，因此建议对旅游特色小镇制定单独的考核方式，适当延长两年的创建考核期。同时，适当降低旅游项目投资考核要求，减少一些硬性指标的设置，更加注重文化、旅游功能的融合和旅游品牌知名度、社会影响力等因素。

参考文献

周正详：《新常态下 PPP 模式应用存在问题与对策》，《中国软科学》2015 年第 9 期。

黄静晗、路宁：《国内特色小镇研究综述：进展与展望》，《当代经济管理》2018 年第 8 期。

何国华：《基于旅游市场需求谈旅游特色小镇规划》，《旅游研究》2018 年第 1 期。

秦礼敬：《浅析旅游特色小镇的发展现状及模式》，《太原城市职业技术学院学报》2017 年第 10 期。

朱莹莹：《浙江省特色小镇建设的现状与对策研究——以嘉兴市为例》，《嘉兴学院学报》2016 年第 3 期。

B.8

特色小镇引领乡村振兴的作用机理及其产业融合研究*

马春梅**

摘　要： 特色小镇能够引领乡村振兴，其作用机理体现在四方面：通过特色产业促进乡村产业兴旺，通过特色窗口引领乡村文化兴盛，通过特色平台带动乡村生活富裕，通过特色示范拉动乡村生态宜居。产业融合发展是特色小镇引领乡村振兴的关键路径，特色小镇的产业融合发展能够促进乡村产业振兴。特色小镇引领乡村振兴的产业融合路径为：定位主导产业，培育核心企业；构建复合型产业链，促进业态融合；发挥品牌效应，带动周边发展；融入文化底蕴，彰显文化品位。

关键词： 特色小镇　乡村振兴　作用机理　产业融合　融合路径

乡村振兴战略作为党的十九大报告的重要组成部分之一，对建设现代化经济体系能够起到引擎作用。在国家实施乡村振兴战略以及新型城镇化建设快速发展的大背景下，特色小镇作为连接城乡的关键环节，被赋予了更加丰富的内涵，能够带动城乡资源的双向流动。产业融合发展是特色小镇引领乡村振兴的关键路径。特色小镇应当着眼于促进产业融合发展，夯实农村发展的产业支撑基础，从而引领乡村振兴。

---

* 本报告为2018年度河北省社会科学院重点研究课题（2018A02）的研究成果。

** 马春梅，河北省社会科学院财贸经济研究所副研究员，主要研究方向为产业模式创新。

一　特色小镇对于乡村振兴的重要性

（一）特色小镇是乡村振兴战略的实施载体

乡村振兴战略要求按照城乡二元、城乡统筹、城乡一体化、城乡融合的发展路径，实现城乡发展方式的转变。乡村振兴战略的实施需要一个有力抓手和有效载体，而特色小镇建设正符合要求。特色小镇通过转移和聚集农村劳动力，能够承载现代农业的产业、生产和经营体系的发展。作为资源要素的承载平台，特色小镇可以承接城市人口生活和消费的外溢，吸引城市资源流入乡村，从而促进城乡真正融合发展。在乡村振兴战略背景下，我国特色小镇发展的趋势是产业明确、跨界融合、绿色发展。

（二）产业融合是乡村产业振兴的实施关键

良好的乡村文化和风俗体验，吸引了城市居民的注意力。随着城市居民消费的快速升级，大量的新需求产生。为了满足城市居民的新需求，要突出发挥农业的多功能性，以此提升乡村的新供给能力。党的十九大报告要求农村产业发展实现“产业兴旺”，顺应了新时代中国乡村发展的现实需求。因而，要促进乡村产业融合发展，培育一二三产业融合的新业态，形成新供给能力，实现乡村产业振兴。特色小镇的产业融合，能增加农民的创业、创新机会，进而对推进乡村产业振兴起到关键作用。

二　特色小镇引领乡村振兴的作用机理

乡村振兴体现在经济、文化、生活和生态等方面。特色小镇是城乡融合发展的载体，集产业、文化、旅游和社区等功能于一体，能够加快乡村振兴进程。特色小镇引领乡村振兴的作用机理体现在四方面：通过特色产业促进乡村产业兴旺，通过特色窗口引领乡村文化兴盛，通过特色平台带动乡村生活富裕，通过特色示范拉动乡村生态宜居。

（一）通过特色产业促进乡村产业兴旺

特色产业竞争力的提升要求延长产业链、提升价值链，而乡村产业兴旺要求一二三产业融合发展，这两者的目标是一致的。根据区域的独特资源禀赋、产业发展基础和未来发展空间选择出来的特色产业，能够对乡村发展起到积极的推动作用。特色产业的产业链条延长、价值链条提升以后，产业关联不断优化，产业间融合发展，进而促进乡村产业兴旺。

（二）通过特色窗口引领乡村文化兴盛

为满足不同人群的文化消费、精神诉求和感情寄托等方面的需求，打造出不同主题类型的特色小镇。特色小镇通过挖掘当地传统文化的深厚底蕴，嫁接文化创意，能够充分彰显区域文化的内涵与魅力。特色小镇文化元素的彰显能够弘扬乡村文化积淀，传承乡村文脉，促进乡村文化产业的发展。这种特色彰显对认识乡村文化价值、增强乡村文化自信、健全乡村文化服务等方面，起到了窗口推动作用，进而引领乡村文化兴盛。

（三）通过特色平台带动乡村生活富裕

在承接城市产业向乡村转移的过程中，特色小镇凭借区位优势，围绕特色产业衍生出更多的市场需求和创业机会，吸纳周边的乡村劳动力在当地转移就业，使农民参与到二、三产业的发展中，开辟了多元收入渠道。特色小镇作为创新创业的平台载体，利用体制机制灵活的政策优势，吸引外出务工人员返乡创业，返乡创业人员借助特色小镇的发展平台，施展才华和抱负，通过创业带动当地人员就业，进而带动乡村生活富裕。

（四）通过特色示范拉动乡村生态宜居

特色小镇统筹生产、生活、生态的空间布局，在紧凑的空间里高效利用土地，发挥多规合一、有序发展的优势，在乡村生态建设中，提高了人们的生态文明保护意识，以生态宜居的环境优势成为乡村振兴的样板，契合了乡村振兴战略中生态宜居的要求。特色小镇建设是乡村社区重构的过程，能够作为改善乡村治理的重要手段。以特色小镇为示范，逐步推进新农村建设，促进乡村人居环境的改善，展示社会主义新农村的村容村貌，进而拉动乡村生态宜居。

三　特色小镇的产业融合路径

作为一种全新的产业发展模式，产业融合能够带动产业结构升级，提高产业劳动率和科技含量。产业融合是将特色小镇主导产业与周边农业产业有机结合的最佳途径，也是特色小镇促进乡村振兴的理想选择。特色小镇的产业融合可以从四方面展开。

（一）定位主导产业，培育核心企业

选择好主导产业，并培育扶持一家核心企业，是特色小镇引领乡村振兴的关键。精准定位特色小镇的主导产业，是实现特色小镇产业融合的前提。特色小镇主导产业应是当地区域最具特色的产业，其定位需要着眼于乡村产业发展，能够密切城乡联系，吸引高端生产要素集聚。根据现状产业特色、发展基础、资源禀赋以及国家产业政策，围绕产业转型升级、业态衍生和创新孵化，延伸产业链，明确主导产业，并提出产业发展策略。引入有实力的投资建设主体，将其培育为核心企业，使其将主导产业与周边相关产业联系起来。

（二）构建复合型产业链，促进业态融合

特色产业要加强产前、产中和产后各个环节的联系，也要关联创新链、投资链等。推动主导产业与相关产业横向融合的同时，积极推动主导产业的纵向融合，构建一条覆盖面广、延伸性强的复合型产业链。特色小镇的产业

发展不在于产业集群是否完整，而要更能体现产业间的可融合性。以“互联网＋产业链”模式为载体，深度融合信息、双创等新业态，创新产业发展模式，促进产业发展的业态融合，实现产业与小镇的融合共建。

（三）发挥品牌效应，带动周边发展

创新商业模式，做好规划设计，系统打造特色小镇的产业品牌，适当进行市场营销。发挥品牌效应对特色小镇的带动作用，对品牌效应进行拓展外延，推动富有地方特色的产业朝着品牌化方向发展。建设特色产业示范基地，根据特色产业拓展品牌的相关服务，为产业融合提供持续发展的动力与支撑。加强特色产业发展对周边经济的辐射力和吸纳力，充分吸纳周边地区的资源、人力和资本优势，带动周边地区的相关产业发展。

（四）融入文化底蕴，彰显文化品位

文化能够体现特色小镇的发展精神，要重视社区文化的培养，将乡村文化底蕴融入特色产业的发展中，对特色产业进行深一步的挖掘与演化。产业融合要结合特色小镇的文化、社区等多种功能，体现文化生活气息。根据乡村地域特点，充分挖掘历史、人文、科技三大领域长期沉淀的丰富创意元素，将文化创意元素嵌入特色小镇的产业融合发展中，对乡村文化进行创造性转化、创新性发展，彰显文化品位。

参考文献

郝华勇：《基于特色产业的乡村产业振兴研究——以中医药产业带动一二三产业融合为例》，《天津行政学院学报》2018 年第 6 期。

李冬梅等：《农业特色小镇形成机理与路径优化——基于成都模式的案例分析》，《中国软科学》2018 年第 5 期。

B.9

攻坚阶段河北省深度贫困地区脱贫困境及其解困措施

严文杰*

摘　要： 近期通过对河北省一些深度贫困地区的驻村调研发现，深度贫困地区稳定脱贫存在几大困境：一是扶贫工作中各行为主体存在各种预期问题；二是扶贫资金统筹整合机制建设滞后，致使一些深度贫困地区成为河北省连续两年扶贫资金统筹整合不到位的"重灾区"；三是产业扶贫项目后续监管和服务机制不健全，导致一些扶贫项目"虎头蛇尾"。深度贫困地区是河北省脱贫攻坚任务的最后一个堡垒，着力化解脱贫困境，对于加快攻坚阶段深度贫困地区稳定脱贫具有重要的现实意义。

关键词： 攻坚阶段　脱贫困境　解困措施

一　河北省深度贫困地区的主要概况

2017年，河北省为集中整合资源力量脱贫攻坚，确定了一批深度贫困地区，主要分布在张承坝上地区和深山区，包括10个深度贫困县、206个深度贫困村。其中，10个深度贫困县，是指承德市的围场、隆化、丰宁，张家口

* 严文杰，河北省社会科学院经济研究所助理研究员、经济学博士，主要研究方向为扶贫、全域城镇化、京津冀协同发展。

市的阳原、尚义、张北、康保、沽源，保定市的阜平、涞源。206 个深度贫困村，从 10 个深度贫困县中确定。从 10 个深度贫困县致贫因素看，有一些共性。一是距所在城市中心较远。据测算，10 个深度贫困县与所在城市中心平均距离约 127 公里，最远的 170 多公里。特别是所属的深度贫困村地理位置偏僻，距所在城市中心更远。二是深度贫困县所属的深度贫困村处于坝上和深山地区，出行十分不便。三是产业基础薄弱。农户的传统生计以种植和养殖业为主，几乎没有二、三产业收入。四是基层党建工作十分薄弱。不少贫困村基层组织软弱、涣散、不健全甚至瘫痪，有的基层组织被宗教、家族甚至黑恶势力裹挟、架空甚至代替，有的村“两委”班子矛盾重重、相互掣肘。

近年来，河北省对这些深度贫困地区采取了交通扶贫、产业扶贫、生态扶贫、易地搬迁扶贫等多种扶贫方式，并加强了对深度贫困地区的基层党组织建设。客观地说，河北省深度贫困地区的扶贫工作取得了一些成效，但还达不到稳定脱贫的地步。目前，深度贫困地区稳定脱贫还存在一些困境。笔者于 2018 年 1 ~9 月对河北省一些深度贫困地区共进行了三次驻村调研，对深度贫困地区稳定脱贫的困境进行了考察。

二　河北省深度贫困地区稳定脱贫的困境

（一）扶贫工作中各行为主体存在各种预期问题

良好的预期能推动农村扶贫工作，而不正确、不恰当的预期则会阻碍农村扶贫工作。在农村扶贫工作中，存在驻村工作队、贫困户和企业的预期问题。

1. 驻村工作队易受定势思维的预期的影响

驻村工作队的大多数干部都有农村生活经历，或有农村扶贫经验。他们往往根据以往自身农村生活的经历和扶贫工作的经验就可以产生预期，如农民贫困的真实性、贫困程度、致贫因素、脱贫动力及脱贫周期等，这些经验预期对扶贫工作无疑具有指导作用。但驻村工作队往往会形成贫困户“因懒致贫”“喜欢搭便车”“只会种地”等一些定势思维的预期。这种预期不仅可能导致本村扶贫规划或方案的制定偏离实际情况，而且不利于提高贫困户脱贫的积极性。事实上，深度贫困地区贫困的成因千差万别，有些是历史欠账太多，有些是当地缺乏产业支撑，有些是基层党组织薄弱，有些是农户因病返贫，等等。另外，“喜欢搭便车”的农户毕竟是少数，不能因为“搭便车”问题而对一些好的政策和帮扶措施予以限制。显然，驻村工作队形成的这种定势思维的预期是不利于扶贫工作的。

2. 贫困户预期能脱贫但很难实现稳定脱贫

调研中发现，对于党中央、国务院提出的到2020年我国农村贫困人口全部脱贫的承诺，深度贫困地区中的贫困户是拥护的，也是信任的。但由于受“贫困惯性”的影响，他们担心脱贫之后如果政府不再帮扶他们，或者帮扶政策不能持久延续，他们还是不能摆脱贫困。他们甚至认为，在2020年之前能够脱贫，2020年之后驻村工作队一旦撤走，他们可能又会返贫。于是，贫困户形成了政府能帮助他们脱贫但很难保证稳定脱贫的预期。这种心理预期在深度贫困地区中的贫困户中较为普遍。

3. 企业预期产业扶贫项目中存在“政策性负担”而“望而却步”

许汉泽等分析了预算约束下的“政策性负担”，他们认为，在外生性的逆向软预算约束中，基层政府主要通过向特定的民众与厂商转嫁配套任务来软化预算约束，给地方社会带来了“政策性负担”。[①] 一些企业认为，河北省深度贫困地区电力、水利、道路、通信、能源等基础设施薄弱，如果申请到当地一个扶贫项目，没有县级政府的配套，再多的投资也会“打水漂”。他们还认为，即便县级政府有意搞好相关配套，但贫困地区财政羸弱，在预算约束下县级政府也“有心无力”。于是，企业预期扶贫领域会产生各种“政策性负担”，原本属于县级政府配套的资金压力可能会落到企业身上。因此，一些有实力的企业不愿参与深度贫困地区的扶贫项目。在河北省一个深度贫困村的调研中就发现，该村2018年年初规划的文旅、养殖、中药材

① 许汉泽、李小云：《精准扶贫背景下农村产业扶贫的实践困境——对华北李村产业扶贫项目的考察》，《西北农林科技大学学报》（社会科学版）2017年第1期。

种植等多个项目，由于企业担心项目相关配套设施和配套服务无法到位而不愿参与项目投资，该村多个项目迟迟无法落地。企业的这种预期已经严重影响到产业扶贫的效果和质量。

（二）扶贫领域中的一些制度性障碍影响稳定脱贫

1. 扶贫资金统筹整合机制不完善

扶贫资金统筹整合不到位已连续两年（2016 年和 2017 年）成为河北省扶贫政策落实和资金管理审计的主要问题。其实，早在 2016 年底，国务院就出台了一系列旨在解决扶贫资金统筹整合的政策措施。2016 年，国务院办公厅出台了《关于支持贫困县开展统筹整合使用财政涉农资金试点的意见》（以下简称《意见》），试点的范围要求 2017 年推广到全部贫困县。《意见》的出台，使过去“打酱油的钱可以买醋了”，赋予了贫困县统筹整合使用财政涉农资金的自主权，提高了资金的使用精准度和效益。河北省扶贫资金统筹整合不到位，一方面是由于基层政府执行力不强，另一方面更多的是体制机制不完善的原因。

第一，资金管理制度限制涉农资金统筹整合。部分资金下达给贫困县虽未指定具体项目，但资金绩效考核时仍按原申报项目进行验收及评价，考核评价不过关的，下一年度的资金补助可能会缩水甚至取消。如中央和河北省下达的天然林停伐管护补助、森林生态效益补偿补助等林业项目专项资金，一些贫困县形式上虽然纳入统筹整合，但实际上仍然按原渠道使用。这样的结果使一些资金无法进入涉农统筹专户。

第二，资金与项目的对接机制还未理顺。调研中发现，一些深度贫困县在精准扶贫项目库建设管理方面比较薄弱，导致在制定扶贫资金统筹整合方案时比较虚化缺乏引导性，使统筹整合财政资金用于精准扶贫实施过程中资金与项目对接契合度不高，实施进度及效果与预期工作目标相差甚远。

2. 产业扶贫项目后续监管和服务机制不健全

项目具有周期性，从项目规划编制、招投标、立项、审批、组织实施、竣工验收等各环节都具有各自的周期。产业扶贫项目也是如此，但产业扶贫项目比一般项目面临的“沉没成本”更高，这是因为即使一个产业扶贫项目从论证到竣工验收各阶段都十分顺畅，而如果后续维持和经营不善，也可能会导致一些项目运行一段时间后不得不荒废闲置起来，最终使该项目前功尽弃，既完不成脱贫任务，又造成资源浪费，还可能破坏农户的生计系统，造成一些农户返贫。因此，需要建立和完善后续监管机制来使产业扶贫项目更好地维持和经营。这也是产业扶贫项目与一般项目的主要区别。调研中发现，目前河北省一些深度贫困地区产业扶贫项目后续监管机制不健全，主要表现在以下两方面。

第一，项目后续配套资金和配套服务对接机制运行不畅甚至缺乏。一般来说，项目都具有明确的起止日期，上级资金仅保证项目的建设，而维持和经营则由地方负责，但地方政府财政羸弱，往往拿不出这笔钱用于扶贫项目后续的资金跟进和配套服务。也就是说，经中央、省统筹的扶贫资金经市财政部门和县财政部门逐级拨付到乡镇和贫困村，只保证项目的建设，不负责项目后续的维持和经营，如果还需要资金，乡镇政府和村集体只能另想办法。对于这种窘境，乡镇政府和村集体往往“束手无策”。以河北省一个深度贫困村大棚产业扶贫项目为例，该村大棚建设十分顺利，初期项目运行也十分理想，然而一年后发现大部分大棚的过滤系统、棉被与棚膜、灌溉的主管道和毛管等设备都需要更换，而且一些蔬菜受到冻害招致损失，急需专业的农业技术人员予以指导。但是该项目早在两年前就已竣工验收，这笔资金只能村集体想办法。后来驻村工作队、乡镇政府与县级相关政府部门沟通协商，也找不到解决资金不足的办法，因此一些大棚不得不闲置起来。

第二，相关政府部门只负责农产品项目的培育，不重视或无能力稳定解决产品的产销对接。为帮助贫困地区脱贫，近些年河北省一些深度贫困村在有关政府部门和驻村工作队的组织下，种植了小米、土豆、玉米、萝卜、蘑菇等一些绿色生态产品。虽然农产品喜获丰收，但销售却是一个“老大难”问题。其中既有区域产品同质化的问题，又有农产品产销对接机制不完善的原因。不少地方上级只负责产品项目投资，却忽略了项目的后续销售服务，或者无法持续稳定解决农产品的市场销售，导致一些产业扶贫项目不甚理想甚至失败。比如，2017年围场满族蒙古族自治县一些深度贫困村上百万斤土豆、阜平县一些深度贫困村4000斤纯天然石滩地木耳就出现过滞销。还有一些贫困地区，农产品销售有的年份好，有的年份不好，销售的稳定性较差。这些都会影响贫困户稳定脱贫，甚至可能导致一部分农户返贫。产业扶贫项目运行起来之后，如何优先稳定地解决深度贫困地区农产品的销售问题不仅仅是村集体和驻村工作队的事情，也是各级政府值得认真探讨的事情。

总体来看，当前河北省一些深度贫困地区不少产业扶贫项目“虎头蛇尾”，即项目投资建设之初很热闹，但项目运行之时却很冷清，这主要是后续监管和服务机制不健全所致。

3. 京津冀区域横向生态补偿机制建设仍未有实质性进展

长期以来，河北省燕山—太行山深度贫困片区与京津之间并未建立起一套成熟的生态补偿机制，各种因素叠加导致该片区经济社会发展落后，贫困发生率高。近几年河北省在燕山—太行山深度贫困片区进行了生态扶贫①，从实施效果看，一些贫困户实现了脱贫。比如在围场满族蒙古族自治县一些深度贫困村，贫困户可担任周边山上树木防火护林员，每天抽出时间上山巡视，每年可领取7600元。在上山巡视之余，有的贫困户可以务农，自己经营几亩地，种植土豆、玉米，有的则出卖体力帮周边地区人家种植庄稼（这部分贫困户把土地流转出去，每年还能获得500元/亩的租金）。无论是种地、土地流转，还是出卖体力，贫困户都能获得一些收入。再加上参加防火护林工作获得的7600元，贫困户每年至少能获得1万元的收入②。贫困户非常看重参与生态扶贫项目获得的收入，也非常乐意参与。

但在调研过程中，不少贫困户表达了一些担忧：生态扶贫政策能否一直

① 从调研掌握的情况看，河北省一些深度贫困地区组织了多种类型的扶贫项目，生态扶贫项目就是其中一种，由于扶贫资源和项目有限，一般情况下贫困户若选择参与生态扶贫项目，就不能再参与其他扶贫项目。

② 河北省坝上地区霜冻期较长，一般情况下每年10月至次年3月农户无法从事农业生产活动。调研发现：每年10月至次年3月农户包括贫困户几乎都待在家中过冬，很少外出务工。如何利用这段时间使贫困户参与工作，延长他们的工作时间，对于实现他们稳定脱贫具有很重要的意义。这个课题值得各级政府深入思考。

延续，上山防护项目能持续多久，以后如果没有生态补偿收入，怎么办？这些担忧的背后实质是河北省的生态补偿收入能否持久、稳定。而其中的关键是京津冀区域横向生态补偿机制的建立和完善。从现实看，这些贫困户的担忧不无道理，因为目前河北省生态补偿收入主要来源于中央财政，即纵向转移支付，以及河北省财政支持，北京、天津的财政支持较少。以张家口市的生态补偿为例，2001～2015 年张家口市风沙源防治、退耕还林还草等重点工程投资额达 30.47 亿元，其中，中央财政资金达 27.56 亿元，占总投资的 90.4%；地方（河北省和张家口市）财政资金达 2.91 亿元，占总投资的 9.6%。[①] 北京和天津对张家口市的横向财政转移支付以项目为主，缺乏稳定的长效机制。目前中央的纵向财政转移支付远不能适应河北省燕山—太行山部分贫困地区新一轮退耕还林还草的建设任务，补偿标准远低于生态建设项目的运营成本和对当地造成的经济损失。京津冀协同发展四年以来，虽然在生态协同发展方面取得了一些成绩，但目前来看，京津冀三地区域横向生态补偿机制的建设还未破题。如何加快京津冀区域横向生态补偿机制的建设，不仅关系到三地生态环境建设和保护，而且关系到河北省生态扶贫的成效和可持续性。因此，要尽快建立和完善京津冀区域横向生态补偿机制。

三　河北省深度贫困地区稳定脱贫的解困思路和措施

（一）着力化解扶贫领域中的各种预期问题

1. 驻村工作队树立良好的预期

由于驻村工作队受定势思维预期的影响，他们需要树立良好的预期。贫困户的致贫因素是什么就是什么，需要什么就是什么，贫困程度有多重就有多重，驻村工作队要实事求是地做出预期，不能戴着有色眼镜、先入为主进

---

① 祝尔娟、潘鹏：《对完善京津冀生态补偿机制的理论思考与政策建议》，《改革与战略》2018 年第 2 期。

行扶贫。驻村工作队要克服受定势思维不良预期的影响，要充分发挥村“两委”班子的战斗堡垒作用，在扶贫前要数次深入农村和贫困户家中，与贫困户打成一片，掌握充分完整的第一手信息，包括贫困户的致贫因素、贫困程度、脱贫需求等，然后对症下药，做出本村最好的扶贫规划、计划或方案。驻村工作队在扶贫过程中使其紧紧围绕良好的预期厘定的工作主线不断推进，抓住扶贫开发中的主要矛盾和关键问题，整合扶贫资源，把所有资源都投入农村扶贫开发事业中。

2. 帮助贫困户形成正确的预期

要帮助贫困户树立不仅能脱贫还能稳定脱贫的预期。政府要建立稳定脱贫的长效机制，做好扶贫项目完工后的后续配套服务和跟踪服务。要让贫困户预期，即便驻村工作队今后撤离他们也不会返贫。总之，驻村工作队要利用心理沟通、语言交流等形式使贫困户主动投入农村扶贫开发的事业中，帮助贫困户形成正确的预期，这样才能更好更快地推进扶贫工作。

3. 引导企业降低“政策性负担”的预期

引导企业不能因为农村扶贫项目中可能出现的“政策性负担”而不参与扶贫工作。毕竟有些“政策性负担”是历史遗留产物，也与当前的行政体制、投资机制等障碍有关。企业要积极和当地政府沟通协商，避免因噎废食。各级政府也要尽可能地减轻甚至消除扶贫项目中的各种“政策性负担”，确保地方配套资金到位，打消企业投资的后顾之忧。

（二）加快破解扶贫领域中的各种制度性障碍

1. 创新涉农资金整合机制

第一，完善涉农资金管理制度。充分考虑中央关于涉农资金统筹整合的要求，对目前河北省相关涉农资金管理制度进行清理、修订，尽可能做到每一项涉农资金对应相应的资金管理办法。改革专项资金考核办法，避免资金绩效考核仍按原申报项目进行验收及评价，也要避免资金绩效考核出现“真空”。同时，省级相关部门要加强现行各项管理制度的衔接，指导贫困县所在设区市制定与中央涉农资金相对应的管理细则。

第二，加强扶贫资金和项目的有效对接。加大对深度贫困县倾斜支持力度，赋予深度贫困县统筹使用涉农资金和相机施策的自主权。探索建立资金、项目、招投标、管理、责任“五到贫困县”的县级资源整合机制，加强精准扶贫项目库建设，制定切实可行的年度整合实施方案，明确整合资金来源渠道、使用平台、资金额度、项目内容、建设进度、责任单位等，从而提高统筹整合财政资金用于精准扶贫实施过程中资金与项目对接契合度。

2. 健全产业扶贫项目后续监管和服务机制

第一，建立和完善产业扶贫项目后续维持和经营监管机制。鉴于产业扶贫项目的帮扶性质，要加大对项目的事后管理。一方面，县级政府相关部门要定期和不定期对一些项目的经营情况进行督查，发现问题及时解决；另一方面，建立县扶贫办与乡镇有关部门的联络机制，对乡镇政府反映的一些项目经营问题，县扶贫办要积极与发改、农业、财政等相关主管部门协商解决。

第二，创新项目管理机制。针对项目后期可能出现的配套资金短缺问题，可再组织追加一个项目（本文把这些项目称为“配套项目”），有两种方案可供实施。一是县级扶贫资金每年预留5%，或者把本年度一些项目竣工验收后未用完的资金集中起来，随时用于那些没有纳入县级扶贫项目储备库的配套项目。二是把配套项目纳入县级扶贫项目储备库，第二年优先立项提报。这两种方案各有优缺点：第一种更灵活，但可能面临资金不足的难题；第二种方案可确保项目拿到足额的资金，但由于要等到第二年，需要消耗更多的时间，可能面临先前项目配套资金不足而暂停的风险。笔者认为，这两种方案可同时实施。当然，这些配套项目的管理办法与一般的扶贫项目一样。

第三，建立贫困地区农产品产销对接的长效机制。各级政府要充分认识到深度贫困地区农产品产销对接工作的重要意义，不能仅仅帮助贫困户把农产品产得好，还要卖得好，也不能一年卖得好一年卖不掉，要实现年年畅销。要开设深度贫困地区农产品出村的“直通车”，比如在农产品批发市场、电商平台设立深度贫困地区农产品销售专柜。总之，通过搭建对接平台，构建产销稳定衔接机制，助力贫困户稳定脱贫。

3. 建立京津冀区域横向生态补偿机制

第一，利用“雄安新区”这块金字招牌争取取得中央政府在建立京津冀区域横向生态补偿机制上的支持。京津冀协同发展以来，京津冀区域横向生态补偿机制建设缓慢。河北省可另辟蹊径，抓住规划建设雄安新区的历史性机遇，争取取得中央政府的支持。因为在雄安新区的规划中，一个发展定位是打造绿色生态宜居新城，也就是说雄安新区在规划建设中，生态环境保护和建设将放在极其重要的地位，这是我国城市规划建设过程中前所未有的，而且雄安新区将成为我国生态环境保护和建设的标杆。2017年以来，雄安新区周边的一些污染企业关停转迁，白洋淀修复治理、千年修林、唐河污水库治理等一批生态工程正式启动，有些项目已完工。这些工程都表明雄安新区打造绿色生态宜居新城的决心。但是雄安新区的生态环境保护和建设，仅靠雄安新区自身是远远不够的，还必须抓好雄安新区上游地区和周边地区，主要是河北省燕山—太行山片区。从这个角度上讲，河北省燕山—太行山片区生态环境的修复和保护关系到雄安新区未来的绿色生态发展。但河北省燕山—太行山片区的生态修复和建设工程量很大，只靠中央财政和河北省财政支持简直是“杯水车薪”，需要北京和天津两地受益方的大力参与。参与的关键是建立三地横向生态补偿机制，其中破局的关键是中央政府的支持，而要取得中央政府的支持，可在雄安新区上下足功夫。

第二，建立一套三地横向生态补偿长效机制。在横向补偿方面，地方政府应遵循“谁受益、谁付费”原则，尽快建立和完善政府间横向财政转移支付制度，可采取政策补偿、技术补偿、资金补偿（包括财政补贴、财政转移支付）、项目补偿、智力补偿及对口支援等方式，对环境保护政策实施所形成的增支减收给予合理补偿。在生态补偿计算标准方面，要综合考虑投入成本、机会成本、沉没成本和服务质量，确定生态补偿标准，补偿标准要能够提高农户包括一些贫困户对生态建设和维护的积极性，使生态扶贫具有可持续性。

参考文献

狄金华：《政策性负担、信息督查与逆向软预算约束》，《社会学研究》2015 年第 6 期。

《国务院办公厅关于支持贫困县开展统筹整合使用财政涉农资金试点的意见》，http：//www.mof.gov.cn/zhengwuxinxi/zhengcefabu/201604/t20160425_1963571.htm。

B.10

乡村振兴背景下的乡村发展与规划应对

张守利　冯　铎　张　浩*

摘　要：　乡村地区的发展一直是关注的焦点，乡村振兴战略的提出进一步明确了其发展方向和路径。乡村规划首先要实现从城市思维到乡村思维的转向，以实现乡村发展为主要目的，深刻理解乡村运行的机理，诊治“乡村病”，先宏观布局后中微观规划，注重多规合一，尤其注重公众参与，充分发挥乡村规划对引导乡村发展和乡村建设的重要作用。

关键词：　乡村振兴　乡村发展　乡村规划

一　引言

《中华人民共和国城乡规划法》明确了乡村规划作为法定规划的地位，《镇（乡）域规划导则（试行）》等法规提供了基本指导。各地方也出台了一系列乡村规划的法律法规和技术导则，取得了一系列实践成果，但同时也存在如重技术轻管理、先进理念与落地脱节等一些问题。党的十九大报告首次提出“实施乡村振兴战略”，《中共中央国务院关于实施乡村振兴战略的意见》同样对乡村规划提出了新的要求，本文试图对在乡村振兴背景下，乡村规划的应对以及如何发挥综合作用进行探索。

* 张守利，河北省城乡规划编制研究中心工程师；冯铎，河北和腾城乡规划设计有限责任公司工程师；张浩，河北省城乡规划编制研究中心工程师。

二 “三农”政策历史演变和规划变迁

改革开放初期，党中央就开始关注农村改革和农业发展，自2004年至2018年，中央一号文件更是连续15年聚焦“三农”问题，关注的焦点主要包括农业基础设施建设和农业现代化、科技创新与制度改革、社会主义新农村建设、供给侧结构性改革，详见表1。

表1 历年中央一号文件梳理情况

年份	聚焦重点	年份	聚焦重点
1982～1986	农业经济、家庭联产承包责任制	2011	水利改革发展
2004	农民增收	2012	农业科技创新、增强农产品供给保障能力
2005	提高农业综合生产能力	2013	发展现代农业、增强农村发展活力
2006	社会主义新农村建设	2014	农村改革、推进农业现代化
2007	现代农业、社会主义新农村建设	2015	改革创新、加快农业现代化
2008	农业基础设施建设、农业发展、农民增收	2016	农业现代化、实现全面小康
2009	农业稳定发展、农民增收	2017	供给侧结构性改革、培育发展新动能
2010	城乡统筹发展	2018	乡村振兴

中华人民共和国成立以来，我国进行了多次乡村规划建设工作，主要包括以下几个阶段。

第一阶段是在20世纪50～70年代，重点开展了人民公社规划建设工作，主要包括平田整方、拆旧村建新村等。乡村规划理论思想依附在国家社会主义建设的统一框架中。

第二阶段是在20世纪80～90年代，重点开展了村镇规划建设。1978年家庭联产承包责任制实施以后，农村经济开始好转，农村出现建房高潮，村镇规划工作开始受到重视，专门的机构和人员管理开始出现，旧村改造成为主要形式。随着“小城镇、大战略”的提出，小城镇规划和建设也成为研究热点。

第三阶段为21世纪初以来的乡村规划建设。2005年，十六届五中全会提出“建设社会主义新农村”以后，各地进行了一系列乡村规划建设实践，其中大部分仍以政府为主导，但社会多方参与的程度有所提高。以河北省为例，先后进行了村庄整治规划、村庄面貌改造提升规划和美丽乡村建设规划等，规划的内容也从简单趋向于综合化①。

三　规划思维转向——从城市到乡村

（一）乡村与城市

乡村与城市同为居民点，但在物质和产业构成、规模、景观、职能、生活方式等方面存在很大不同（城市地理）。具体看，乡村相对于城市来说，功能相对单一，人口规模较小、分布较为分散；类型多样、差异明显；内生型生长为主，自组织能力较强；对自然因素的依赖性较强，人文因素如血缘、地缘等对乡村的影响力较大。乡村绝大多数是历史的产物，差异性较大，乡村选址多是人类趋利避害的产物，空间布局也是在对某种功能的适应下形成的，如北方出于军事防御的需要，村庄布局较为方正，南方则多随自然地势而变化，布局形式较为多样②。

（二）乡村发展要素及运行机理

（1）乡村聚落。乡村聚落规划是乡村规划的核心。空间布局形态方面：一是聚落的平面形态，住宅较为集中的为集村，较为分散的为散村；二是空间组合形态，主要是子母型、集块型、主轴型和均衡型等，反映聚落的空间结构及相关关系。乡村规划主要根据聚落的空间布局形态，在尊重聚落空间环境和整体形态基础上，科学确定乡村发展方向，优化乡村环境，合理配置

① 同济大学城市规划系乡村规划教学研究课题组：《乡村规划－规划设计方法与2013年度同济大学教训实践》，中国建筑工业出版社，2014。

② 许学强：《城市地理学》，高等教育出版社，2006。

公共设施①。

民居是聚落中最重要的构成部分，是与当地自然环境相协调的，在建筑材料、屋顶形式、构筑形式、屋宇组合形态、宅内间隔和布置方面充分体现了当地的生产生活习惯和文化特征。乡村规划要发挥农民的主体作用，处理好传统保护与时代变化的关系，既要避免装饰性的“穿靴戴帽”，又要避免盲目复古，打造具有历史记忆、适应现代要求的乡村特色空间。

乡村规划中，基础设施和公共服务设施要因地、因类建设，最终实现基本公共服务均等化的目标。宏观上，构建基本合理的县-镇-村公共服务层级体系，处理好乡村聚落密度低、人口流失与公共服务人口门槛的关系，解决乡村弱势群体面临的服务剥夺问题。具体到乡村，对于人口流出型村庄，以改善与提升生活环境质量为主，如建筑整治、垃圾处理等；对于人口流入型村庄，除改善生活环境外，需满足人口对于教育、医疗等公共设施的需求，同时注重提升垃圾、污水等处理设施的能力。②

乡村道路具有交通、构建村庄结构、布置基础设施等多方面功能。道路应按照村庄地势形态，选择一字形、并列形、鱼骨形、网格形、自由形等布局形式，道路承担的交通量小，道路断面宜以一块板为主；道路延伸至每家每户，多为尽端式。铺装应按照道路功能的不同而有所区别，主干路宜采用硬质材料为主的路面，支路、宅前路可根据实际情况采用乡土化和生态型为主的铺设材料。

（2）土地利用。村落包含居民点及其所属的周围土地，周围没有自己土地的居民点，就不能称之为乡村，以农业为主的生产方式决定了农业用地是乡村地域的主体。目前，开展城乡建设用地增减挂钩，惠农政策实质变为“项庄舞剑，意在沛公”，带有明显的支持城市的倾向③。耕地占补平衡容易

---

① 金其铭：《乡村地理学》，江苏教育出版社，1990。

② 房艳刚：《乡村规划：管理乡村变化的挑战》，《城市规划》2017年第2期。

③ 张京祥、申明锐、赵晨：《乡村复兴：生产主义和后生产主义下的中国乡村转型》，《国际城市规划》2014年第5期。

导致对生态系统的过度侵占，笔者所在的北方一个村庄坑塘被整治为耕地，就是例证。安徽省金寨县开展的宅基地复垦腾退建设用地指标在省内有偿使用、建立宅基地集约利用激励机制、捆绑叠加宅基地退出与异地扶贫政策引导农户自愿退出宅基地并易地搬迁3项试点任务作为第一批国家新型城镇化综合试点经验向全国推广。由此，完善宅基地流转和退出机制，可能更有利于保护耕地。农业用地是乡村经济的基础，承担着保障国家粮食安全的根本任务，乡村规划要处理好发展特色农业、农业旅游等与基本农田保护规划的关系。此外，乡村发挥区域生态环境重要本底功能，要求规划整合生态要素，优化生态体系。

（3）乡村经济。诺贝尔经济学奖获得者缪尔达尔曾说："经济发展长期斗争的成败取决于农业部门。"对于乡村来说，经济发展是其内生动力，对于乡村规划来说，良好的经济基础是乡村物质空间规划实施的重要保障。

值得注意的是，就近兼业、离土不离乡成为不少地区农民就业的主流。以河北省为例，2017年，全省农民非农就业比重超过50%，全省农村居民人均可支配收入中工资性收入超过50%，2012年在本乡镇内企业中劳动所得收入达到26.1%，超过了外出从业收入，说明大量农民在本乡镇内即可实现非农就业转化。便利的交通条件以及农作物的种植特点还决定了河北大量农民选择在农业与非农业之间兼业的就业形式，选择就近打工成为河北农村地区的普遍现象。① 乡村可通过完善基础设施配套，发展农产品深加工，适当发展劳动密集型产业，但要做好产业选择，避免"村村点火、户户冒烟"。

（4）乡村文化与景观。乡村社会同质性强，乡村文化反映了更多的传统特征，显示着人与自然的密切联系，保存了大量的民族传统文化，但乡村文化的吸引力在衰减。乡村规划要注重保护与弘扬乡土文化，使乡村文化与

① 河北省城镇化领导小组办公室：《2015年河北省城镇化发展报告》，河北人民出版社，2015。

民居等物质载体相结合、与手工业等产业发展相结合。乡村景观规划要以自然基底为基础，突出房屋建筑等具象质料，重视风俗习惯等非具象质料，构建积极向上的乡村氛围。具体的景观设计中，应尽量防止城市视角的建设性破坏，避免“千村一面”。

（5）体制机制。村民自治是农村基层治理制度，包括土地等生产资料在内的集体所有制是乡村基本的经济制度，乡村的规划和实施离不开这两个前提。乡村规划更应注重基层的力量，在与村民进行深入沟通协调和明晰土地产权的基础上，对乡村建设行为进行规划管理和引导。在尊重历史和满足村民基本需求的情况下，在国家规定的指标范围内，合理确定乡村近期和远期建设指标。

（三）乡村规划与城市规划

《中华人民共和国城乡规划法》要求“乡规划、村庄规划应当从农村实际出发，尊重村民意愿，体现地方和农村特色”。乡村的独特性要求乡村规划尊重差异性，以符合地方实际、因地制宜为原则，重视自然因素尤其是人文因素对乡村的影响，规划方式上以村民为主体、鼓励自下而上的村民参与；注重物质生活空间、生活方式与生产空间、生产方式的协同，尊重乡村现有格局和尺度，保护乡村特色、弘扬乡土文化，重视在乡村现有基础上改造提升。在规划方法上，如城市规划中的“功能分区”在很大程度上就不适用于乡村规划。此外，乡村居民文化素质低于城市居民，乡村规划建设管理机构不健全，乡村规划成果不宜太过庞杂，规划应较为通俗易懂，将规划主要内容纳入村规民约有利于规划的实施。

四　规划的问题导向——诊治“乡村病”

改革开放以来，在工业化、城镇化迅速推进的背景下，原先封闭、半封闭的自给自足的农村社区在经济结构、社会关系等领域发生了全面的变化。[①] 乡村规划要立足于乡村振兴的大背景，发挥乡村规划的引领作用，针对不同区域背景、不同发展态势的乡村制定差异化的发展策略，探索激活乡村存量土地规划和利用的新方法，推进人口与社会保障、土地、乡村规划与管理体系、行政和财政政策等乡村政策与体制机制改革，提高乡村规划解决农村问题的能力。[②]

五　规划的体系构建——从宏观到中微观

《中华人民共和国城乡规划法》确立了乡村规划的法定地位，《县域村镇体系规划编制暂行办法》提出了编制村镇体系规划的要求，部分省份业已开展了覆盖全域的县市域城乡总体规划，但现行规划编制体系是以城镇规划为基础的结构，只有点没有面，缺乏对乡村地域功能的有效管控机制，重村庄建设规划而轻体系规划，上位的镇村体系规划难以对下位的乡村规划产生有效指导。在规划管控体系建设上，乡村地区的建设管理法规体系严重缺位，面对量大分散的乡村建设行为、风貌管控，怎样的规划管理方式更行之有效，都需要结合地方实践加以研究。[③] 横向看，乡村是实现“多规合一”的理想单元，但现行乡村规划与国民经济社会发展规划、土地利用规划、生态规划等衔接不足。构建从宏观到中微观的乡村规划体系，实现乡村规划的“多规合一”是未来趋势。

六　公众参与和自下而上的乡村规划

乡村规划的重点在乡村地区，关注主体为农民，规划的空间为集体所有

① 陈晓华、张小林、马远军：《快速城市化背景下我国乡村的空间转型》，《南京师大学报》（自然科学版）2008 年第 1 期。

② 罗小龙、许骁：《“十三五”时期乡村转型发展与规划应对》，《城市规划》2015 年第 3 期。

③ 孙莹、张尚武：《我国乡村规划研究评述与展望》，《城市规划学刊》2017 年第 4 期。

制下的土地，管理机制为村民自治，因而需要更加详尽具体的考虑；农村人口流失、生活环境恶化等问题的解决，就更要关注农民自身意愿，以留住人口、谋求发展。在德国的村庄更新过程中，村民参与贯穿各个环节，对项目完成具有决定性作用。① 而日本造村运动中的公众参与更为彻底，各项建设和规划从发起到实施，几乎都由村民自发进行，政府仅从政策和技术方面提供支持。② 政府的角色应当从传统规划的思维中跳出，从主导者和制定者向扶持者和技术提供者转变，从安排任务、下达指标向促使农民自发寻找目标和诉求转变。③

七 结语

乡村地区的发展一直是关注的焦点，尤其是乡村的农业价值、腹地价值、家园价值在新型城镇化的背景下显得越发重要，④ 乡村振兴战略的提出进一步明确了“产业兴旺、生态宜居、乡风文明、治理有效、生活富裕”的发展方向和路径。⑤ 乡村规划是实现乡村复兴的重要手段，首先要实现从城市思维到乡村思维的转向，以实现乡村复兴的目的导向和诊治“乡村病”的问题导向，深刻理解聚落、土地、经济、文化景观和体制机制等乡村要素及运行的机理，先宏观布局后中微观规划，构建城乡规划衔接体系和乡村规划体系，注重多规合一，尤其注重公众参与，充分发挥乡村规划对引导乡村发展和乡村建设的重要作用。

---

① 常江、朱冬冬、冯姗姗：《德国村庄更新及其对我国新农村建设的借鉴意义》，《建筑学报》2007 年第 11 期。

② 黄立华：《日本新农村建设及其对我国的启示》，《长春大学学报》2008 年第 1 期。

③ 贺贤华、毛熙彦、贺灿飞：《乡村规划的国际经验与实践》，《国际城市规划》2017 年第 5 期。

④ 张京祥、申明锐、赵晨：《乡村复兴：生产主义和后生产主义下的中国乡村转型》，《国际城市规划》2014 年第 5 期。

⑤ 中共中央国务院：《关于实施乡村振兴战略的意见》，2018 年 1 月 2 日。

参考文献

同济大学城市规划系乡村规划教学研究课题组：《乡村规划－规划设计方法与2013年度同济大学教训实践》，中国建筑工业出版社，2014。

许学强：《城市地理学》，高等教育出版社，2006。

金其铭：《乡村地理学》，江苏教育出版社，1990。

房艳刚：《乡村规划：管理乡村变化的挑战》，《城市规划》2017年第2期。

张泉：《村庄规划》，中国建筑工业出版社，2011。

张京祥、申明锐、赵晨：《乡村复兴：生产主义和后生产主义下的中国乡村转型》，《国际城市规划》2014年第5期。

梅耀林、许珊珊、杨浩：《实用性乡村规划的编制思路与实践》，《规划师》2016年第1期。

河北省城镇化领导小组办公室：《2015年河北省城镇化发展报告》，河北人民出版社，2015。

中共中央国务院：《国家新型城镇化规划（2014－2020年）》，2013年3月16日。

陈晓华、张小林、马远军：《快速城市化背景下我国乡村的空间转型》，《南京师大学报》（自然科学版）2008年第1期。

刘彦随：《中国新农村建设地理论》，科学出版社，2011。

罗小龙、许骁：《“十三五”时期乡村转型发展与规划应对》，《城市规划》2015年第3期。

孙莹、张尚武：《我国乡村规划研究评述与展望》，《城市规划学刊》2017年第4期。

常江、朱冬冬、冯姗姗：《德国村庄更新及其对我国新农村建设的借鉴意义》，《建筑学报》2007年第11期。

黄立华：《日本新农村建设及其对我国的启示》，《长春大学学报》2008年第1期。

贺贤华、毛熙彦、贺灿飞：《乡村规划的国际经验与实践》，《国际城市规划》2017年第5期。

中共中央国务院：《关于实施乡村振兴战略的意见》，2018年1月2日。

B.11

太行山传统村落保护和更新的基本思路

侯建华*

摘　要： 太行山区是河北省传统村落分布最为集中的地区，聚集了全省大部分传统村落，由南到北在河北省西部形成了一条传统村落带。但由于太行山区自然、经济条件限制，很多传统村落深陷保护和发展的矛盾之中，面临衰败、空心化、自建性破坏及过度开发等问题，太行山传统村落亟须加大保护力度，并在此基础上进行适度更新，以实现传统村落的可持续发展。

关键词： 太行山　传统村落　保护　更新

传统村落是传统农耕文明留下的宝贵遗产，凝聚着劳动人民的生产生活智慧，是中国传统文化的主要载体，寄托着现代社会的“乡愁”。河北太行山区传统村落资源丰富、地方特色突出，是河北极具代表性的文化遗产。虽然近几年传统村落保护力度不断加大，部分传统村落活化利用程度较高，但在当今城镇化快速推进的大背景下，传统村落的“空心化”、过度开发等问题仍不同程度存在，如何保护传统村落并进行适度更新，留住我们的“乡愁”，值得我们深入思考和探讨。

一　河北太行山区传统村落基本状况

传统村落，是指村落形成较早，拥有较丰富的传统资源，现存比较完

* 侯建华，河北省社会科学院社会发展研究所副研究员，研究方向为社会政策。

整，具有较高历史、文化、科学、艺术、社会、经济价值的村落。[①] 传统村落是承载着历史变迁的文化遗存，拥有大量物质和非物质文化遗产，代表着地方历史经济社会发展水平和民俗文化，人们对传统村落的关注和认识已超越了那些或精美或粗犷的物质性历史遗存，更为关注其背后所蕴含的丰富文化内涵，传统村落保护也已经形成政府、社会等多方力量的共识。

1. 太行山传统村落分布

2012 年，为全面掌握我国传统村落数量、种类、分布及生存状态等情况，住房和城乡建设部、文化部、国家文物局和财政部四个部门联合发出通知，在全国范围内部署传统村落调查工作。2012 ~ 2016 年，先后有 4 批 4153 个具有重要保护价值的村落，入选中国传统村落名录。河北省有 145 个村落列入中国传统村落名录（其中第 1 批入选 32 个，第 2 批入选 7 个，第 3 批入选 18 个，第 4 批入选 88 个），这些村落主要分布在邯郸、邢台、石家庄、保定、张家口等地区，其中位于太行山区的村落数量达到 90 个（见表 1），占河北省传统村落的 60% 以上。这些被列入名录的传统村落，具有三个共同特征：一是生态好景观美；二是古建筑保存比较完整；三是非物质文化遗产传承利用较好。

表 1　河北太行山区传统村落分布情况

单位：个

设区市	县、市、区	传统村落数量
邯郸	涉县	10
	磁县	9
	武安市	9
	峰峰矿区	3
邢台	沙河市	16
	内丘县	1
	邢台县	1

① 住房和城乡建设部、文化部、国家文物局、财政部：《关于开展传统村落调查的通知》。

续表

设区市	县、市、区	传统村落数量
石家庄	井陉县	31
	平山县	4
	鹿泉区	2
	赞皇县	1
保定	顺平县	2
	涞水县	1

太行山区丰富的地表水、适宜的气候、相对封闭的生活环境，为传统村落的形成创造了条件，除列入名录的村庄外，太行山区还散落着大批各具特色又有保护价值的村落。以井陉县为例，该县现存的传统村落中，千年以上的73个，500～1000年的110个，300～500年的70多个，形成了颇具规模的传统村落群。类似传统村落资源丰富，可以形成一定规模的传统村落群的还有邢台沙河、邯郸涉县和武安等地，这些点、片结合的分布状态，在河北西部从南到北形成了独具地域特色的太行山传统村落带。

2. 太行山传统村落类型

太行山传统村落大多历史悠久，其中不乏几百年甚至上千年历史又保存完整的古村落，流传下来的古树、古井、古民居、古建筑、传统民俗、民间艺术等资源非常丰富，这为我们深入研究传统村落，并进行分类保护提供了重要依据。目前学术界尚没有形成对传统村落的权威分类体系，限于村落资料收集有限及传统村落本身所具有的多样性，我们仅选择其中最具代表性的文化资源作为分类依据。太行山传统村落大致可以分为官商大院型、传统民居型、特殊功能型、民俗文化型、红色文化型几种类型。

官商大院型。这类村落历史上曾出过富商或高官，留下了建筑精美、规模巨大的庄园大院。比较有代表性的有井陉的大梁江村、顺平的南腰山村等。大梁江村“武举人”的“一宅九院”，进一道门，可以走遍九重院落，院中有院，院里有楼，楼上有楼，楼顶有院，楼能通楼，院能通院，是一处完整的明清建筑群，有河北的“乔家大院”之称。南腰山村的王家大院、偏城村的刘家寨都是这一类型的典型代表。

传统民居型。这类村落一般位于深山区，建筑材料往往就地取材，建筑形式易于起居，不易损坏。典型的有井陉于家村、涉县王金庄等。于家村被誉为“石头村”，村内石楼石阁、石房石院、石桌石凳、石磨石碾、石桥石栏众多，是一个独具地域特色的石头建筑群。

特殊功能型。这类村落由于特殊功能的需要，比如防御，形成了特殊的村落布局。沙河王硇村就是典型代表。王硇村是由王氏先祖兴建，当时由于护送的朝廷贡品被劫，为躲避官兵搜捕而建，村内院落之间通过明门暗道相连，院院相连，户户相通，村落的路口建有门楼，门楼上建设了起监护作用的耳房，整个村落就像一个迷宫，是一个完整的防御体系。

民俗文化型。这类村落拥有极具特色的地方民俗、民间艺术或节日传统等特色民俗文化。比较有代表性的主要有沙河樊下曹村、武安固义村、内丘神头村等。樊下曹村有大量的传统建筑和丰富多彩的民俗文化，如北方不常见的傩戏种类“拉死鬼”，跑驴、竹马、旱船、火伞、扇鼓等民间艺术活动，“烤七笼火”“闹十七”等宗教民俗文化，二月初五的“庙会”、五月二十七日的黑爷庙会等节庆文化。

红色文化型。太行山区曾经是革命战争和解放战争时期的部队驻地，八路军 129 师司令部所在地在涉县、晋察冀军区司令部所在地在阜平县、中共中央所在地在平山县，太行山区为解放战争做出巨大贡献，也形成了多彩的红色文化。比较有代表性的传统村落主要有涉县赤岸村、磁县花驼村等。赤岸村是八路军 129 师司令部旧址所在地，晋冀鲁豫边区政府、新华日报社等多个党政机关都曾长期驻扎在那里，从赤岸走出了 2 位元帅、360 多位将军，被誉为“中国第二代领导核心的摇篮”，是红色文化的典型代表。

二　太行山传统村落保护更新中存在的问题

近年来，传统村落的保护受到了政府和社会的关注，但由于自然侵蚀或对传统村落文化价值认识不足，保护不到位、过度开发等原因造成的传统村落格局风貌或人文景观被破坏的现象仍然存在，许多传统村落不断衰败甚至趋于消亡，一些非物质文化遗产、民俗文化也面临传承困难。太行山区是集中连片贫困带，其传统村落既存在这些共性的问题，也面临更为严峻的困境。

1. 年代久远形成的自然衰败和损毁比较严重

据中国村落文化研究中心调查，2004～2010 年，我国传统村落平均每年递减 7.3%，每天消亡 1.6 个。现在经过一些拯救性保护措施，传统村落快速消亡的趋势已经有所缓解，但其自然衰败和损毁问题依然比较突出。太行山区的传统村落很多都有几百年甚至上千年的历史，且多为石头、砖木结构的建筑，容易受到风雨、地震、洪水等自然灾害的侵蚀。太行山区传统村落所处的地理位置一般比较偏远、经济发展水平较低，除了一些村落被列入历史文化名村或传统村落保护名录得到了较好的保护之外，还有大量的传统村落仍然散落在乡间，缺乏应有的重视和保护，面临即将消亡的残酷现实。

2. 无序更新导致自建性破坏普遍

随着社会的发展进步，农民生活水平不断提高，对生活品质的追求也逐渐走高，基础设施匮乏、内部格局不甚合理的老宅已经没有办法完全适应现代人的需求，以“新”代“旧”、以“洋”代“土”、以“今”代“古”的新居成为许多村民的迫切愿望。加上现在农村“一户一宅”的宅基地政策，使“拆旧建新”成了村民的不二选择，因此造成了大量古民居被拆除，传统村落的整体风貌遭到严重破坏。

3. 过度开发导致建设性破坏突出

部分基层政府领导对传统村落保护意义和目标理解出现偏差，出于地方经济发展考虑，赋予了传统村落过多的经济价值，希望通过旅游业带动地方发展和经济增长，“重旅游、轻保护”现象比较普遍。在传统村落建立酒店、停车场、娱乐等现代化设施，或随意改造和拆毁古建筑，或盲目建造一些与原有乡村风格不协调的仿古建筑，这些模式化的旅游开发使乡土建筑和生态环境遭到破坏，传统村落出现同质化倾向，一定程度上削弱了传统村落的原真性，削减了传统村落的魅力和价值。

4.“空心化”严重

一方面，大部分传统村落处于山区，村庄发展以农业为主，村民收入不高，大量青壮年劳动力外出务工经商或转移到城镇居住，导致一些传统村落的“空心化”相当严重，很多传统民居成了空宅，没有了“人气”的滋养，旧宅的衰败速度非常快。另一方面，由于青年人受现代文化影响较深，传统村落对他们来说只是街边的一棵树、一栋老房子，他们认识不到这些遗产遗迹背后的历史价值、艺术价值及其蕴含的文化价值，对当地的地域性传统民俗文化的兴趣渐渐丧失，一些非物质文化遗产传承出现了后继无人的现象，濒临失传。

5.保护资金不足

目前，传统村落的保护资金主要依赖各级政府的财政投入，对列入名录的传统村落，中央财政补贴的资金是300万元，这些投入主要用于道路、排水等基础设施建设和公共建筑的维护，基本上投不到民居的修缮上。文物部门对国保、省保单位有一部分投入，但传统村落争取比较困难。总体上来说，政府的投入相对传统村落保护需要还处在“杯水车薪”的状态。在这样的背景下，一些村落尝试引入市场开发，吸引商业资本对村落进行旅游开发，但由于商业资本的逐利性，很难保证传统村落不会因过度开发而受到损害。虽然各地对传统村落的保护越来越重视，也投入了一些资金，但对区域内分布广、存量大的传统村落来说，没有稳定的资金投入机制和渠道，终究解不了燃眉之急。

三　太行山传统村落保护和更新的基本思路

1.建立太行山传统村落保护名录

在已开展的传统村落调查基础上，按照“应保尽保”的原则，对太行山区传统村落进行全面摸底调查，摸清村落选址和格局、文物、历史建筑、古树、古井、古碑、非物质文化遗产、传统民俗等历史文化资源底数，“一村一档”，完善村落信息，建立传统村落信息数据库。建立太行山传统村落保护名录，对摸排出的传统村落确定等级，进行分类保护。

2. 健全传统村落保护法律法规

目前，国内部分省份已经出台传统村落保护条例，河北省也亟须出台地方性保护条例。进一步明确传统村落的保护范围，除历史建筑、文物等有形文化外，村落周边自然景观、非物质文化遗产、传统民俗文化等也应该纳入保护范围。此外，传统村落的日常管理、修缮维护等都需要有标准和规范可循，管理主体、使用主体、保护责任等都需要进一步明确。还应建立起责任追究机制，对传统村落保护不力造成村落损毁或破坏的部门和领导要承担相应责任。

3. 完善传统村落保护机制

破解“多头”管理困局，建立传统村落保护联席会议制度，各有关部门定期沟通信息、联席会商，形成协同保护合力。建立多元化资金筹措机制，政府在传统村落保护中要发挥主导作用，建立稳定的财政资金投入增长机制，同时适当引导社会资本通过投资、入股、租赁等方式参与传统村落保护，在保证传统村落原真性的前提下进行适度开发。发挥金融、慈善等机构和组织作用，设立传统村落保护基金，通过捐赠、补贴、低息贷款等方式对经济困难的传统建筑产权人保护修缮予以支持。建立人才、技术支撑机制，组织规划、建设、古建修复、历史文化研究学者等组成专家委员会，为传统村落保护、传统文化传承提供智力和技术支持。

4. 设立太行山传统村落保护区

在传统村落资源丰富的井陉、沙河、涉县等地建立传统村落保护区，引领传统村落集群式保护发展。对保护区内传统村落统筹规划、协调管理，共享基础设施、服务设施，引导传统村落实现优势互补、错位发展，避免出现同质化和无序竞争。

5. 避免过度开发

太行山区是集中连片贫困带，区域内大多县市经济发展水平不高，面临脱贫攻坚的艰巨任务，对传统村落进行适度旅游开发，一方面可以增加村民收入，使传统建筑得到更好的保护和修缮，另一方面可以使传统习俗和传统手工业得到复兴，传统村落得到活态利用，保持生机与活力，避免村落出现“空心化”等衰败现象。在传统村落开发中应注重村落空间的完整性，保持建筑、村落及周边环境的整体空间形态和内在关系，避免“插花”混建。要注重村落历史的完整性，保护各个时期的文化特征，避免过分塑造某一特定时期的风貌。注重文化遗产的原真性，禁止过分重建和仿建。注重村民生产生活的真实性，合理控制商业开发，禁止将村民全部迁出。

6. 适度更新和改造传统民居

一些传统民居，因为年代过于久远，已经远远不能满足现代人们的居住需求，为避免因此造成的空置或荒废，就需要对其进行适度更新和完善，满足人们的生活需要。过度保护、机械式地维持原状对传统村落来说未必是一种最好的保护方式，活态传承才是保护的最终目标。保存较好的传统民居，可以维持原有建筑外立面，对其内部空间进行改造，增加现代居住功能空间和生活设施，以满足人们的日常生活需求。保存较差已经破损或坍塌的民居，要进行改建，改建的新建筑要与原有传统建筑风格保持一致，相互协调。

7. 适当更新与完善基础设施和公共服务设施

为完善村落功能，满足居民生活需要，有必要更新与完善传统村落的基础设施和公共服务设施。在不改变村落整体风貌的前提下，可以采用地下综合管沟的形式，统一铺设电力、通信、给水、排水等基础设施管网。增加教育、医疗、卫生、文化等公共服务设施，满足村民基本生活需求。可以利用村内现有传统建筑，通过功能更新，改造成幼儿园、卫生所、居民活动中心、村史馆等公共服务建筑。

8. 更新传统农业产业

传统村落只有具备了一定产业支撑，有了稳定的就业及收入，才能吸引外流的居民回归，增加村落活力，激发内生动力，实现传统村落的可持续发展。太行山传统村落一般以农业经济为主，在对传统村落产业进行更新时，一方面要保留原有农业形态，另一方面，可以结合当地资源、气候、自然景观等实际情况发展农业观光体验、传统手工业、康养休闲等新的业态，使传统村落经济取得进一步发展，吸引当地居民回迁，促进传统村落良性发展。

参考文献

袁雪峰等：《河北太行山区古村落民居的特点及价值》，《邢台职业技术学院学报》2011年第6期。

胡燕等：《传统村落的概念和文化内涵》，《城市发展研究》2014年第1期。

王科等：《基于文化生态理论的古村落旅游开发研究——以河北省太行山区古村落为例》，《衡水学院学报》2017年第1期。

钟晓燕：《传统村落保护中存在的问题与对策》，《天水行政学院学报》2017年第6期。

李志玲：《传统村落保护性发展的路径》，《中国党政干部论坛》2017年第12期。

B.12

太行山区农村新型社区建设经验、问题及应对策略

——以阜平县为例

王立源*

摘　要： 农村新型社区建设既符合国家大政方针，又能够有效解决脱贫和生态问题，从根本上改变农民生产生活方式。阜平县充分利用自身发展基础和外部政策支持，大力推进村庄整合搬迁，全县域建设农村新型社区，探索出了可供借鉴的经验模式。虽然在实际建设中存在一定程度的困难和问题，但不能否认村庄迁并代表了深山区农村发展的一个方向，更好地建设农村新型社区需要科学规划、统筹协调、精细推进。

关键词： 城镇化　村庄迁并　农村新型社区

新型城镇化是历史发展的潮流，符合经济社会发展规律。2017 年河北省的城镇化率是55%，进入城镇化快速发展期，农村新型社区建设是城镇化工作的重要抓手，是以城带乡发展模式的典型体现。通过改善农民的居住条件，配套基础设施和公共服务设施，可以让农民享受与城市人无差别的日常生活。阜平县在太行山区践行“绿水青山就是金山银山”理念，积极探索农村新型社区建设经验，走出了一条欠发达地区脱贫攻坚、绿色发展之路。

---

* 王立源，河北省社会科学院社会发展研究所助理研究员，研究方向为人口城镇化。

一　村庄迁并的现实意义

（一）承载乡村建设的支撑平台

党的十九大提出了乡村振兴战略，2018 年 9 月中共中央、国务院印发了《乡村振兴战略规划（2018～2022 年）》，指出了通过集聚提升、城郊融合、特色保护、搬迁撤并四种方式分类推进乡村发展。村庄迁并和农村新型社区建设是落实乡村发展的实践体现，通过居民点相对集中、农民生活方式的改变，带动农村生产方式变革、基础设施建设优化、基本公共服务配套、生态环境修复，彻底改变农村的落后面貌。

（二）推动脱贫攻坚的有效手段

太行山区农民贫困主要表现在两个方面：一是家庭收入少，二是居住环境差。村庄迁并与新型社区建设就是要通过良好的居住条件和环境，配套完善基础设施和公共服务，发展非农产业吸收农民就业，增加农民经济收入，改善农民生产生活条件，达到“牵一发动全身”的目的。

（三）根本上改变农民的生产生活方式

农村新型社区建设体现了三个集中——人口集中、产业集中、基础设施和公共服务集中，既可以有效利用农村建设资金，也可以从根本上改变农民的生产生沽方式。农村新型社区统一配套基础设施、市政设施、公共服务设施，让农民享受到更好的教育、医疗、就业机会及基础设施等资源，在较短的时间里从生存环境较差的居住地搬迁到较好的居住地，改善了农村人口的居住环境。

（四）有效解决农村生态环境问题

河北在国家战略中承载着建设生态环境支撑区的重要责任，太行山区是生态修复的重点区域，该区域承担着绿化美化、涵养水源，尤其是为下游雄安新区提供洁净水质的任务。由于生产生活条件落后，过度放牧啃食植被，生活垃圾清运不及时，面源污染严重。居民点集中后有利于山区植被恢复、生产生活垃圾处理。

二　阜平县城镇化发展基础条件

（一）资源相对丰富

阜平县位于太行山中北部东麓，两省四市九县交汇处，素有“畿西屏障”之称，总面积2496平方公里，山场面积326万亩，是一个典型的山区大县。森林覆盖率41.07%，植被覆盖率80%，水资源总量4.2亿立方米，人均1850立方米，是河北省人均水资源占有量的8.3倍，拥有革命圣地城南庄、毛主席旧居花山村、晋察冀边区机关驻地史家寨窑洞群。

（二）经济增长明显加快

2015年全县地区生产总值33.5亿元，2016年36.6亿元，增速9.3%，2017年完成地区生产总值42.7亿元，比上年增长8.9%。2015年固定资产投资53.4亿元，2016年64.4亿元，增速20.5%，占25个县（市、区）第1名，2017年完成固定资产投资76.8亿元，比上年增长19.2%。[①] 2017全部财政收入51亿元，同比增长42.1%，财政支出54亿元，同比增长7.4%，规模以上工业企业实现增加值3.4亿元，城乡居民人均可支配收入10768元。[②]

（三）社会事业稳步发展

截至2017年，全县共有中小学142所，义务教育阶段在校生29235人，

① 资料来源于《阜平县统计年鉴（2015）》和《阜平县统计年鉴（2016）》。

② 资料来源于《阜平县国民经济和社会发展统计公报（2017）》。

普通高中1所，在校生3130人，中等职业学校1所，在校生3545人。群众文化馆1个，乡镇文化站13个，公共图书馆1个，藏书6万册。医疗卫生机构22个，卫生技术人员773人，床位829张。参加基本医疗保险人数213942人，参加基本养老保险人数146927人。①

（四）城镇化水平快速提升

"十三五"期间，确定了"1（县城）+6（中心镇）+43（农村中心社区）+37（基层村）+32（特色保留村）"的城乡空间布局，"一心、三带、两片区"的县城空间布局。旧城改造和新区建设同步进行，县城产业和人口聚集能力增强。启动完成旧城D片区、沙河县城段景观、污水处理厂、集中供热系统、阜平中学等基础设施和公共服务设施改造，完善城市功能，提升宜居水平和人口承载力。按照"一区多园、产城融合"发展思路启动阜东产业新区建设，发展先进装备制造、生物医药及健康医疗养生等产业，完善职教中心、中医院迁建及康复养老中心、回迁安置房、阜东二小、东城区路网建设等基础设施和服务配套设施，打造产城融合新城区。2017年全县户籍人口228737人，城镇化率39.01%，② 比上年提高1.42%，全县下辖209个行政村，1208个自然村，其中50户以下自然村831个，占比68.8%。

三　阜平县农村新型社区建设经验及存在问题

（一）进展

（1）规划搬迁力度大。阜平县重点实施了"整合迁并"工程，目的是将有困难（规模建设比较小、难以实现公共基础设施广覆盖）的村庄进行整合，统筹推进"四个建设"（农村整体住房建设、公共服务可及性建设、

① 资料来源于《阜平县国民经济和社会发展统计公报（2017）》。
② 资料来源于《阜平县国民经济和社会发展统计公报（2017）》。

基础设施建设、相关政策内在机制建设）扩大内需来调节产业发展。基于此，保障农村搬迁对象“搬得出、稳得住、有事做、能致富”，为河北省贫困县易地扶贫搬迁树立样本标杆，提供有建设性的参考。阜平县编制城乡总体规划和村庄布点规划，建立“1（县城）+6（中心镇）+43（农村中心社区）+37（基层村）+32（特色保留村）”的城乡空间布局。据统计，全县计划实施迁并整合的村庄共计1092个自然村，4.7万户；其中又包括182个行政村，共计14.4万人。充分利用农村集体建设用地增减挂钩政策摆脱资金困境，加快了农村新型社区建设步伐，已启动的13个乡镇132个行政村迁并整合项目进展顺利。

（2）搬迁项目工程进展快。2016年开始启动易地扶贫搬迁，到2018年，一、二批28个项目点中，交付使用1个楼房安置点，正在装修20个安置点，主体建设4个安置点，基础设施配套3个安置点，计划2018年底全部将钥匙交到搬迁户手中。近期，为完成规划确定的19488户的搬迁任务，新启动了东西二庄、马兰、店房三个项目安置点，已经开工年底完成。余下的15个集中安置项目全部完成规划选址，正在进行住房设计，预计2019年底前交付使用。

（3）配套措施完备。为自愿搬迁至农村新型社区和镇区的搬迁户提供人均使用面积25平方米的住房；首先，实施补贴计划，期限为10年，即每户每平方米发放20元的冬季取暖费；一个月对其补贴发放每平方米1.5元的物业费。其次，每户每人补贴发放安置家用费为0.8万元，其中年龄在50~59周岁视同于准退休人群，以及60周岁以上参加过新农保的农民均给予养老保险的相关补贴。最后，在农村新型社区中还配套建设教育、医疗、生活相关的基础设施，如基础小学、学前幼儿园、社区卫生室等。基于此，以增减挂钩政策作为理论支撑，有效解决了“贫困户搬不起”的问题。通过统筹整合其他政策性资金，制定了就业、养老、教育、医疗和产业扶持等后续的保障措施，确保实现“搬得出、稳得住、能脱贫”的目标。

（二）做法

（1）修编土地利用总体规划保障村庄迁并整合用地需求。根据河北省阜平县进行脱贫攻坚、促进区域发展的需求，在国土资源部大力支持的情况下当地修编土地利用总体规划，对耕地保护、生态保护、城乡建设、基础设施建设、产业发展和脱贫攻坚发展空间做出统筹安排。[①] 2015 年阜平县建设用地总规模为 3. 14 万亩，新增建设用地规模 4. 87 万亩。为了掌握贫困人口和同步搬迁人口的土地家底，对搬迁的贫困村、贫困户进行逐村、逐户调查，在土地利用总体规划修订中事先对集中安置区和分散安置用地做出规划，保证足够的用地空间。同时注意协调土地整治规划与城乡建设一体化规划、新农村建设规划、旅游规划等密切相关的社会发展相关规划关系，结合当地发展实际需要，妥善安排村庄迁并和农村新型社区建设用地。

（2）增减挂钩政策促进易地扶贫搬迁顺利推进。通过土地整治与村庄搬迁相结合的方式推进扶贫开发，验收合格后的损毁建设用地和未利用地可整理开发为新增耕地或园地，用以保证耕地占补平衡。河北省范围内自 2014 年开始允许使用城乡建设用地增减挂钩的节余指标。阜平县地处太行山深处，全县山地面积占 87%，尚未利用地面积 256 万亩，其中 25 度以下供开发利用的土地 52 万亩，当地大量的土地后备资源为土地政策灵活运用、发挥效果提供充足的空间支持。以楼房村为例，全村建档立卡贫困户 119 户，贫困人口 214 人，整合搬迁 8 个自然村所需投资共计 8500 万元，当地通过实施增减挂钩节余建设用地 109 亩，以每亩 60 万元计算，可筹集资金 6540 万元，为当地村中迁并和农村新型社区建设提供有力保障。

（3）村庄搬迁整合助推生态环境优化改善。通过搬迁整合、改造提升和就地城镇化三种方式，打造太行特色的环境美、产业美、精神美、生态美的“四美”乡村。一方面，针对迁出区 25 度以上的坡耕地有计划地推行退耕还林还草政策，积极展开荒山植树造林、林草植被恢复和小流域水环境生态治理活动，从根源上遏制了植被锐减、水土流失等生态环境恶化现象，有效保护和优化了迁出区的生态环境。另一方面，统一对迁入区的资源开发利

---

① 郑子敬：《土地政策支持脱贫攻坚的阜平样本》，《中国国土资源经济》2016 年第 8 期，第 15 ~18 页。

用、生态环境保护和经济发展等进行科学规划、分步实行，在促进迁入区经济社会持续稳健发展的同时也改善了迁入区的生态环境。

（三）存在的困难和突出问题

（1）部分村庄规划有失科学。尽管在全县层面实施了整体规划，但每个村庄迁并和新型社区建设都是单独组织进行的。由于规划单位和等级不同，有一些新型社区在项目选址、空间布局、建筑方案和配套产业等方面存在值得商榷的地方，如有些社区选址过于靠近河道，有些社区迁并村落只是在本行政村范围内，向小城镇和县城集中的程度不够，因此正在建设社区需要完善规划，敢于修正偏差，并不断创造出其他地区可以借鉴的经验。

（2）部分群众搬迁意愿不高。一项符合发展规律的事业，一旦不被群众理解，也会出现各种阻力。绝大部分群众支持农村新型社区建设，同意搬迁，也有部分群众以搬迁后住房空间小、生活不方便、后续就业不明朗、拆迁补偿少等为由拒绝搬迁，导致个别村庄迁并遇到很大阻力。究其原因主要有四个方面：政府宣传解释不够、利益补偿存在缺失、群众参与度不高、集体决策方式欠缺。鉴于此，在宣传群众、教育群众的同时，依靠群众参与、集体决策的方式，更有利于农村新型社区建设。

（3）存在资金链断裂风险。大规模的村庄迁并和新型社区建设，无论如何利用政策资金，客观上都存在资金中断的重大风险。阜平农村新型社区建设资金主要来源于三个方面——易地扶贫搬迁资金、棚户区和农村危房改造资金、贫困县土地占补平衡资金，其中土地占补平衡资金占了78%。一旦建设过程中出现资金问题，就会严重损伤群众利益，也会有损政府在人民群众中的崇高威信。

（4）就业配套尚不健全。农民离开原来的土地进入新型社区，一个最受争议的问题就是就业配套，从目前实际运行情况看，所有的新型社区建设都配套规划了相关产业，目的就是解决进区农民的就业和生活来源问题，但是，由于各个村庄产业基础相差甚远，个别新型社区所配套的产业难以满足就业需要，未来的新型社区成员能否真正实现脱贫本身确实存在一定风险。

（5）政策衔接存在不协调现象。村庄迁并和新型社区建设涉及多个领域，牵涉多项政策，包括人口户籍政策、土地流转政策、用地指标政策、环境保护政策、扶贫政策、财政投入政策以及贫困县土地占补平衡政策等，其中难免有冲突和不协调的政策衔接问题。最为突出的是受土地手续制约，部分村庄迁并整合项目的规划许可、施工许可、消防备案等审批手续尚不完善。

四　应对策略

（一）鼓励推动农村新型社区建设

目前河北省的农村新型社区建设还停留在县级的探索阶段，在全省层面还缺少统一规划指导。省委、省政府应表明态度支持探索行动，由省住建厅牵头，协调相关厅局全面调研，制定全省农村新型社区建设规划。农村新型社区建设是一项整体谋划推动的全局性工作，应将农村新型社区建设和脱贫攻坚、美丽乡村建设、城镇化发展有机结合，统一纳入乡村振兴战略范畴，整合资金、科学谋划。在顾整体、顾大局的总方针下，科学合理地统筹协调，依法依规加快推进农村新型社区建设。

（二）积极推进村庄迁并

以优化镇村空间布局，缓解贫瘠土地人口压力为目标，依据当地村庄的规模、数量、分布，确定全县村庄迁并数量、方向和时间表。对生产生活条件恶劣又压迫生态环境的村庄，实施生态移民、整村搬迁；对人口外迁较多，留守人口不足1/3的村庄因势利导，实施整村搬迁；对于不足20户人家的自然村落，向行政村范围内的主村或大村搬迁。村庄搬迁与新型社区建设、特色镇建设相结合，形成就地集中人口的较大居民点，打造成产业聚集、生态宜居、文化品位鲜明的特色镇。

（三）合理规划社区布局

农村新型社区建设是居民点大的调整，居民点布局应建立在科学的基础上，不能随意。首先，当地政府应该对农村人口迁移流动规律有清晰的认识，在充分调研的基础上，合理确定村庄迁并、人口迁移规模，防止出现刚建成几年的社区成为未来的空心村。其次，应科学选址，选择地域较为开阔、交通条件好、地质灾害少、生态环境优美、生产生活方便的地方建设，不能因为拆迁困难而将就选址。再次，社区内部规划合理，配套教育、医疗、养老、办事大厅等公共服务设施，建筑、街道、公园、雕塑设计应有文化内涵，经得起时间的推敲。最后，房屋设计应考虑到农民生活需要、老年人生活需要、残疾人生活需要，让搬迁户住得舒心、安心。

（四）用足用活现有扶贫政策

政府相关部门基于村庄搬迁合并实际情况，有针对性地制定具体政策、法规及制度。土地指标可以在全省流转，是国家给贫困地区的特殊福利，该政策未来几年是否会有调整还没有定说，贫困县应抓住机会，充分挖掘易地扶贫搬迁与增减挂钩政策相衔接的政策潜力，完成农村新型社区建设资金积累，用好用活这一政策，确保农村新型社区建设顺利推进、贫困户顺利脱贫。同时制定整体资金筹集和使用计划，在列入财政计划的基础上，采取稳妥可行的办法支持各种政策性资金参与建设，个别配套项目可尝试吸纳公益性社会资金参与建设，避免整个建设项目拖沓延期，防止资金链条断裂风险。

（五）完善对话沟通机制

矛盾多来源于沟通不畅，村庄迁并应增加沟通联络方式，聆听村民真实心声，解决村民实际需求。可以通过深入走访、民意听证、公正调查等多类渠道，明晰村民关于搬迁的真实想法和要求，尤其是不愿搬迁的具体原因，探听村民关于村庄房屋建设构造是否满意，探听村民关于房屋建造地址的想法，探听村民关于如何更好建设新型农村社区的意见。

（六）准确定位建置形式

基于便于搬迁村民生产生活，促进城乡融合，以经济效益及就业机会为主要目标规划建置地址。实现将贫困村民搬迁到建置区，从而改善建置区的基础设施条件、经济发展水平等，增加搬迁村民的就业机会。重点寻求贫困家庭完全脱离贫困、可持续性发展的方式，重新构造新型生产生活形式。

（七）以产业促进农民增收

地方政府应基于持续发展角度，有序构造并建成以产业为扶贫导向的社会联动体系，有序改进和完善建置区产业结构，以产业进步带动村庄搬迁合并村民的生产生活水平。确保公共服务的基础性供给，结合村民实际技术水平进行匹配式就业指导，保证搬迁合并村民就业率，提高生产生活水平。同时加快推动山区人口向大中城市和县城、小城镇转移，重点建设依托县城的农村新型社区。

B.13
新媒体平台在乡村振兴中的功能与应用研究

樊雅丽*

摘　要： 近年来，两个领域引人关注，一是新媒体的兴起，二是乡村振兴战略的实施。新媒体平台在乡村振兴中的积极应用，也越来越为研究者所重视。新媒体平台具有多边互动、社会协调、连接、宣传、及时监督等社会功能。在乡村振兴战略中，新媒体平台在促进乡村社会资源的整合，提升政府各种能力，融合新媒体与电商平台，激发农民参与农村社会治理等方面发挥着重要的作用。

关键词： 新媒体平台　乡村振兴　多边互动　社会协调　社会整合

一　新媒体平台的提出

近年来，在我国有两个领域引起人们极大的关注：一是新媒体的兴起，给传统行业、传统产业、传统生活方式带来颠覆式变革，社会进入新媒体时代；二是乡村振兴战略的实施，农业、农村、农民问题是关系国计民生的根本性问题，也是我们决胜全面建成小康社会、全面建设社会主义现代化国家的重大历史任务。新媒体平台在乡村振兴中的积极应用，也越来越为研究者所重视。

---

* 樊雅丽，河北省社会科学院社会发展研究所研究员，主要研究方向为农村社会治理。

（一）什么是新媒体平台

“媒体”（media）一词来源于拉丁语“Medius”，音译为媒介，意为两者之间。媒体是指传播信息的媒介，是指人借助用来传播信息与获取信息的工具、渠道、载体、中介物或技术手段。媒体有两层含义，一是指承载信息的物体，二是指储存、呈现、处理、传递信息的实体。新媒体是继报纸、杂志、广播、电视这几个传统媒体之后发展起来的新媒体形态，是对传统媒体的传承与更新，是建立在数字技术、网络技术、移动技术基础之上，通过互联网、无线通信网、卫星等渠道，以及电脑、手机、数字电视等终端向用户提供信息和娱乐服务的传播形态和媒体形态。新媒体是能够为大众同时提供个性化内容的媒体，使传播者和接收者融会成对等的交流者，而无数的交流者之间可以同时进行个性化交流的媒体。

新媒体平台是指不同于传统的媒体平台，是一种在互联网时代新兴的信息传递平台，包括数字报刊、数字广播、手机短信、移动电视、触摸媒体等。目前比较常见的新媒体平台主要有：微信朋友圈及公众号、今日头条、腾讯企鹅平台、百度平台、UC 头条平台、微博平台、Facebook、Twitter 等。其中，在微信平台上，常用的新媒体工具和资源有微信公众平台、微信个人号、微信群等。根据百家号 2018 年 11 月 5 日网络上提供的信息：“微信占有主导地位，它拥有比腾讯之前更多的 QQ 软件用户。现在，小额信贷用户的活动数量是 10 亿次。经常活动的人数是 10 亿人。几乎每个人都有一个微信账户，而且经常被使用。在中国，唯一适合 10 多亿人进行日常活动的软件是微信，它已经成为中国社交网络领域无可争议的领导者。现在微信的功能已经开始改进，增加了许多新功能，并引入了移动支付功能，使用微信的人数也在增加。”“今日头条”是新闻客户端类新媒体平台，其品牌口号是“你关心的，才是头条”，其产品定位倾向于突出信息传递的个性化，主张通过用户行为分析，实现个性化传播，“今日头条”不仅是新闻资讯类产品，也是一个自媒体平台。总之，随着移动互联网的快速发展、人工智能的崛起，以及 AR 技术的兴起，各类人群的需求也更加多元，新媒体平台将日新月异。

（二）新媒体平台的特征

阳光文化集团首席执行官吴征说："相对于旧媒体，新媒体的第一个特点是它的消解力量——消解传统媒体（电视、广播、报纸、通信）之间的边界，消解国家与国家之间、社群之间、产业之间的边界，消解信息发送者与接收者之间的边界，等等。"对新媒体平台进行分析，初步概括出其特征主要有如下几点。

一是多元性和即时性。在新媒体时代，信息传播途径多向、多元化，人们自主地进行媒体参与，可以随时随地获取信息。二是信息海量化和碎片化。新媒体凭借强大的技术手段使海量化的信息存贮在新媒体平台上，并呈现信息碎片化特征。三是资源具有共享性。新媒体是一种不限地域、行业、年龄等的资源共享平台，用户可以上传和下载网络资源。四是个性化与主动性较强。可以主动地按照自己的喜好去搜索信息，基本上不受时空限制。相对于传统媒体，作为具备这些优势和特征的新工具和新方式，新媒体的兴起，给传统行业、传统产业、传统生活方式带来了颠覆性变革，我们的社会已经进入了新媒体时代。

为了弥合城乡之间的发展差距，解决城乡发展之间存在的不平衡、不充分问题，党的十九大报告明确提出要实施乡村振兴战略。实施乡村振兴战略是党中央着眼于"两个一百年"奋斗目标所做出的战略安排，是全面建成小康社会、全面建设社会主义现代化国家所做出的重大决策。要按照"产业兴旺、生态宜居、乡风文明、治理有效、生活富裕"的总要求，加快推进农业农村现代化，提升农民获得感和幸福感，巩固中国共产党在农村这个根据地的执政基础和实现中华民族伟大复兴。新媒体之所以新，最重要的一个因素就是其功能与作用的"新"，即"去中心化"，人人都是生产者，也是传播者。虽然在网络中建立的是一个虚拟化的信息传播环境，但新媒体平台已经逐渐把这个虚拟的社会延伸到实实在在的现实生活中。乡村振兴需要新媒体平台，新媒体平台以其特有的时代特征将在乡村振兴战略的实施过程中发挥其应有的功能与作用。

二　新媒体平台在乡村振兴中的功能

新媒体平台在一定程度上延伸了传统媒体的功能，增加了传统媒体社会功能的附加值。美国政治学者拉斯韦尔在《传播在社会中的结构与功能》中指出，大众媒体社会传播有三种功能：守望环境、协调社会各部以回应环境、使社会遗产代代相传。另一位学者赖特认为大众媒体有四种功能：环境监视、解释与规定、社会化功能、提供娱乐。在信息技术时代，大数据、云技术、传感技术、AI、VR、AR、物联网等各种新技术催生的新媒体平台，是传统媒体的创新和升级，推动着传播方式全方位的变革。相对报刊、户外、广播、电视四大传统媒体，新媒体平台不仅拥有传统媒体的各项主要功能，还因其特有的交互性与即时性、海量性与共享性等特征，丰富、提升、延伸了新媒体平台的功能。

（一）多边互动功能

新媒体所具有的多元性、交互性、即时性、开放性等特征，使新媒体平台形成一个开放的多主体的沟通空间，多边即时互动而又能够相互连接。在多媒体的网络环境中，信息传播主体是多元的，政府不再是唯一的信息源，微信、微博、QQ 等作为特殊的媒体平台，人人都可以参与发声，人人也都是信息接收和使用者，舆论的话语博弈在开放、平等、交互的网络媒体环境中变得更为透明、公正。在新的媒体环境中，传统媒体的单向传播方式不再仅仅是简单的跟踪报道，而是通过开放的互动融入更多受众的观点、评论及建议，从不同的角度全方位来进行审视和评论。

（二）社会协调功能

进入新时代，乡村社会的多元利益格局给乡村社会带来新的挑战，熟人社会向半熟人社会转变，乡村社会的关系格局发生变化，乡村社会结构出现分化，传统的乡村社会由原来封闭、排外、同质逐渐转变为开放、多元、个性化，乡村社会的凝聚力出现弱化。新媒体平台具有一定的社会协调功能，通过自身所特有的传播力和影响力，能够发挥其联络、沟通、协调社会关系的功能，通过线上沟通与线下活动实现社会整合。在乡村振兴的过程中将城乡大众的意见进行整合，协调整个社会为一个整体运行态势。

（三）连接功能

在传统社会，城市与乡村之间在功能上虽然能够形成一定程度的互补，但这种连接基本上是弱连接。村与村之间也几乎是散状连接，随着乡镇村功能的弱化，乡镇村的凝聚力也在逐渐下降，村与乡镇村的连接也基本属于弱连接状态。新媒体平台所具有的强连接功能，使快速发展的互联网和移动通信技术加强了城市与乡村之间、县市乡之间、村与村之间的连接。依靠新媒体平台城乡之间的关系更加紧密，双方都必须以包容开放的姿态来进行资源的分配和流动，使三农的多元价值得到最大化体现。由于新媒体平台搭建起的城乡之间更为紧密的关系，在新的关系网中，从事农业生产的农民不再是传统意义上的农民，农业也不再是传统意义上的农业。由于城镇因素的渗透，第二、第三产业进一步与第一产业结合，衍生出新的业态，而农村也会随之超越传统意义上的农村，成为城镇化发展中新的村庄形态。

（四）社会宣传功能

党中央对实施乡村振兴战略提出“三步走”战略部署。无论推进乡村振兴的制度建设还是实现农业、农村的现代化建设，都需要媒体宣传。新媒体的即时、互动以及相对传统媒体的无限空间，对乡村振兴中出现的新事物、新案例、新问题、新风尚能够形象生动地给予积极的宣传。特别是围绕“产业兴旺、生态宜居、乡风文明、治理有效、生活富裕”的目标，动员人民群众参与乡村振兴，以发挥其主体作用。

（五）及时监督功能

媒体的舆论监督功能主要是对农村民主政治的舆论监督、对村“两委”

提高办事效率的舆论监督、对以权谋私为主要特征的不正之风的舆论监督等。新媒体平台具有即时性、开放性与广泛性等特征，所以新媒体平台能够在农村民主政治等社会生活中及时发挥监督功能，及时承担起尊重事实、维护正义的职责，在第一时间通过各种新媒体平台对农村各种违法违纪行为进行揭露、报道，并通过各种平台进行评论或抨击，通过新媒体平台充分把党内监督、法律监督和群众监督及时结合起来，使开放的舆论监督功能得到发挥。

三　新媒体平台在乡村振兴中的应用

新媒体平台通过促进乡村社会资源的整合，在乡村振兴战略中发挥着重要的作用，乡村振兴需要新媒体平台。新媒体平台通过聚拢数据流量背后的信息、技术、资金等各种资源，对乡村振兴的积极应用主要体现在以下几个方面。

（一）通过新媒体平台的应用，提升政府的公信力、亲和力与引导力

传统媒体多是自上而下、面向社会公众的单向传递，内容带着旗帜鲜明的意识形态宣传特征，是政府形象的“硬新闻”，读者只能是被动的受众。而新媒体以市场为主导、以用户为本，以技术的不断升级，通过音频、视讯、动漫、游戏、直播等多种形式，在论坛、微博、微信以及各类客户端，以“贴近实际、贴近生活、贴近百姓”的语言和表达形式，把以官话套话、正襟危坐为特征的传统“硬新闻”软化、萌化、趣味化。公众不仅可以随时随地获取信息，还拥有更多的主动性、选择性和目的性；而新媒体平台支持用户的个性需求、个性表达与互动交流，平台资讯内容的提供者和用户之间，也不再是信息流的单向传递，而是能以较为平等的姿态开展互动，甚至以付费阅读的方式，使读者不再是单纯的资讯受众，而兼有读者、消费者和生产者等多重身份。因此，要在乡村

振兴战略的宣传、惠农政策的落地、乡村新风新貌的引导等方面充分发挥新媒体平台应有的作用。

（二）通过新媒体与电商平台的融合，刺激农村经济的发展

以“BAT”（百度、阿里、腾讯）为代表的网络巨头迅速崛起并席卷各个领域，亚马逊、当当、京东等新兴电商兴起并向金融和实体经济扩展，国美、苏宁等传统零售行业又向电商延伸，跨界融合、创新发展成为“互联网+”的鲜明特征。在这个新媒体大发展的背景下，“互联网+生态旅游”“互联网+绿色农业”等依托互联网发展的农业也开始全面兴起，为乡村振兴提供了更多可能。以全国范围内蓬勃发展的农业电商为例，农产品种植、生产、宣传、销售、物流等的全产业链，从理念到实践都发生着前所未有的变化。电商平台不仅在供求链上游以C2B模式解决了农民的销售问题，又以B2C形式在供求链的下游环节，充分发挥物流、分销和“最后一公里”配送优势，同时向生产者和消费者提供多、快、好、省的服务。新媒体与电商的融合，平台化、品牌化和特色化的运营模式，可产生覆盖面广、影响力大、效果明显的叠加效应，使农产品从生产到消费，呈现活跃的供需互动性、购销合理性、消费自主性和贯穿各环节的分享性，激发了农村经济的生机与活力，农民的自尊心和生产积极性也都得到了极大鼓舞。新媒体平台的应用正是推动科技进步、经济增长、社会进步、文化繁荣，最终落实精准扶贫、实现乡村振兴的根本力量。

（三）通过新媒体平台的应用，激发农民参与农村社会治理的积极性

一方面，新媒体平台提供的政府和乡村社会之间的对等交流平台，是一个开放的公共议事空间。以不断出现的网络热点事件为例，这些事件往往迅速发酵，网络民意迅速产生并汇聚成跨地区、跨阶层、随时变换人群但立场明确、诉求多元的社会力量。另一方面，农村在一定程度上是传统与保守的代名词，农民工和留守儿童是弱势群体的代名词，在传统媒体占据主流的时代，他们较少有表达群体诉求、参与社会治理的机会。在新媒体时代，无论

户籍如何、收入多少、居住在哪里，在新媒体平台上人人都拥有平等的话语权。作为弱势的农民、农民工甚至留守儿童，也可以通过新媒体发声，甚至在特定事件发生时，以个体或参与群体的方式，与公权力代言人互动、交流甚至“博弈”，进而催生、修正或完善某些公共政策。农民参与社会治理的众多方面，尤其是发生在自己身边、与自己利益息息相关的事，推动实现公共领域和互动空间的建构，为政府和社会搭建了对等沟通和互动交流的平台。

为实现乡村振兴战略的有效治理及平安乡村建设的目标，发挥新媒体平台及时监督的社会功能，加快乡村村务信息公开和自媒体互动能力的建设，推进村务公开信息化。利用新媒体平台，加强村务监督，推行村级事务阳光工程，实施“阳光村务”，探索村务全面、全程、全方位公开的有效途径和办法，让村民通过新媒体参与到村务决策、管理、监督的全过程中。

（四）通过新媒体平台的应用，促进城乡交流与乡村社会整合

几十年的城乡“二元制”结构，严重割裂城乡社会，不仅使广大农村的环境、人文教育、公共服务设施等均远远落后于城市，还通过户籍制度把广大农民及其后代紧紧束缚在土地上，只有少数通过考学、参军或进城务工等方式定居城市的农村精英例外。更多的农民通过务工方式进城，离开了乡村，却没被城市接纳，这使传统社会结构、传统家庭功能、传统习俗观念等面临全方位变革，乡村社会整合遇到前所未有的新问题。无论进城落户的少数精英还是不能落户而被视为边缘人的农民工，他们都在城市中努力建构与传统农村不同的新型生活方式，他们大多数人都接受过良好的教育或拥有第二、第三产业的从业经验，有比以前更为宽广的视野，有对全新生活的实践体验，有对乡村生活的深刻体验，有对传统文化的深入理解，还有对乡村振兴战略的高度认同和期待，他们自主自发地在资金、信息、技术、生活方式和观念等各个方面，联结着城市和乡村，是乡村振兴不容忽视的重要力量。而新媒体平台为乡村社会的重新整合提供了各种可能性。近年来，借助新媒

体平台，我们看到，从“余秀华”“程灵素”“网红县长”等个体现象，到“博士回乡”式的学术观察，再到“乡情”“乡愁”等主题贯穿网络文艺板块，数以百万、千万、亿计的点击、浏览和评论量，反映出有海量的人群无论身处城市还是乡村，都在关注农村、农民和农业，对乡村振兴有独特的体验和美好的愿景，甚至随时准备参与其中。

新媒体平台通过聚拢数据流量背后的资金、技术、理念、智力和体力等资源，形成一个跨越城乡壁垒的立体互动机制，协同多种利益相关主体，分工协作、共同发展，同时让社会各界关注农村、关心农业、关爱农民，齐心协力建立健全城乡融合发展体制机制和政策体系，加快推进农业农村现代化，最终建成产业兴旺、生态宜居、乡风文明、治理有效、生活富裕的新农村，实现乡村全面振兴。

参考文献

曲文姣：《借力新媒体振兴新乡村——浅议新媒体运用在平凉乡村振兴战略中的作用》，《中国报业》2018 年第 18 期。

《学术前沿》编者：《新时代乡村振兴战略》，《人民论坛·学术前沿》2018 年第 3 期。

社会治理篇

Social Governance

B.14

河北基本公共服务发展评价

郑　萍*

摘　要： 近年来，河北基本公共服务体系日益完善，财政投入逐步提高，服务供给方式不断创新，均等化水平明显提升，在基本公共教育、基本劳动就业、基本社会保险、基本医疗卫生、基本社会服务、基本公共文化体育等领域都取得显著成效，但与人民群众日益增长的美好生活需要相比，仍有一些需要进一步改进提升的方面。本文在对河北基本公共服务发展现状进行深入分析的基础上，对河北进一步提升公共服务水平，更好满足人们日益增长的需求进行了思考，并提出对策建议。

* 郑萍，河北省社会科学院社会发展研究所副研究员。

关键词： 基本公共服务　发展　评价

党的十九大报告指出，我国社会主要矛盾已经转化为人民日益增长的美好生活需要和不平衡不充分的发展之间的矛盾，增加基本公共服务供给，补齐民生短板，是解决这一矛盾的必要途径。近年来，河北基本公共服务体系日趋完善，基本公共服务投入显著提高，资源配置不断优化，服务水平和群众满意度进一步提升，但与人民群众日益增长的美好生活需要相比，基本公共服务还存在标准体系不够健全、标准有待提高、均等化亟须加强、服务设施配备不足等问题，需要在幼有所育、学有所教、劳有所得、病有所医、老有所养、住有所居、弱有所扶方面不断取得新进展，进而增加人们的获得感，促进全面发展。

一　总体评价

1. 财政投入力度逐年加大

河北省逐年加大基本公共服务领域财政投入，有效提升基本公共服务保障能力，2017 年全省基本公共服务支出 1132.4 亿元，增长 11.3%，高于全省一般公共预算支出增幅 1.6 个百分点，其中市县级基本公共服务支出 201.9 亿元，增长 26.7%。充分发挥地方政府债券对基本公共服务中资本性支出的资金保障作用，2017 年通过政府债券对基本公共服务投入 630.8 亿元，增长 23.5%。转移支付结构进一步优化，2017 年省级财政一般性转移支付 1447.9 亿元，增长 7.6%，占全部转移支付的 62.3%，比上年提高 1.9 个百分点。2019 年省级财政还将根据中央改革要求设立分类分档转移支付，将教育、医疗、社保、保障性住房等基本公共服务领域部分专项转移支付转列一般性转移支付，进一步提升一般性转移支付比重。

2. 供给方式不断创新

政府和社会资本合作（PPP）模式不断完善，市场环境不断优化，PPP 模式覆盖教育、养老等主要民生领域。截至 2018 年 3 月底，河北省通过财政部审核纳入全国PPP综合信息平台系统项目411个，其中，纳入管理库的275个项目中，147个项目签约落地，落地率为53.5%，比全国均值高8.7个百分点，有效提升了全省基本公共服务供给水平。政府购买公共服务范围不断扩大，相继出台了《河北省省级政府购买行业协会商会服务实施办法》《河北省推进事业单位政府购买服务改革实施方案》等政策文件，有效提升了全省公共服务质量和效率。2017年，全省政府购买服务项目增至6700多个，金额达到149亿元，购买范围覆盖公益文化、公共卫生、养老服务等多个公共服务领域。

3. 均等化水平不断提升

河北基本公共服务的公益性、公平性日益突显，城乡均等化水平进一步提高，城乡间非均衡状况有所缓解。城乡教育资源不断优化调整，城市优质教育资源进一步向农村转移，通过实施“国培计划”和“省级培训”，提高农村教师队伍素质。重点推行送教下乡、送培到县模式，并适当向贫困县倾斜。在22个集中连片特困县和国家扶贫工作重点县实施农村义务教育学生营养改善计划。群体间的公共服务均等化程度进一步提高，公共资源逐步向弱势群体倾斜，弱势群体能够享受到越来越多的公共服务。河北省为41万余名困难残疾人发放生活补贴，为52万余名重度残疾人发放护理补贴，从2018年起，两项补贴标准分别提高20%，残疾人生活得到改善。

二　基本公共服务重点领域发展成效显著

1. 基本公共教育领域

义务教育学校标准化建设成效显著，截至2018年4月底，河北省校舍建设竣工面积43万平方米，完成运动场建设8万平方米，购置生活设施、课桌凳、计算机和教学仪器设备53.6万（台、件、套），采购图书101万册。普惠性幼儿园发展迅速，2017年，河北各级财政投入近亿元，扶持2700多所普惠性民办园发展。公办园、普惠性民办园的发展，使广大幼儿“有园上”“上得起”，极大地提高了幼儿入园率。开展“硕师计划”，通过推荐免试方式确定资格，通过召开专场双选招聘会确定工作岗位，招聘岗位计划将向集中连片贫困地区倾斜，为乡村基础教育培养和补充高学历、高水平师资。建立了以居住证为主要依据的随迁子女入学制度，目前全省中小学接收进城务工人员随迁子女入学总人数已达40.7万人，在公办学校就读的有36万人，占88.3%。同时，积极组织职业院校承担农民工职业技能培训，上半年共计承担农民工职业技能培训13841人。①

2. 基本劳动就业领域

去产能职工安置是河北基本劳动就业领域的重要内容，河北目前已建立以五大方面37项补贴政策为框架的就业创业政策服务体系，为分流职工提供职业指导、就业服务和职业培训，推荐就业岗位，实施公益性岗位托底安置。河北省积极开展就业援助，每年帮助1.2万名就业困难人员实现就业，实施农民工返乡创业专项计划，“十三五”以来安排5580万元支持62个贫困县返乡创业园建设。河北积极搭建创业平台，对创业孵化载体提供房租物业水电费补贴，给予61家省级创业就业众创空间和孵化基地资金奖补。目前，全省建设创业孵化基地410家，吸纳就业9.33万人。

3. 基本社会保险领域

河北全面整合城镇居民医保和新农合制度，实现城乡居民医保制度覆盖范围、筹资政策、保障待遇、医保目录、定点管理、基金管理城乡统一。随着京津冀协同发展深入推进，河北逐步实现京津冀异地就医直接结算，省本级职工医保实现在北京就医住院医疗费直接结算，各市职工医保和居民医保系统全部接入国家异地就医平台。开通省内异地就医定点医疗机构380家，开通跨省异地就医定点医疗机构268家。2017年，河北将失业保险待遇标准提高至每人每月最高1090元，最低940元，并连续三次降低缴费费率，为企业减负近30亿元，充分发挥了失业保险的保障作用。

① 《对政协河北省第十二届委员会第一次会议第572号提案的答复》，河北省民政厅官网，http：//www.hebmz.gov.cn/zfxxgk/tadf/201810/t20181008_54890.html。

4. 基本医疗卫生领域

国家基本公共服务项目是我国公共卫生领域的一项长期的、基础性的制度安排。河北注重加强妇幼健康的服务保障，实施增补叶酸预防神经管缺陷，农村孕产妇住院分娩补助，农村妇女“两癌”检查，贫困地区儿童营养改善和新生儿疾病筛查，预防艾滋病、乙肝、梅毒母婴传播，孕前优生健康检查等妇幼健康重大公共卫生服务项目。河北基本公共卫生服务能力不断提升，人均基本公共卫生服务补助标准已由最初年人均15元提高到2018年的55元，探索实行政府购买服务，实施以居民“刷卡”消费确定基本公共卫生服务项目补助资金的机制，并根据服务数量、质量和群众满意度等考核结果分配资金，倒逼公共卫生服务机构服务质量提升。此外，河北中医药不断传承创新，新建国医堂150个，强化了中医药在基本医疗卫生领域提供公共服务的基础作用。

5. 基本社会服务领域

河北大力发展居家养老服务，将社区和居家养老服务列入省委、省政府确定的20项民心工程，新建3个综合性养老服务信息平台，截至2018年第一季度，全省建成投入运营的养老机构1526家，城市社区居家养老服务设施3600多家、农村互助幸福院3.1万家，初步建立起“以居家为基础、社区为依托、机构为补充、医养相结合”的养老服务体系。河北不断提升对困难群体的帮扶水平，2018年全省低保指导标准达到3600元，并将农村低保制度与扶贫开发政策有效衔接，建立低保标准动态调整机制，确保扶贫攻坚期内农村低保标准始终高于扶贫标准。困难群体医疗保障救助水平不断提高，对建档立卡贫困户给予基本医保费用全额资助，医疗保障救助额度高于其他困难群体。此外，河北逐步提高城乡特困人员救助供养基本生活标准，2018年全省特困人员救助供养基本生活指导标准调整到城市不低于8580元/年、农村不低于4680元/年。

6. 基本公共文化体育领域

河北基层公共文化服务水平不断提升，为45个国家扶贫工作重点县和集中连片特困地区县级文化馆分别配送一辆流动文化车，保障其面向基层群众开展流动文化服务。结合文化精准扶贫，投入350万元，在全省建设70个贫困地区公共数字文化服务提档升级乡镇服务点。文化品牌建设不断加强，开展以“书香河北”创建为核心的“书香系列”评选，命名了第一个书香城市——廊坊市，迈出了书香城市考核评价第一步。秦皇岛、邯郸、霸州市成功创建第一批国家公共文化服务示范区，沧州、石家庄、迁安市正在积极创建第三批国家示范区（项目）。示范区的创建有利于集中解决制约现代公共文化服务体系建设的突出矛盾和瓶颈问题，创新实践公共文化服务体制机制改革，起到对全省公共文化服务的先行示范带动作用。公共体育场地设施不断增加，3651个城市社区建有健身设施，覆盖率达89.63%；36384个行政村建有健身设施，覆盖率达75.83%。全民健身品牌赛事活动日益多元化，形成沧州武术、邯郸太极拳、石家庄“全城热炼”、张家口“全季·全体育”、邯郸“运动邯郸”等507项群众健身活动品牌，极大地丰富了群众的文化体育生活。随着体育活动的不断丰富，群众的健身意识也不断增强，身体素质逐步提高，据有关部门统计，经常参加体育锻炼人数在2600万人以上，占比35.72%，国民体质达标率达到89%。

三　河北基本公共服务中存在的问题

1. 基本公共服务供给不足

虽然公共服务供给总量不断增加，但与群众需求相比还存在一定差距。2017年河北每千人口拥有卫生技术人员5.6人，低于全国平均水平0.8人。养老服务供给不足，2017年河北每千人口拥有养老床位数1.02张，低于全国平均水平4.11张，养老机构规模小，服务内容单调，专业化程度不高，存在供不应求的现象，无法满足老龄人口逐渐增多的需要。社会体育指导员培训项目与群众日益增长的多元化健身需求不匹配，广场舞、太极拳等传统项目上社会体育指导员缺口较大。

2. 地方配套资金不足

财力与事权的不匹配是造成公共服务供给能力不足的根本原因，财力相对较弱的基层政府承担了众多基本公共服务的供给，地方配套资金无法保证，影响了基本公共服务供给与分配的效率。一些公共服务项目中地方配套比例较高，导致财力较弱的区县，尤其是贫困县的财政压力较大。调研中发现，多数区县为了达到规定的地方配套资金比例，将医疗机构运行经费和基本公共卫生服务项目经费、药品零差率补助统筹“打捆”拨付，导致地方实际配套资金缩水，影响了基层基本公共服务的实施效果。

3. 基本公共服务供需结构存在偏差

公共服务供给采取“自上而下”的决策供给机制，导致公共服务供给与群众需求结构存在偏差，提供了大量群众并不迫切需要的服务设施和活动，造成设施闲置浪费，形成公共服务供给的表面“相对过剩”，出现尴尬的公众被服务、重复服务等无谓服务现象。从农村文化服务来看，农村大量青年农民工外出务工，老人、儿童成为主要的留守群体，而政府提供的文化服务大多是读书读报、宣讲等传统方式，不适合老人和儿童群体，提供的文化用品、器材也是所有乡镇、行政村整齐划一，无法满足不同群体的多样性需求。调研发现，许多农村虽然都已经建有文化活动室，但村民对文化活动室的知晓率很低，村民反映，文化活动室、健身室设在村委会的大院或大楼里，村民进入存在心理障碍，降低了这些文化设施的使用率。公共卫生服务中建立城乡居民健康档案的群众知晓率较低，在知晓此项服务的群众中多数人不理解此项服务的意义和价值，因此，群众对这项服务的配合度也较低，服务人员入户进行档案登记时，经常遭到群众的拒绝。

4. 需求调整机制不健全

公共服务供给过程中需求导向意识薄弱，缺乏需求调整机制。一方面，决策过程缺乏群众利益表达的纳入机制，忽视自下而上收集群众需求信息的相关建设，没有形成定期了解群众需求的机制。计划生育技术服务项目中免费发放的避孕药具过于陈旧，调研中发现真正领取免费避孕药具的群众几乎为零，群众更倾向于自己购买，这些服务项目过于传统，没有根据群众需求的变化及时进行更新，造成公共资源的浪费。另一方面，虽然一些部门建立了群众诉求表达的平台，但对群众诉求的回应匮乏，挫伤了群众诉求表达的积极性。公共服务需求信息收集和回应的匮乏，导致公共服务项目无法根据群众需求进行及时调整，降低了公共服务供给的实际效果。

5. 公共服务信息化程度较低

公共服务信息平台建设滞后，在国家政策的推动下，许多地方政府已经搭建了以大数据为依托的公共服务平台，但提供的公共服务内容单一、范围狭小、信息滞后，公共服务的网上受理、网上办理、网上反馈实现程度较低，服务办理的便捷程度不高，无法满足群众对公共服务的真实需求，导致公共服务信息平台的实际利用率较低，使信息平台成了政府的“形象工程”。信息数据开发共享不足，地方政府在信息建设过程中“重建设轻应用”“重硬件轻软件”“信息孤岛”现象比较严重，导致公共服务大数据平台建设出现部门权力割据、信息封闭、标准不一，无法实现互联互通和信息共享。

四 提升河北基本公共服务水平的思路

1. 加大政府财政投入

加大财政投入是提升基本公共服务水平的重要保障，政府要优先保证基本公共服务财政预算支出的正常增长，逐步扩大基本公共服务的支出规模，提高支出比重。不断扩大省对市县转移支付规模，加大省级一般性转移支付力度，尤其要增加对革命老区、贫困地区及重点生态功能区的补助，以弥补基层财力的不足，缓解基层财权与事权不匹配的矛盾。

2. 引导社会力量参与，推进政府购买

随着人们对基本公共服务需求层次不断提升，传统由政府单一提供基本公共服务的方式已经无法满足人们需求的多样化，需要社会力量的参与补充，进而提升基本公共服务供给水平。政府要大力引导社会力量参与基本公共服务供给，扩大准入领域范围，公平择优选择信用良好的社会资本合作。政府采用向社会组织购买服务的方式，来创新基本公共服务供给方式，使基本公共服务供给更加多元化，服务更具有针对性。政府要加强对服务机构及从业人员的监管，充分利用信用信息平台，实时监测信用记录，及时对不良服务进行记录，并配套采取失信惩戒措施。

3. 构建基本公共服务需求导向机制

需求导向是基本公共服务体系建设的一个重要维度，是激发社会活力的重要手段。当前我国社会主要矛盾已经转化为人民日益增长的美好生活需要和不平衡不充分的发展之间的矛盾，要解决这一矛盾，就基本公共服务而言，必须建立需求导向的基本公共服务供给机制，尊重群众的需求表达权和公共决策的参与权。一方面，要畅通需求表达渠道，通过网络媒体多种渠道了解群众真实需求，定期进行基本公共服务群众需求及满意度调查，让群众参与到基本公共服务评估中，在评估中反映群众的声音，把群众满意度作为基本公共服务评价的重要方面。另一方面，要对群众需求进行及时反馈，根据群众需求，动态调整基本公共服务内容、服务标准、服务方式，最大限度满足人们日益增长的需求，进而不断提升基本公共服务供给质量。

4. 提升基本公共服务供给信息化水平

提升基本公共服务信息化水平，是基本公共服务能够更好地便民利民的重要手段。政府要加强“互联网+”公共服务建设，充分利用互联网技术，创新公共服务供给方式，提升公共服务的便捷性。可以探索尝试网络化医疗服务，开展远程会诊、远程预约，搭建智能养老网络服务平台。同时，要依托信息平台建设，整合各部门各领域的服务，实现部门资源间的互联互通，开展网上受理、网上办理、网上反馈、网上监管“一站式”服务。

参考文献

王玉洁：《基本公共服务均等化评价研究》，《现代经济信息》2018年第16期。

李乐：《供给侧视角下的农村基本公共服务实证研究》，《南方农村》2018年第4期。

王渺：《我国农村基本公共服务均等化问题研究》，《法制与社会》2018年第24期。

B.15

新形势下河北省就业创业状况及面临的挑战分析

车同侠*

摘　要： 党中央十九大报告提出要把就业问题作为优先考虑的战略问题，并且实施积极的就业政策，以从更高层次上解决就业质量问题。随着经济发展从粗放扩张型向质量效益型转变，就业也要从原来的数量扩张型向更注重质量提升转变，就业工作要在解决就业结构性矛盾上取得新突破，在实现高质量发展上取得新进展。2018 年河北省也采取了积极的创业就业政策，解决河北省存在的结构性就业问题，特别是通过发展现代服务业，加强就业问题的解决，鼓励通过民营经济和中小企业创业带动就业增长。

关键词： 就业弹性　就业政策　创业就业

一　河北省就业的基本政策及就业情况

（一）就业行业就业情况

根据最新就业数据的可得性，我们分析，2017 年河北省就业人员一共

---

* 车同侠，河北省社会科学院社会发展研究所副研究员，研究方向为社会学和金融学。

4206.66万人，其中第一、第二和第三产业就业人员分别为1366.9万人，1396.58万人和1443.18万人，占比分别为32.5%、33.2%和34.3%，表现出三次产业就业人数相差不大的特点。

从城镇和乡村就业的角度来分析，整体来看，河北省乡村就业人口占比比较大，为69.3%，城镇就业人口占比为30.8%。

城镇就业人员中单位就业占比为41.4%，私营个体占城镇就业的比例为41.5%，可以看出私营个体经济就业已经超过了单位就业，另外，灵活就业占据城镇就业的比例为14.8%。

在城镇单位就业的行业对比来看，金融业占比最高，为96.3%，其次为公共管理、社会保障和社会组织，占比为95.1%，科学研究及技术服务业占比比较大，都在94%以上，卫生、体育和娱乐业占比为82.1%，这些行业个体私营就业人员很少。

在城镇就业中私营个体就业人口在以下行业占比比较大，其中住宿和餐饮业占比为77.9%，批发和零售业占比为69.9%，制造业占比为59.2%，居民服务、修理和其他服务业占比为52.5%。

在城镇就业中灵活就业人口主要分布在一产，占比为52.3%；二产占比为9.4%，体现在建筑业以及电力、热力、燃气及水生产和供应业上；三产占比为16.9%，主要分布在居民服务、修理和其他服务业上，占比为43.1%，租赁和商务服务业，占比为35.4%，文化、体育和娱乐业占比为32.9%，信息传输、软件和信息技术服务业占比为32.3%。

在乡村人口的就业中，一产乡村人口占比为98.7%，二产乡村人口占比为68.1%，三产乡村人口占比为42.4%。

近年来，河北省第三产业就业人口占比不断增加，特别是伴随河北省经济结构不断升级调整，第三产业特别是现代服务业越来越成为就业的主要战场，发挥着很重要的稳定就业的职能。2018年前三个月的数据显示，现代服务业企业的就业率与上年相比增长了3.1%，吸纳就业人数85.9万人。其中吸纳就业最多的行业主要集中在现代交通运输、仓储和邮政业，占比为29.2%；第二是现代租赁和商务服务业，占比为17.6%；第三是科学研究和技术服务业，占比为16.1%；第四是现代房地产业，占比为12.8%；第五是信息传输、软件和信息技术服务业，占比为11.6%。以上五种就业行业集中了现代服务业就业人口总数的87.4%。

（二）就业弹性分析

河北省的就业弹性出现了挤压就业的情况。2017年河北省总就业弹性为-0.04，相比上年国民生产总值有提高，但是就业数有所下降，所以经济增长对就业有挤出效应。这是近十几年来首次出现就业总弹性为负值的情况，一产的就业弹性为-2.25，经济增长对一产的挤出效应明显；二产也是近十几年来除了2014年出现负值以外的首次负值，说明经济增长对二产的就业也开始出现了挤出效应；三产的就业弹性为0.22，经济增长对于三产有吸入效应。随着电商、微商以及网购快递等新兴网络创业平台的不断扩大，河北省的就业新业态也更新迭代，这进一步加强了服务业对于就业的吸纳能力。近年来，河北省委、省政府大力推进双创双服活动，积极搭建创业就业平台，对于刺激新业态和新动能成长以及最终促进就业起到了非常大的推动作用。

二　新形势下河北省就业创业政策的主要特点

面对国内外新的经济发展形势，河北省最近几年各个部门不断出台新的就业创业政策，助推河北省就业创业工作。2016年河北省出台了《创业就业三年行动计划（2016~2018年）》；2018年7月，河北省残联等16个部门出台了针对残疾人就业和创业的意见，残疾人创业可以享受更大范围的税收优惠、降税降费待遇。8月，河北省人社厅、省发改委等8部门联合发布关于去产能涉及的失业和就业安置问题，确保分流职工就业有出路、生活有保障，实现职工安置工作平稳有序推进。

新形势下河北省就业创业政策是以习近平新时代中国特色社会主义思想为指引，以劳动者为中心，具有鲜明的河北特色和新时代特征，主要特点有以下五个方面。其一是紧紧抓住一条主线，抓住新形势下河北省就业创业工作主要矛盾的变化。其二是围绕两个总目标，即实现更高质量和更充分就业。其三是把握三大主题，提高就业质量，破解结构性就业矛盾，提供全方位公共就业服务。其四是突出“四个注重”：把握形势要求，注重提高就业质量；培育新兴业态，注重创业带动就业；突出重点群体，注重青年就业创业；坚守就业底线，注重政府责任担当。其五是双创和改善营商环境“双擎”引动，加快市场主体数量增长。

三　河北省创业情况及市场主体发展情况

（一）创业政策和环境的改善

2018年河北省委、省政府更加重视营商环境的改善，从2017年年底到2018年全年发布了一系列的政策，涉及优化营商环境的条例、更好发挥企业家作用和营商环境的政策、激发民间投资活力的20条政策措施、大力发展民营经济的意见、物联网及政务服务、压缩企业开办时间等的改善营商环境的政策措施，大力改善了民间创业就业环境。另外，在针对企业减税降费、降低融资成本、制度成本、用工用能成本等诸多方面也分别出台了具体的制度措施，大大降低了创业的门槛和成本，刺激了民间经济投资和发展，促进就业，特别是营改增以后的增值税改革的制度完善，给企业带来了真正的实惠。政策带动下的市场主体数量大大增加，呈现了市场活力，2018年前10个月，河北省新增的市场主体户数达到了89.75万户，比上年同期增长了11.58%。同时，民营经济发展也出现了大增长，法人单位保持了比较高的增长速度。

（二）河北省创业情况

截至2018年6月底，全省各市创业担保贷款工作按照年度发放任务指标完成情况比较好的是秦皇岛市和辛集市，超过了100%。直接扶持自主创业人数较多的市有石家庄市、唐山市、邢台市、沧州市和秦皇岛市，带动（吸纳）就业人数排名靠前的市有沧州市、石家庄市、邢台市、保定市和唐山市。石家庄市针对全市创业者分布比较广、业务量大的特点，把业务办理下沉到区、县经办机构，贴近创业者开展工作；沧州市结合新政策，重新制定业务制度和流程，并创造性开展了全市互通式担保方式，《中国劳动保障报》对此做了专门报道；秦皇岛市利用移动互联网，依托微信公众平台，与邮储银行共同研发了“创业担保贷款网上受理系统”，在全省率先实现了创业担保贷款“网络与手机 App”全流程网上办理，真正实现了“创贷申请网上办，群众一次不用跑”的创新模式。2018 年 1 ~ 6 月累计直接扶持自主创业人数 6670 人，累计带动（吸纳）就业人数 17454 人，发放贷款数 6.5 亿元。

创业和创业投资成为解决就业问题的办法之一。近年来两会都提到了股权投资并且股权投资行业不断出台利好政策，传统的经济增长方式逐步被代替，国家大力支持创新型高新科技和互联网行业发展，鼓励企业上市、并购和重组，这为股权投资提供了很好的机遇，大众创业、万众创新政策因为资本市场的不断成熟而逐渐落地，股权投资的实施，使员工不再单独依赖工资生存，可以享受企业发展的红利，就业难题随着创业投资不断成熟，因而股权投资不断推进而解决。

政府创业引导一直是政府鼓励创业的支持办法。通过创业引导资金刺激创业，通过创业项目的发展带动就业，政府提供免费的引导资金以及创业担保贷款，这为河北省持续创业提供了坚实的基础。2018 年河北省创业担保贷款效果显著。2018 年上半年，河北省累计直接扶持自主创业人数 6670 人，累计带动就业人数 17454 人，发放贷款数 6.5 亿元。

私企就业和平台就业成为越来越多的大学生和年轻人的就业选择。与以往就业选择城市单位就业不同，随着互联网和移动互联网的应用，越来越多的大学生和年轻人选择微创业、平台创业和私企就业，更多地把就业目光瞄准自己的喜好和具有挑战性的工作，而不是稳定就业这个单独的目的。

（三）河北省就业面临的挑战

（1）河北省是个以传统制造业为主的省份，重工业占比大，而创业创新起步晚，创业平台相对较少，而且创业资源要素集聚度不高，以金融配套政策和金融资源为基本的综合配套能力不足，企业自主创新以及研发能力不强，加上河北省通过私募证券、私募股权以及创业投资形成的社会创业机制尚处于初级阶段，各种机制政策仍然不完善，需要政府在制度设计和政策宣传上付出更多的努力，从而更好地从体制机制上促进河北省创业就业的提升。

（2）解决好结构性失业问题仍然是河北省面临的重要问题。因为河北省产业结构的长期影响，一些行业面临产业结构升级的压力，必然会有一部分人口要面临安置和失业，2018 年河北省有 100 万左右的人口面临结构性失业问题。“2018 年初，河北省钢铁冶炼厂点由 2011 年的 148 个减至 87 个，企业由 2011 年的 123 家减至 67 家。钢铁行业以及煤炭等其他产能过剩行业的隐性失业人口将面临显性化，就业压力相对更大。”① 对于河北省资源型市县而言，长期形成的发展路径一时间难以改变，新的经济增长点有待开发培育，新的经济结构有待优化，就业岗位因此出现了大量空缺。而且，拆除和淘汰落后产能的企业大部分都是民营企业，工人基本都是农民工，多数没有参加社保，就业技能单一，就业任务艰巨。根据相关规划，河北省要完成 6000 万吨钢铁压减任务就会涉及 60 多万名直接或间接的从业人员需要妥善安置，而事实上河北省的压减任务超额完成，涉及的从业人员就会更多。到 2020 年底，全省钢铁冶炼厂点由 2017 年的 87 个减少到 70 个左右，企业由 67 家减少到 60 家左右，基本形成“2310”产业格局，为此而做周密的创业就业铺垫非常迫切而且重要。

另外，大学生就业的结构性问题一直比较突出。供需矛盾持续是转型期大学生就业面临的主要问题。

---

① 宋美倩：《河北今年将全部出清钢铁“僵尸企业”》，《经济日报》2018 年 8 月 20 日。

四 河北省创业就业措施建议

（一）进一步加大改善企业的营商环境

改善企业的营商环境在过去一年里取得了显著的效果，今后要继续加强和巩固成果，继续向有利于创业就业、有利于企业登记办证、有利于民营经济发展的方向拓展政务服务硬件和软件设施，提升服务水平，为河北省民营企业的发展以及创业就业铺平道路。

（二）从金融以及创业投资的更大视野看待创业就业问题

创业就业问题从来就不是一个简单的就业问题，它从本质上是个经济问题，需要从企业创业的起因、注册、发展到壮大的周期规律中发现和寻找创业的根源，针对当下国内外经济发展形势，有的放矢剖析在产业结构升级、移动互联网应用、物联网探索、大数据越来越普及的时代背景下，创业要素和创业方向是什么、在哪里。政府有针对性地聚集政策、金融、社会平台的力量，制定推动创业及创业投资的体制机制，从政府培训和孵化和社会资本的多个方面促成新时期创业就业的发展。

（三）大力开发公益岗位、社区就业岗位和新兴服务业岗位

对于去产能失业人员的就业帮助要落实，通过开发公益岗位，拓宽民间团体就业空间，创造社区就业机会来重点关照弱势就业群体。

大力发展新兴服务业，使新兴服务业成为吸纳就业的重要途径，从税收、金融服务、市场准入多个领域入手，打开新兴服务业的创业就业通道，使新兴服务业成为城市新增就业人口的重要入口。

（四）优化民营企业人才机制

私营民营企业越来越成为吸纳就业的主要渠道，帮助民营企业规范化发

展成为转型期解决就业问题的新的突破口，通过人才的安置、人才政策的落实，达到人才安心落地发展的目的，通过人才的集聚、生产要素的集聚和提升，从根本上让民营企业走上符合时代发展要求的方向和道路。

另外，要加快构建劳动者终身职业培训体系，抓好对大学生和农民工等重点群体的就业创业扶持工作，为解决就业结构性矛盾做好应对策略。

B.16

乡村振兴背景下提升河北乡村治理水平的现实路径研究

李 茂　良立忠*

摘　要： 加强乡村治理事关农村和国家发展全局，在乡村振兴的大背景下具有重大的现实意义。当前河北省的乡村治理面临诸多现实困境，必须按照乡村振兴战略和十九大报告的要求科学认识发展规律，区别对待治理难题，从自治、法治、德治三个层面系统解决，快速全面提升全省乡村治理水平。

关键词： 乡村振兴　乡村治理　现实路径

乡村治理作为国家治理的基石，其治理成效的优劣直接关系到乡村乃至整个国家的命运和发展。党的十九大报告明确提出了实施乡村振兴的国家战略，这是以习近平同志为核心的党中央着眼于实现“两个一百年”奋斗目标做出的重大战略决策，其中还明确指出了“加强农村基层基础工作，健全自治、法治、德治相结合的乡村治理体系”的要求，这为河北省在乡村振兴中如何提升乡村治理水平明确了方向，指明了路径。就河北的现实情况而言，村治理和农村社会管理依然是农村的弱项，所以按照乡村振兴战略的总体要求，密切结合河北实际，尽快补齐乡村治理的短板，具有时代性、紧迫性和整体性的重大意义。

---

* 李茂，河北省社会科学院社会发展研究所副研究员，主要研究方向为社会调查与社会评估；良立忠，河北经贸大学公共管理学院研究生。

一　乡村振兴战略为河北乡村治理指明了方向

河北省地域辽阔，农村人口众多，按照2018年初的数据，河北省的农村户籍人口仍占60%左右，总数量超过4500万人。另外，河北农村社会发展状况差异较大，必须科学认识发展规律，区别对待治理难题。乡村振兴战略的提出，为全省乡村治理进一步厘清了目标，明确了理念，找准了定位，划定了未来的工作重点。

（一）治理目标更加明确

河北省乡村治理和农村社会发展的目标，就是要推进乡村治理体系和治理能力现代化。十八届三中全会提出要实现治理体系和治理能力现代化，所以乡村治理也必须遵循这一目标，促进全省农村社会全面进步。一方面，要打牢基层基础，所谓“基础不牢，地动山摇”，因此必须把打基础、抓基层作为长远之计，注重农村系统治理、依法治理、源头治理、综合治理。加强系统治理与源头治理有效衔接，不注重源头治理就没办法进行系统治理；强化依法治理与综合治理有效结合；注重城乡一体化治理；注重运用现代信息手段进行精细化治理。另一方面，要充分发挥各类主体在改善乡村建设和治理中的积极作用，不能把目光都盯在大规模经营主体上，小农仍然是农村经营的最重要的主体，农民是乡村治理的直接参与者，农村的发展、良治和稳定关系到农民的切身利益。

（二）治理理念更加鲜明

一是要坚持城乡统一体的理念。习近平总书记多次强调，推动城乡发展一体化是解决“三农”问题的根本途径。而城乡一体必然包含城乡社会发展一体和城乡治理一体，这个问题在全省部分城市的郊区已经变得非常紧迫，城乡发展一体化的理念必须贯穿于加强和创新乡村治理全过程。二是要坚持平安先行的理念。农民要安居乐业，乡村安全问题是重中之重，要推进平安乡村的建设，提高预防化解社会矛盾的水平，深入开展法治宣传教育。三是要坚持保护传承乡村传统文化的理念。保护乡土文化的根不能断，也就是习近平总书记讲的“农村绝不能成为荒芜的农村、留守的农村、记忆中的故园”。四是要坚持管理创新的理念。要持续创新乡村治理的手段，从管理向服务转变，从单向性向互动性转变，从行政性向社会性转变，从政府唱独角戏真正转变成社会大合唱。

（三）人本发展定位更加凸显

提高乡村治理水平的过程中，必须遵循以人为本的发展定位，抓住人这个核心不动摇。一要突出产业留住人。通过产业发展提升农村发展的精气神，各地应充分立足当地资源优势，发展特色产业，政府通过有针对性的引导和培育，令农村的新产业、新业态蓬勃发展，为乡村治理注入强劲动力。二要突出环境留住人。将河北省的美丽乡村建设持续推向深入，坚决打好垃圾处理、污水治理、厕所革命“三大战役”，彻底改变农村脏、乱、差的落后面貌，让环境成为当地人欣慰、城里人向往的优厚条件。三要突出安居乐业留住人。乡村振兴不仅仅要见物更要见人，不仅是物质的丰富更是精神的富足，要做到物的振兴和人的振兴齐头并进。所以未来必须加大农村的公共服务投入，由城乡形式上的普惠逐步向城乡实质公平迈进；还要通过满足农民日益增长的物质文化需求，让现代文明普照乡村，重塑农民的精神家园，增加农民的获得感，实现村民的全面发展。总体而言，就是要在乡村振兴战略的引领下，将农村社会发展与乡村治理紧密结合，最终实现农村人的全面发展。

（四）实现路径更加清晰

乡村振兴背景下乡村治理水平提升的路径必须做到“三个坚持”。一是坚持党委领导、政府负责，农民主体、社会协同，重心下移、法治保障。历史和现实的经验告诉我们，中国特色的乡村治理，一定要充分发挥党的政治优势、组织优势和密切联系群众的优势，并切实转变成乡村治理的制度优势。二是坚持现代治理模式与乡村优良传统相结合。在农村要实现法治、德治和自治三者的统一，法治就是起到定纷止争的作用，德治就是要起到春风化雨的作用，自治就是要消减农村的矛盾。在农村要实现德、法、礼并用，就要在德治和法治的前提下，落实到自治，发挥村民自治的引领作用，最终建立起法治为本、德治为先、自治为基的基层治理机制。三是坚持由人治向法治和善治迈进。毋庸讳言，当前河北农村的人治色彩还十分浓厚，离现代治理还有较大差距，因此走向法治、善治、良治是必由之路。

二　河北省乡村治理面临诸多问题

在国家提出乡村振兴战略的大背景下，河北农村正进入一个巨大变革的新阶段。然而我们的实际调研发现，当前的乡村治理存在诸多现实困境，且一些对原有治理模式具有根本性影响的基础性因素正在发生巨变，乡村治理面临新的挑战。

（一）乡村人口数量持续减少

随着城镇化的不断推进，2017 年河北省农村常住人口为 3383.03 万人，较 2016 年的 3487.02 万人，减少了 100 多万人，并且据相关学者测算，2030 年之前农村人口递减的趋势不会改变，今后几年内这个趋势还将加剧。这样的人口流动就导致了当下农村的空心化、农村家庭的空巢化，以及农村常住人口的老龄化等问题不断凸显，这些问题都迫切需要乡村社会治理体系的完善以化解相应的社会问题。

（二）村庄行政正在发生巨变

村庄空心化在河北省一些地方越来越突出，尤其是在西部山区和张承的一些贫困地区，不少自然村庄在慢慢消失。随着易地扶贫搬迁、农村新型社区建设等项目的开展，又出现了一些带有现代社区性质的农民集中聚居区域，有的甚至几个村庄集中到了一起。在村庄消亡与新型农村社区兴起并存的同时，伴随的是村庄的分化和农民的分化，以及相应农村居民思想观念、生产方式以及生活习惯的明显变化。

（三）农村基层组织动员能力弱化

由于多年来农村基层党组织建设薄弱和农村集体经济发展滞后，目前河北省农村居民的组织化程度实际上处于较低的水平。经不完全统计，河北省集体经济收入为零或极为匮乏的空壳村、薄弱村占到70%以上。这一方面导致农村基层党组织凝聚力涣散、战斗力不强；另一方面由于缺乏集体收入的源头活水，许多村庄的社会事业发展无从谈起，最终导致村村民的集体意识逐渐弱化、归属感缺失、牢骚和抱怨不断。这些都是乡村治理亟须破解的难题。

（四）城乡统筹层次仍有待提高

调研中我们发现，河北大中城市近郊区域不少村庄常住人口剧增，个别城中村的人口密度甚至高于城市核心区。随着“三区同建”“易地扶贫搬迁”等政策推行，农民住进楼房也已经成为一种“新常态”，这些农民从某种意义上说已经不再是农村居民了，而实际上成了社区居民，从理论上应该全面实行城镇的社区化管理模式，但现实是这些地方依然延续着农村旧有的管理模式，尚处于没有实现城乡并轨的阶段。所以非常有必要在未来乡村治理中加强城乡统筹，进而提升乡村治理的效果。

（五）村民自治流于形式

调研中我们发现，当前的村民自治在一些地方形式大于内容，主要表现在两个方面：一是某些地方根本没有真正落实；二是即使落实了，一些村委会的自治能力也非常薄弱，村庄处于一盘散沙状态。目前的村“两委”依然是各地乡镇政府的行政功能延伸，从根本上没有把村委会当成自治组织。这种局面出现的原因是多方面的，既有基层政府惯性思维、法治意识不强的原因，也有自治组织政策水平低、治理能力差的原因，更有当下村民的法治意识普遍不强、法治观念淡泊的原因。我们在某村调查时，有的村民集体反映，自从国家取消人民公社，要求成立村委会以来，没有开过一次全体村民大会。还有不少村的村民反映，虽然当地村规民约写得很好，但从未宣传，更是很难落实。

（六）乡村治理难度与日俱增

乡村治理最关键的是要解决好涉及人的问题和涉及财物的问题，但这两方面就目前情况而言都面临诸多困扰，治理难度不断加大。例如，村干部受文化程度和视野的制约，整体素质偏低，能力不强，对一些棘手问题往往是不敢管、管不了、管不好；另外，随着城镇化和农村老龄化的持续，村里的年轻人都渴望到城市发展，导致乡村发展的人才严重匮乏，许多村庄呈现房堵窗、户封门，基本不见年轻人的居民，乡村振兴面临人才危机；由于历史的原因，河北农村重建设轻管理的问题依然非常明显，各地美丽乡村建设稳步推进，但乡风文明弘扬、传统文化传承、乡村社会管理等深层次问题没有得到很好解决。如上所言，当前农村呈现了新旧矛盾问题交织的局面，脱贫攻坚、环境治理、乡村债务、集体经济匮乏、基层党组织薄弱等问题同时并存。面对这些错综复杂的乡村现实问题，我们高度重视的同时，必须通过改善乡村治理模式，实现标本兼治。

三　河北省提升乡村治理水平的对策建议

提升全省乡村治理水平，应当以强化基层组织基础为根本之道，构建并完善党委领导、政府负责、社会协同、公众参与、法治保障的乡村社会治理体系，同时自治、法治、德治不可偏废，全面打造和谐有序又充满活力的现代乡村治理新格局。

（一）加强农村基层党组织建设

1. 强化基层党组织领导核心地位

坚决落实全面从严治党要求，通过狠抓党建促乡村全面振兴，应当将政治建设摆在首位，以提升组织力为重点，锻造坚强的基础党组织，选优配强村支部书记，令农村党支部切实担负起战斗堡垒作用，从而为乡村振兴战略的顺利实施提供组织和政治保证。

切实提升农村基层组织战斗力。坚决整顿提升那些软弱涣散的基础党组织，各市县要按照一定的标准，每年筛选相应比例的倒排整顿对象，建立工作台账，逐一制定整顿措施，开展集中整顿。坚持政治标准，强化“从好人中选能人”导向，选优配强村“两委”班子特别是党组织书记，大力推进村支书和村主任一人兼任。健全目前从优秀村书记中选拔乡镇领导干部的人事制度。进一步强化农村干部的学历教育和后备干部递进培养力度，推动农村基层党员干部素质提升长效化，提高村干部综合素质和致富带富能力。

创新党组织设置方式。适应农业农村现代化要求，探索“党建+”工作方式，把党组织建在生产小组、农村专业协会和产业链上，及时调整优化合并村组、村改社区、跨村经济联合体党组织设置及隶属关系，真正增强党组织对各类农村组织的引导作用。根据新型农村社区建设需要，调整优化党组织设置。

统筹加强村级组织配套建设。坚持以村党组织为核心、以村民自治组织和村务监督组织为根基、以农村集体经济组织和农民各类合作组织为纽带、以各种经济社会服务组织为补充，建立和完善农村组织体系，充分发挥各类组织在乡村振兴中的积极作用。

2. 加强村级党员队伍建设

把政治标准放在首位，进一步严格设置标准，挑选更多乡村优秀青年农民加入党组织，确保农村新发展党员质量真正提升。

不断加强农村党员教育培训。谋划开展形式多样的党员教育活动，持续加强党的基本路线、基本理论、基本方略和党的宗旨、党性、党纪、党的基本知识教育。健全落实农村党员定期培训制度，将党的组织培训活动同农村党员的生产劳动紧密结合起来，强化知识和技能培训。

健全党员岗位创先争优长效机制，发挥党员先锋模范作用。通过开展党员挂牌、设立党员责任区、结对帮扶、党员承诺践诺和志愿服务等活动，树立模范典型，增强党员自觉意识，将“一个党员就是一面旗帜”落到实处。

完善第一书记和驻村工作队制度。主动向贫困村、软弱涣散村和集体经济空壳村派出第一书记，调整充实驻村工作队，推动精准驻村帮扶。选调优秀高校毕业生到农村工作。

3. 狠抓基层党组织制度和作风建设

严字当道抓好党内政治生活。通过严格落实和完善“主题党日”、“三会一课”、组织生活会、民主评议党员等基本制度，确保农村基层党组织的生活活力不断提升。

坚决执行党务公开。认真落实《中国共产党党务公开条例（试行）》，必须主动回应党员和普通群众关切，及时、定期进行党务、村务和财务公开，以阳光公开促监督、促落实、促改进。村级重大事项制度要严格按“四议两公开”程序决策，确保村级事务在党组织领导下，真正反映民意，健康有序运行。

启动基层党员“清洁行动”。进一步细化村干部小微权力清单并认真落实，加大对村干部岗位目标责任制、坐班值班等制度抽查考核，督促村干部履职尽责、为民服务。建立健全村干部经济责任审计、任期述职、责任追究等制度，规范村级事务运行。以集体资产管理、土地征收和惠农补贴等领域为重点，大力整治侵害农民正当权益的腐败行为和不正之风。

4. 完善基层组织健康运行保障机制

各地应尽快建立村级组织运转经费正常增长机制，加大财政保障力度，确保县域范围内平均每村每年财政补助村级组织运转经费不低于5万元，并建立正常增长机制，每3年调整一次最低保障标准，对集体经济薄弱村、空壳村村级组织运转经费，各市根据经济社会发展水平，可参照大、中、小村分别确定最低保障标准，由县级财政兜底保障。

加大抓党建促村级集体经济发展工作力度，应以乡为单位逐村分析研究，制定发展村级集体经济的实施方案。鼓励村党支部领办合作社，统筹整合资金重点扶持集体经济薄弱村、空壳村，总结推广先进典型，对有贡献的村干部可以进行物质奖励。

（二）全面提升乡村自治效果

1. 深化村民自治实践

严格依法实行民主选举，选出群众拥护的讲政治、守规矩、重品行、有本事、敢担当的村委会班子。推动村党组织书记通过选举担任村委会主任。严格落实村民会议和村民代表会议制度。推动村级调解制度化、规范化和程序化，真正发挥村规民约和自治章程的有效性。

2. 创新基层管理服务

明确基层党组织和自治组织权责，对基层政府的行政审批和公共服务职责进行优化整合，创建“一站式服务”的便捷高效综合服务平台。加快基层信息化建设水平，加快创建基层网上服务站点，加快构建村级便民服务体系。坚决清理和禁止众多干扰村级正常工作的检查督查、考核评比和创建达标等上级行动。

3. 引导壮大农村各类组织

以积极培育各类农村合作经济组织为重点，稳步提高农民组织化程度，进而引导各地特色农业发展，带动农民增收，壮大集体经济。同时必须鼓励引导农村各类中介组织发展，为农民提供决策咨询、市场供求信息等中介服务，使农产品的流通渠道更加通畅。着力培育公益和互助类农民自组织，着力满足农民个性化、多样化需求。通过农村各类组织的发展，逐步构建起村内事务由民议、民办、民管的多层次乡村自治新格局。

4. 强化村级实务监督管理

建立健全村务监督委员会，进一步规范职责权限、监督内容、工作方式，全面提升村务监督工作的水平和实效。推行村级事务阳光工程，加强制度约束，确保村“两委”主动公开党员培养、征地补偿、低保救助、精准扶贫、项目落实等涉及村民切身利益的事项，接受村民的监督。

（三）提升乡村法治水平

1. 深入开展法治宣传教育

采用多种形式进行农村的法治宣传教育，以切实提高农民的法治观念和法律知识为根本，不断培养广大农民自觉学法、守法、用法的法治意识。深入宣传与农民生产生活密切相关的法律法规，加强土地承包流转、农业生态补偿、劳动和社会保障等方面法律法规的宣传教育，预防和减少农村现代化进程中的社会矛盾，维护农民群众切身利益。

2. 深入推进综合行政执法改革

尽快推行县乡政府权力清单制度，树立依法治理理念，增强基层干部法治观念和法治为民意识，明确县乡（镇）政府各单位、各岗位公共服务的职权和职责，划定权力边界，依法规范涉农行政行为，将各项涉农工作纳入法治化轨道。加强执法队伍建设，进一步整合执法队伍，下沉执法力量，切实提高执法能力，大胆创新监督监管方式，打造法律监督、社会监督、舆论监督的多维执法监督体系。

3. 加强法律援助和司法救助

建立覆盖农村居民的公共法律服务体系，全面推进村级法律服务咨询中心建设，完善当前村级调解、县级仲裁、司法兜底的农村集体土地承包经营权纠纷处理机制。加强对农民的法律援助和司法救助，将信访纳入法治化轨道，建立将优秀法律工作者引入信访接待的工作机制，引导群众以理性方式反映利益诉求，为有效防止社会矛盾激化提供法律服务。

（四）重视道德教化作用

1. 完善升级道德教化激励约束机制

充分发挥道德教化作用，引导广大农民勤俭持家、向上向善、重义守信、孝老爱亲的内心自觉。注重家庭、注重家教、注重家风，以好家风带出好村风、好民风。广泛开展“十星级文明农户”“五好文明家庭”“最美家庭”等评选表彰活动，用榜样的力量带动村民奋发向上。利用宣传栏、文化墙、善行功德榜等多种形式，深入宣传道德楷模的典型事迹，弘扬真诚、善良的美德，让正能量广为传播。推广建设“道德评议会”“道德红黑榜”等新型德治平台，充分发挥村民议事会、红白事理事会、禁毒禁赌协会等群众组织的作用，广泛开展乡风评议活动，倡导文明、健康、科学的生产生活方式。遏制婚丧嫁娶中人情攀比的陈规陋习，打击涉农违法犯罪行为，激浊扬清、抑恶扬善。培育和创新新乡贤文化，发挥优秀基层干部、乡村教师、退伍军人、文化能人、返乡创业人士等新乡贤的示范引领作用，涵育真善美的文明乡风，真正让社会主义核心价值观深深植根于乡村之中。

2. 注重发挥村规民约的规范作用

充分发挥村规民约在乡村治理中的特殊功能，引导广大农村根据时代变迁健全完善现有村规民约，规范村规民约制定和修改过程，确保制定和修正合法化、民主化、透明化，将违反国家法律、法规、政策以及损害村民合法权益的条款予以删除，鼓励出台新的村规民约，对农村老人、妇女、儿童的合法权益予以保护。探索村规民约的组织实施方式，建立健全村规民约监督体系，增强村规民约的权威性和约束力。加强对优秀村规民约的宣传推广，引导农民群众树立正确的价值取向和道德观念。

（五）努力建设平安乡村

1. 完善农村社会治安综合防控体系

以扎实落实社会治安综合治理领导责任制为抓手，不断完善农村信息化立体化社会治安防控体系。加强科技防范达标工程建设，加快乡村公共安全视频监控建设联网应用，实现全域覆盖、全网共享、全时可用、全程可控。推动社会治安防控力量下沉，完善县乡村三级综治中心功能和运行机制，发挥村民自治社会治安防控安全网作用。

2. 持续深入开展扫黑除恶

广泛开展“平安法治乡村”、命案零发案、乡镇“五无”、村“六无”

创建活动。持续深入开展扫黑除恶，严厉打击各类扰乱农民正常生产生活的村匪村霸、黑恶势力、宗族恶势力，坚决打击赌、盗和拐骗等干扰农村正常社会秩序的违法犯罪行为。探索以网格化管理为抓手、以现代信息技术为支撑，完善县乡村三级综治中心功能和运行机制，实现基层服务和管理精细化、精准化。

3. 提高民族宗教工作法治化水平

坚持党的宗教工作基本方针，全面贯彻党的宗教信仰自由政策，依法管理宗教事务，引导农村宗教信仰与社会主义社会的要求相适应，遵循独立自主自办原则。坚持保护合法、制止非法、遏制极端、抵御渗透、打击犯罪的基本原则。建立常态化机制，了解少数民族群众、宗教界人士和信教群众的新期待、新要求。深入推进民族宗教领域改革，明确权责清单，加快转变职能，加强行政执法责任制建设。依法打击各种境外渗透活动和农村非法宗教活动，坚决禁止以宗教的名义干预农村正常公共事务，清理整顿部分农村滥塑宗教造像、乱建庙宇等不当行为。

4. 健全矛盾纠纷预防化解机制

建强农村综治维稳组织，加强农村社区警务、警务辅助力量、群防群治队伍建设，遏制重特大安全事故。做好对重点人员和特殊人群的服务管理工作，确保基础信息采集变更及时和数据准确，逐人落实帮教管控措施。紧盯集体资产管理、扶贫、惠农补贴、土地征收等重点领域，坚决预防和整治其中出现的腐败与不正之风。建立健全乡村涉农纠纷调处机制，有效发挥基层人民调解组织的作用。采取领导干部包联的办法，妥善解决信访问题，着力削减存量，坚决遏制增量，做到“小事不出村、大事不出县、矛盾不上交”，维护农民合法权益，促进农村社会和谐稳定。

5. 开展农村安全隐患排查治理

不断完善农村公共安全体系，有序排查治理农村安全隐患。强化乡村警务、消防和安全生产等相关工作管理，深入开展农村枯井、河塘、道路、电力、自建房、客运和校车等安全隐患排查治理，务必预防和遏制乡村重特大安全事故发生。全面提高抵御气象、旱涝、地震、地质、火灾等乡村灾害综合防范能力，提高突发事件预警信息发布能力。采取专业监测与群测群防相结合、工程措施和非工程措施相结合、临灾安全转移与避灾安全居住相结合等方式，加强山洪灾害防治工作，重点加大隆化、丰宁、宽城等县重点山洪沟治理力度，尽快消除安全隐患。全面深化森林火灾防范治理，高标准构建森林火灾综合防控体系。

B.17

河北省乡村社会治理的现状和展望

——以沧州、衡水、邢台三市20个村庄为例

王凤丽　赵莉华 *

摘　要：　“三农”问题是全党工作的重中之重。2018年中央一号文件指出，要加快推进乡村治理体系和治理能力现代化，加快推进农业农村现代化，走中国特色社会主义乡村振兴道路。本文通过田野调查数据，分析河北省在乡村社会治理方面的几个核心问题：城乡二元结构是造成当前农村社会治理问题的主要根源；社会发展和国家政策变化使全省农村社会治理重点发生转移；基层干部素质是困扰当前农村社会治理问题的主要瓶颈；农村家庭结构变化增强了社会治理问题的解决难度。在此基础上，指出全省乡村社会治理的几个着力点，展望未来的可预期方向。

关键词：　河北　乡村　社会治理

2018年，是全面贯彻落实党的十九大精神的开局之年，是决胜全面建成小康社会、实施“十三五”规划承上启下的一年，也是实施乡村振兴战略的关键一年。“乡风文明、治理有效”是乡村振兴战略总目标的组成部分，也是乡村社会治理工作的核心内容。这就要求我们在促进乡村治理有效方面，要尽快建立健全党委领导、政府负责、社会协同、公众参与、法治保障

* 王凤丽，河北省社会科学院社会发展研究所副研究员，研究方向为社会发展、宗教社会学、文化产业发展；赵莉华，河北省社会科学院社会发展研究所馆员，研究方向为社会发展。

的现代乡村社会治理体制，推动乡村组织振兴，打造充满活力、和谐有序的善治乡村。河北省是个农业大省，乡村社会治理是基层政府工作的重点内容，农村基层基础工作还存在薄弱环节，乡村治理体系和治理能力亟待强化。

一 乡村社会治理的现实意义

“社会治理”在不同的语境中有不同的含义。在一些政治学者看来，“社会治理是指在执政党领导下，由政府组织主导，吸纳社会组织等多方面治理主体参与，对社会公共事务进行的治理活动”。[①] 而在一些社会学者看来，“社会治理是指政府、市场、社会组织、公民在形成合作性关系的基础上，运用法、理、情三种社会控制手段解决社会问题，以达到化解社会矛盾、实现社会公正、激发社会活力、促进社会和谐发展目的的一种协调性社会行动”。[②] 乡村社会治理的意义，则是“在于构建一种社会机制，把个体的力量转换为公共力量，并调动这种力量，推动乡村社会的变迁与发展”。[③] “乡村治理的本质是乡村社会公共资源的配置。公共资源包括社会文化习俗、政治经济制度、自然资源及财富、政府及各类公共机构的财政及服务能力等。保障经济高效运行、社会权利平等以及社会关系和谐，是社会治理的基本目标。……社会权利平等包括就业机会平等、受教育机会平等、政治意愿表达平等、基本生存权利平等”[④]。

党的十九大报告指出，当前“社会矛盾和问题交织叠加，全面依法治国任务依然繁重，国家治理体系和治理能力有待加强”。中央农村工作领导小组办公室提出的《乡村振兴战略规划（2018－2022年）》中，明确指出，

① 王浦劬：《国家治理、政府治理和社会治理的含义及其相互关系》，《国家行政学院学报》2014年第3期。

② 陈成文、赵杏梓：《社会治理：一个概念的社会学考评及其意义》，《湖南师范大学社会科学学报》2014年第5期。

③ 陆益龙：《乡村社会治理创新的现实基础、主要问题与实现路径》，《中共中央党校学报》2015年第5期。

④ 党国英：《中国乡村社会治理现状与展望》，《华中师范大学学报》2017年第3期。

“社会治理的基础在基层，薄弱环节在乡村。乡村振兴，治理有效是基础。实施乡村振兴战略，加强农村基层基础工作，健全乡村治理体系，确保广大农民安居乐业、农村社会安定有序，有利于打造共建共治共享的现代社会治理格局，推进国家治理体系和治理能力现代化”。

二　乡村社会治理调查数据

课题组2018年6月在沧州、衡水和邢台市通过整群抽样方式，选择20个村庄以问卷调查形式，了解农村基层社会治理方面的问题。

（一）调查方法和田野时间

沧州、衡水、邢台三地，地理位置接壤，历史传统相同，辖区居民世代相邻，虽历史上行政区划交错，但三地农村民风相同，方言相近，习俗相似，观念相当，农民收入相近。此次调查主要是向基层干部和村委会做介绍说明，请他们同意并支持此项课题研究环节问卷调查工作的开展。2017年底准备工作基层就绪，2018年4～5月，在被抽中的村落，按整群抽样确定调查对象；6月，发放问卷。5～6月，不仅有一个“五一”小长假，又是收冬小麦、种秋玉米的时间，绝大多数人回村里忙夏收，这可保证调查对象的代表性更广泛一些。据了解，大量的青壮年离开家乡外出进城打工，辖区内的流向主要是从农村进入所属地级市，辖区外的流向主要是附近的天津市和北京市，其次是河北省省会石家庄市和山东的德州市。

（二）调查对象基本情况描述

（1）基本情况。田野调查发放问卷910份，收回问卷666份，其中有效问卷650份，有效率97.6%。在650名受访人中，男性299人（占46%），女性351人（54%）。女性人数较多，主要是因为大部分青壮年男性外出务工，留在村子中的女性相对数量较多。受访人年龄、受教育程度、家庭年收入情况、种地在年收入中所占比例情况分别如图1至图4所示。

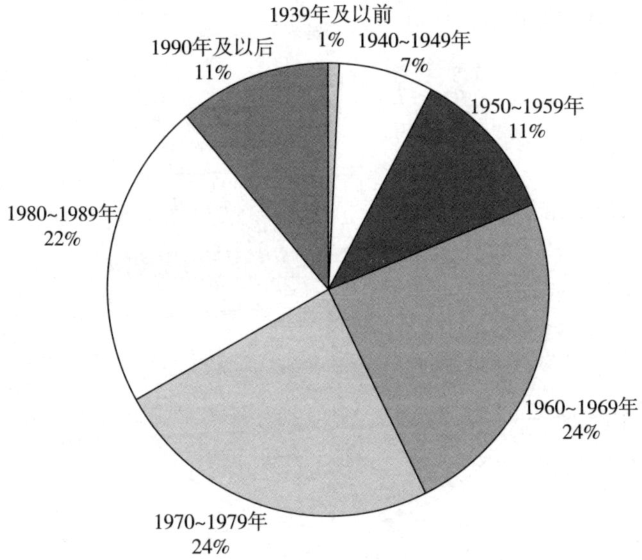

图1　受访人年龄

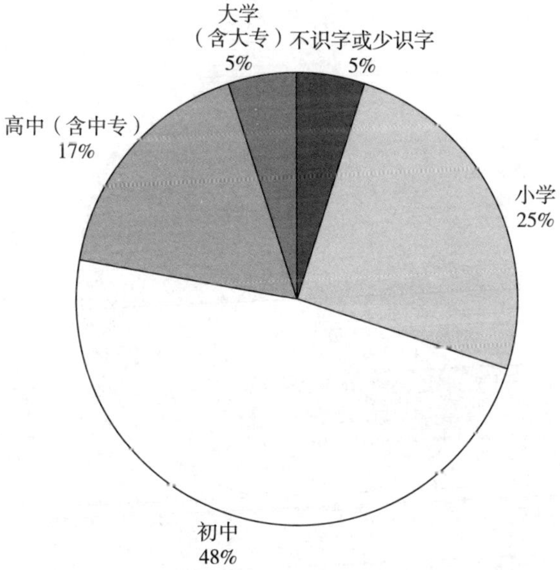

图2　受教育程度（2018年）

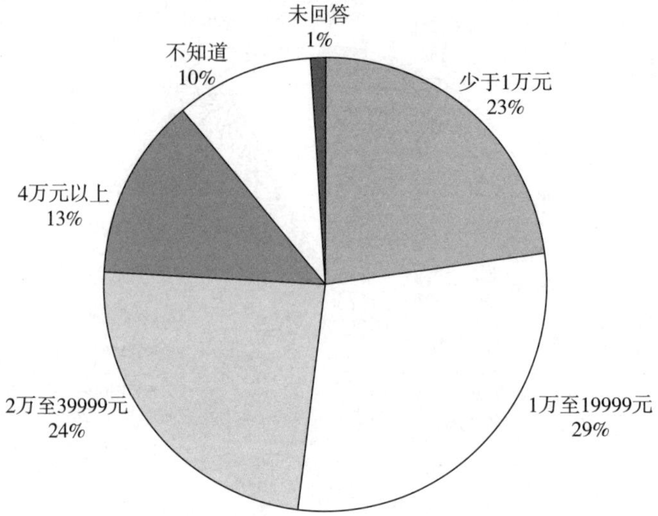

图3　家庭年收入情况（2017年）

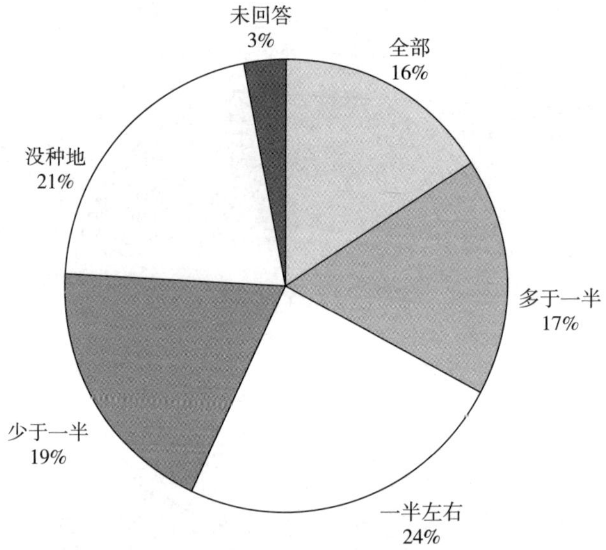

图4　种地在年收入中所占比例情况（2017年）

（三）调查对象的日常生活描述

课题组设计一组日常生活场景式问题，每个问题都是多选题，试图发现农民日常生活情景。

在问及“日常生活中，最经常和邻居、亲友一起做什么?”时，选择“红白事相互帮忙”的占全部受访人的57.1%；选择“一起外出打工”的占42.9%；选择“相互借农具”的占37.8%；选择“一起种地养殖”的占32.7%；选择“娱乐打麻将”的占16.5%；选择“修路打井”的占15%。

在问及“业余时间你喜欢做什么?”时，选择“看电视”的占82.3%、选择“打麻将”的占28.3%，这两个数据说明看电视和打麻将是农民业余时间主要的娱乐活动；选择“自己学知识或辅导孩子学习”的占34.2%，说明农民比较重视自身或下一代学习新知识。

在问及“最希望村委会、党支部为自己做什么?”时，受访人中，选择“提供医疗帮助”的占59.8%，选择“提供养老”的占54.7%，选择“提供娱乐、交流机会”的占48.4%，选择“提供本人或子女上学机会”的占26.4%，选择“提供农业知识”的占27.2%。

（四）调查对象的社会认同行为描述

课题组设计了一组关于受访人内心活动或遇到问题时的反应行为方面的问题。这一组是单选题。

在问及“你对村干部的尊敬度如何?”时，受访人表示“内心尊敬”的占57.3%，“内心失望”的占16.6%，回答“不好说”的占26.1%。

在问及“你对自己生活的满意度如何?”时，受访人表示“满意”的占54.7%，“一般”的占35.8%，“不满意”的占9.4%。

在问及“着急用钱时，你首先想到向谁求助?”时，受访者中首选“家人或亲戚”的占72.4%，首选“银行”的占9.8%，首选“同学、朋友或邻居”的占9.1%，首选“信仰或慈善类社会团体”的占5.5%，而首选“党组织和村委会”的仅占3.1%。

三　乡村社会治理现存问题及分析

（一）城乡二元结构是造成当前农村社会治理问题的主要根源

我国一直以农业立国，但在历史上，农民和城镇市民可以随时发生彼此转化，不是两个相对独立的群体，也允许市民转化成农民。但自从我国实行城乡二元结构和严格的户籍制度以后，城乡资源配置因户籍而异，许多公共政策也因城乡户籍壁垒而产生各类相关问题，不仅严重制约农民发展，也成为农村社会治理问题的主要来源。“十八大”以来，我国城镇化率从2012年的52.6%提高到2017年的58.5%，有8000多万名农民在户籍身份上，变成了“城镇居民”，从户籍数据看，我国居民城镇化率于2017年达到42.3%。

当前，农村已成为传统、保守与落后的代名词，农民工和留守儿童成为弱势群体的代名词。在传统媒体占据主流的时代，他们较少有表达群体诉求、参与社会治理的机会。

随着经济发展和技术进步，尤其是近年来互联网技术的迅速发展，农民作为一个基数庞大、覆盖地域广阔、引发关注量大的群体，也开始在公共议事空间发声。在新媒体时代，无论户籍如何、收入多少、居住在哪里，在互联网上人人都拥有平等的话语权，作为弱势群体的农民、农民工甚至留守儿童，也开始要求知情权、参与权、平等公民权。以个体或参与群体的方式，与以基层干部为代表的公权力代言人互动、交流甚至“博弈”，使一些不利于农民的公共政策逐步得到修正和改进。农民参与社会治理，尤其是发生在自己身边、与自己利益息息相关的事，有利于推动经济体制改革，使农村社会全面进步成为可能。

（二）社会发展和国家政策变化使河北省农村社会治理重点发生转移

改革开放以来农村社会治理的重点、难点，是收取农业税费和贯彻落实计划生育国策，这两项内容构成了农村社会治理基本体系。我国逐步取消以村提留、乡统筹、农业税等为核心的“三提五统”征收工作，是从2002开始在部分省份试点，至2006年1月1日正式废止《农业税条例》，农民向国家及基层政府交纳的各种农业税费基本上全面取消。同年，新农村建设在全国广泛推行，乡村社会进入了新农村建设的新时期。

乡村税费征收制度的重大变革以及新农村建设的开展，刺激传统乡村的外部面貌和内在结构都发生了根本性的变化。向农民催缴税费不再是乡镇干部和村干部的主要工作，农民的负担得以减轻，我国又逐步实行各类惠农补贴，收费不再是农村基层干群主要矛盾。计划生育国策推行以来，农民的“多子多福”“重男轻女”等传统生育观念已发生质变，计划生育工作重点也不再是通过过激手段严厉限制生育，计生干部的主要职责从限制生育向母婴保健转变。基层干部不再扮演“要钱又要命”的角色，这些都有效改善了农民和基层干部的关系，也从根本上改变了农村社会的结构性矛盾与冲突。

随着农村经济的迅速发展和全社会的科技进步，农村封闭保守的社会格局被打破，人口流动速度加快，农民的生活生产方式、思想价值观念逐步转变，民主法治意识明显增强，利益需求日益多元化，各种利益诉求不断出现。农民希望从以前的“被管理”向“被服务”转化，他们希望农村基层干部能为群众排忧解难、办实事，还希望自己有机会参与和监督村里公共事务活动的开展。乡村社会治理正在出现新的难点：如何帮助并引导农民以合法、合理、冷静的方式保护好自身权益。①

河北省亦不例外，社会矛盾正随之呈现新型、复杂、诉求多元等趋势。在21世纪初，河北省廊坊“北三县”因紧邻北京经济发展较快，这一带的社会治理核心问题是征地问题；而全省绝大多数县乡基层干部的中心工作仍是农业税征收和计划生育工作。2015年开始实施的京津冀协同发展战略，2017年开始建设的雄安新区，以及近年来国家和区域经济发展规划，带动全省范围内的高铁建设、高速公路建设和城区扩展等

① 宫学芬：《当前农村社会治理面临哪些新问题》，《人民论坛》2018年3月13日。

开展，使征地、拆迁、项目建设等成为目前全省农村社会治理的重点问题。

（三）基层干部素质是困扰当前农村社会治理问题的主要瓶颈

2018年调研，在问及心目中的村干部是否值得尊敬时，受访人表示“内心尊敬”的，仅占57.3%。近几十年来，村干部取代了传统的乡贤，成为基层社会治理者、矛盾解决者，他们的威信、威望直接关系到基层社会治理的成效。按照我国法律，村委会是农村居民自治组织，它与血缘、亲缘、地缘关系千丝万缕地交织在一起，既受国家由上而下、通过乡镇一级政府传递来的正式的、组织化的管理，又深受乡规民约、“乡贤”和“能人”的影响。调查数据显示，仅有65%的村民在村中定居，有超过1/3的农民住在乡镇、县城、地级市甚至更大的城市中。而这些离开村庄、在他乡安居的农民，往往是农村中的精英人士。

大量农民离土又离乡后，许多村子里留下的多是老人、妇女和儿童以及其他弱势群体，农村既有德才又有意愿做村干部的青壮年并不多，这造成农村社会治理人才短缺、社会治理主体弱化。21世纪以来，国家提高对村“两委”干部的补助，又通过政策手段选调大批县乡干部、大学毕业生等去村里任职，使村干部也“干部化”。以调查中的问题“着急用钱时，你首先想到向谁求助?”为例，受访者中首选“党组织和村委会”的仅占3.1%，低于首选“信仰或慈善类社会团体”的比例（5.5%）。即使这3.1%的受访者，还有可能恰好本人就是党组织或村委会的成员。虽然农民目前对基层干部信仰度、满意度不高，但随着基层干部工作内容的实质变化，干群关系也会有所缓和。

（四）农村家庭结构变化增强了社会治理问题的解决难度

根据本课题组曾于2015年所做田野调查的数据，河北省农村各类核心家庭所占比例已降至46%，而主干家庭占比则从30%上升为42%。河北农村地区呈现主干家庭增加这一趋势，其实和“空巢老人”“两栖青年”“留守儿童”等现象，其背后的原因一致，都是前面提到的城乡二元体制，其突出的表现则是传统家庭功能不可逆转的式微。农村传统的家庭结构，是把多个小型核心家庭按照男主人的血缘关系组合在一起，成为一个较大的联合家庭。这一传统家庭形态，不仅确保了传统家庭功能的实现，也保证了传统孝道伦理的遵守以及家庭各项功能的维持。当前，农村社会整体生态环境发生改变，家庭主动或被动地应对新形势带来的实际问题。沧州、衡水、邢台一带是传统的农村社会、典型的首属群体社会。在这样的首属群体社会，人们以血缘、姻缘、地缘关系结合在一起，不同的家庭按自然村落定居，当重大节日、人生大事发生，或者春播秋收等重要农时到来时，往往需要一大家族共同面对，进而逐渐形成世代传承的共同习俗、礼俗和观念。近年来，随着农业机械化的提升，一个小家庭就可以应对过去一个大家族才能应对的农业种植任务，而城市化背景下的青壮年进城、观念变化，又使一些根深蒂固的习俗、礼俗也发生变化。人与人之间、家庭与家庭之间，过去曾经紧密的关系，正在城市化、现代化的大潮中迅速减弱。

2018 年调研时发现，多数村子都有农民在农忙季节临时雇用本村的邻居帮忙，并按劳动天数或按土地面积支付报酬的情况。而代表农村公共议事特征的“大喇叭”，也被散居各地的成员建起的微信群代替。农民进入不同的城镇务工，但仍以微信群维系家庭感情、参与或了解村里的公共事务。在调研中，我们发现，无论目前的年龄是青年、中年，还是老年，均认为自己这一代和父母那一代相比，各个方面均有变化。

被问及“你认为父母那一代和自己这一代，最看重的关系是什么?”时，受访人回答情况如下：相对父母那一代，“血缘（家人亲戚）”受重视程度从 86.2% 下降到 71.3%，有较明显下降；“地缘（本村本地）”受重视程度从 5.95% 下降到 5.5%，基本持平；而“业缘（同事、客户、朋友等）”受重视程度从 7.9% 上升到 23.2%，明显倍增（见图 5）。整体淡化家庭内外情感、注重公民职责权益，使农村社会治理问题不能沿用过去的老思路、老办法解决，而必须着眼于立法、行政指令及相关公共政策的制定和落实，提升农村经济和民生发展环境的高度，从乡村振兴的战略高度来通盘考虑。

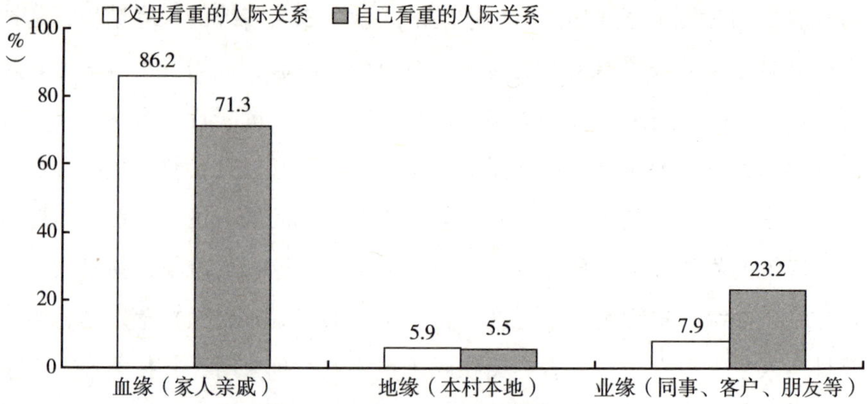

图5　看重人际关系的代际差异

四　未来展望：打造共建共治共享的社会治理格局

（一）加快户籍制度改革，建立健全城乡融合发展体制机制和政策体系

为贯彻落实十九大提出的“以城市群为主体构建大中小城市和小城镇协调发展的城镇格局，加快农业转移人口市民化”，河北省政府于2018年印发《河北省人口发展规划（2018～2035年）》，全面规划了全省人口发展工作：实现适度生育水平，保障劳动力有效供给，优化人口布局，促进重点人群共享发展等。根据上述规划，河北省全省常住人口城镇化率将在这期间稳步提升，至2035年将达到70%。而城乡融合发展的体制机制，不仅包括户籍制度的持续改革，还包括在户籍制度彻底取消前即推进完善统一的城乡居民基本医疗保险制度，要从制度层面不断打破人为造成的城乡壁垒，不断释放农村长期被压抑的生产力和积极性。目前河北省农村与城镇居民实行不同的社会保障和社会救助办法，如城镇居民的医保和农村“新农合”之间尚有差距；农村基本丧失劳动能力的60岁以上老年农民的养老金，也有待得到实质提升而非目前象征性的月均几十元；在住房保障体系方面，农村低收入人群安全住房保障尚未引起重视。今后，继续推进户籍制度改革，建立健

全城乡融合发展体制和政策体系，从制度和政策层面解决农村、农民遇到的现实问题，将是农村社会治理工作的重中之重。

（二）加强农村基层党组织建设，领导好乡村社会治理工作

农村基层党组织不仅是确保党的各项方针政策和重大决策部署顺利贯彻落实的基础，也是实现乡村社会治理工作的有效保障。习近平总书记曾在深度贫困地区座谈会上指出农村基础设施和公共服务严重滞后的状况，“村两委班子能力普遍不强，3/4 的村无合作经济组织，2/3 的村无集体经济，无人管事、无人干事、无钱办事现象突出”。这种现象在河北省不同程度地存在。河北省近年来大力开展精准扶贫工作，其中包括从省直机关选派一批优秀干部到农村担任村干部，这批干部深入农村后，从政治建设、经济建设、社会进步和文化提升等各个方面开展精准扶贫工作，使农村基层党组织的战斗堡垒作用得以发挥。精准扶贫，不仅要从外部“输血”，更要自身“造血”，要加强农村基层党组织建设，积极从农村非公有制经济组织和社会组织中，吸收优秀人才入党，还要抓紧在农村地区培养懂农业、爱农村、爱农民的“三农”工作队伍，实现农村社会治理工作水平的提升。

（三）健全乡村自治、法治、德治水平，建立新型乡村治理体系

著名社会学家费孝通曾提出，“从基层上看去，中国社会是乡土性的”。“差序格局”是我国农村社会的基本特征：由己到家，由家的亲属关系到社会关系。今后要继续完善村民自治组织的建设，积极引导村民自治组织在社会治理工作中发挥积极作用。通过法治教育和法律法规的宣传，使农民知法、懂法、守法，能通过法律的渠道来解决一些社会治理问题。同时，还要深挖以“熟人社会”为特征的首属群体中千百年来世代传承的道德规范和人文精神，重树乡贤模范的正面引导形象，使新一代农民能够做到自我管理、自我教育、自我服务、自我提高，确保中华民族优秀的文化精华能在广大农村得以保存和传承，并能结合时代精神再现风采。随着乡村自治、法治、德治水平的不断提高，逐步建立起新型乡村社会治理体系，实现十九大

的要求，“推动社会治理重心向基层下移，发挥社会组织作用，实现政府治理和社会调节、居民自治良性互动”。

（四）强化乡村振兴人才支撑，培育新型职业农民

农村各类专业人才是乡村振兴的主体保障。2018 年中央一号文件就乡村振兴人才问题从五个方面做出了具体部署。从河北省目前农村人口和劳动力结构看，留下来的农村劳动力普遍年龄过大或过小，受教育水平较低，接受新科技、新工具的能力较低，以现有农村常住人口推进乡村振兴战略远远不够，农村不仅需要资本和技术的持续注入，需要城镇知识精英和技术精英向农村回流，更需要改变农民的政治身份，使“农民”成为一种人人有机会选择、有机会退出的职业，而不仅仅是一种与生俱来的命运。中央一号文件提出，“让农业成为有奔头的产业，让农民成为有吸引力的职业，让农村成为安居乐业的美丽家园”，并明确提出“实施新型职业农民培育工程”，甚至第一次提出“鼓励各地开展职业农民职称评定试点”。河北省作为华北农业大省，在实施乡村振兴战略、京津冀协同发展的大好形势下，应积极谋划“新型职业农民培育工程”的落地，并争取率先推出“职业农民职称评定试点”。

参考文献

陈成文、赵杏梓：《社会治理：一个概念的社会学考评及意义》，《湖南师范大学社会科学学报》2014 年第 5 期。

党国英：《中国乡村社会治理现状与展望》，《华中师范大学学报》2017 年第 3 期。

宫学芬：《当前农村社会治理面临哪些新问题》，《人民论坛》2018 年 3 月 13 日。

柯凯鈇、杨军：《乡规民约的社会治理功能研究——以福建仙游县家训族规为例》，《学术论坛》2018 年第 2 期。

李宽：《农村社会治理的形势转变及未来趋向》，《学习时报》2017 年 9 月 25 日。

李培林：《乡村振兴与社会治理值得关注的五个课题》，《社会治理》2018 年第7 期。

陆益龙：《乡村社会治理创新的现实基础、主要问题与实现路径》，《中共中央党校

学报》2015 年第 5 期。

马良灿：《中国乡村社会治理的四次转型》，《学习与探索》2014 年第 9 期。

王凤丽：《农村家庭变化影响公共服务建设》，《中国社会科学报》2017 年 8 月 16 日。

王浦劬：《国家治理、政府治理和社会治理的含义及其相互关系》，《国家行政学院学报》2014 年第 3 期。

张翼：《乡村振兴重在治理有效》，《光明日报》2018 年 10 月 23 日。

张志明：《如何提升乡村社会治理现代化》，《学习时报》2017 年 9 月 25 日。

朱红文：《社会治理不要遗忘乡土》，《光明日报》2015 年 1 月 12 日。

B.18 河北省社会发展不平衡不充分的统计测度

张齐超*

摘　要： 本研究从经济发展、生活质量、公共服务和生态环境四个类别建构起一套社会发展综合评价指标体系，利用这一指标体系对河北省11个设区城市进行初步评价，力图揭示社会发展中不平衡不充分的状况。研究发现：不同领域发展不平衡不充分，公共服务是四个类别中发展水平较高的；同一领域不同方面发展不平衡不充分，经济发展的结构不协调，科技创新能力整体不足，公共服务领域公共阅读服务方面存在较明显短板；不同区域发展不平衡不充分，11个城市明显分为四个发展层级。

关键词： 不平衡不充分发展　指标体系　社会发展评价

一　不平衡不充分状况统计评价的背景与目的

十九大报告指出，中国特色社会主义进入新时代，总体实现小康，不久将全面建成小康社会。新时代社会主要矛盾已经转化为人民日益增长的美好生活需要和不平衡不充分的发展之间的矛盾。人民美好生活需要包括对物质

---

* 张齐超，河北省社会科学院社会发展研究所助理研究员，人类学博士，主要研究方向为经济人类学、农村社会文化变迁。

生活的更高要求，也包括民主、法治、公平、正义、安全、环境等方面的更高要求，制约满足人民美好生活需要的主要因素是发展不平衡不充分。全面、准确认识和评价不平衡不充分的领域、程度，尤为必要。

进行统计测度的目的是要对社会发展不平衡不充分现状提供更具说服力的认识。河北省正处于建设经济强省、美丽河北的重要阶段，面临不平衡不充分发展带来的挑战，全面掌握省情基础数据，科学厘定当前社会发展不平衡不充分的领域、程度，提供量化的指数体系，可以更好地服务于社会经济高质量发展。

二　不平衡不充分发展的理解与测度

（一）不平衡不充分的具体表现

十九大报告对发展的不平衡不充分进行了解释：所谓发展不平衡，主要指各区域各领域各方面发展不够平衡，制约了全国发展水平提升；发展不充分，主要指一些地方、一些领域、一些方面还有发展不足的问题，发展的任务仍然很重。[①] 学界对不平衡不充分发展的具体表现进行了进一步研究。

胡鞍钢等认为发展的不平衡不充分主要体现在以下方面：社会生产能力发展尚不充分，地区和城乡收入不平衡，消费不充分，物质文明与精神文明不平衡，人与自然发展不平衡，经济建设与总体安全不平衡。其中在社会领域，教育经费投入、教育质量、就学机会存在城乡和地区不平衡，卫生健康投入、卫生服务的可及性及利用程度、卫生健康水平存在城乡和地区差距，社会保障支出占 GDP 比重、养老保险覆盖率不充分。[②]

① 《决胜全面建成小康社会　夺取新时代中国特色社会主义伟大胜利——在中国共产党第十九次全国代表大会上的报告（2017 年 10 月 18 日）》，http：//cpc. people. com. cn/n1/2017/1028/c64094 -29613660. html，最后访问日期：2018 年 11 月 15 日。

② 胡鞍钢、鄢一龙：《我国发展的不平衡不充分体现在何处》，《人民论坛》2017 年第 11 期，第 72 ~73 页。

白玫区分了发展不平衡和发展不充分。发展不平衡主要表现在城乡基础设施、社会服务、居民收入不平衡，地区经济发展失衡，不同地区、行业、岗位收入分配不平衡，经济发展与自然生态环境不平衡。发展不充分表现在实体经济的质量、层次、效率不高，创新能力发展不充分，民生领域的社会保障、教育、就业、就医等方面问题突出，行业垄断市场化改革不充分。①

陈金钊专门讨论民主法治领域的不平衡不充分，主要表现在立法相对较快、公正司法问题严重，法治国家、法治社会相对法治政府建设较慢，法治思维能力不高。②

不仅在学术界，地方政府也从实际工作的角度分析自身发展的不平衡不充分问题。以河北省为例，2018 年河北省政府工作报告指出："河北省发展不平衡不充分的问题尚未根本解决……一是结构性矛盾依然突出。产业结构重，资源消耗大，环境代价高，发展质量和效益偏低；区域发展不平衡，城镇化率和城镇发展质量不高。二是新旧动能转换不快。科技创新能力弱，新兴产业尚未形成有效支撑，传统产业改造升级任务艰巨，改革开放亟待突破。三是生态环境治理任重道远。大气、水、土壤环境问题依然严峻，生态保护和修复任务繁重。四是风险隐患不容忽视。部分地区政府债务偏高，违法违规金融活动时有发生，安全发展面临不少挑战。五是民生领域仍有短板。脱贫攻坚任务重，就业、教育、医疗、养老等方面还不能很好满足人民群众的需要。六是营商环境尚需改善。政府部门服务质量和效率有待进一步提高。"③ 这一判断从当前河北省面临的主要问题和任务入手，指出不平衡不充分发展集中在经济、生态、金融、民生、政府体制改革等领域。

① 白玫：《抓住新矛盾　着力解决发展不平衡不充分难题》，《价格理论与实践》2017 年第 11 期，第 11～14 页。

② 陈金钊：《解决法治发展不平衡、不充分问题》，《社会科学报》2017 年 11 月 30 日，第 003 版。

③ 《政府工作报告——2018 年 1 月 25 日在河北省第十三届人民代表大会第一次会议上》，http：//jjj. comnews. cn/zcsd/20180205/15441. html，最后访问日期：2018 年 11 月 7 日。

（二）对不平衡不充分状况统计测度的探索

目前关于不平衡不充分发展状况的统计测度体系的研究才刚刚起步，公开发表的论文也并不多，主要来自统计部门的官员之手。

国家统计局的潘建成提出对不平衡不充分发展的统计测度需要构建平衡指数和充分指数。平衡指数包括反映居民收入差距、城乡发展差距、区域发展差距、民生短板、投资消费不平衡、产业结构不平衡等方面的30多个指标。充分指数包括创新及经济增长新动能、效率指标、质量指标三个方面的20多个指标。①

无锡市统计局的杨晋超等认为不平衡不充分是难以完全区分的，提出需要充分考虑领域、群体、地域三者间关系，进而从这三个方面构建不平衡不充分评价体系。领域方面包括现代服务业增加值占GDP比重等30个指标。群体方面包括享受加计扣除减免税企业所占比重、中小企业贷款比重、人均公共体育设施面积等反映企业创新、融资和公民享有公共服务等情况的16个指标。区域方面包括人均教育投入高低值倍差、人均生产总值高低值倍差等反映区域综合实力差距、人民生活差距等情况的16个指标。② 这一评价体系很有启发性，比较完整和全面地反映发展的各个方面。不过某些指标是一些核心指标的不同开发运用方式，这让该指标体系略显烦琐。

（三）简单评述

上述研究从理论和实践角度提供了关于发展不平衡不充分的理解。从理论上来说，社会发展是一个整体性工程，在推进这项工程过程中，由于多种原因，不同的领域、不同的地域在发展速度、质量、广度等方面不尽相同，呈现不平衡不充分发展的局面。从实际工作角度来说，某一阶段社会建设有一些侧重或重要领域突破，而另一些方面则相对薄弱，形成社会发展的不同

① 潘建成：《美好生活与不平衡不充分如何监测》，《中国统计》2018年第5期，第4～6页。

② 杨晋超、吴骥：《不平衡不充分的统计评价》，《统计科学与实践》2018年第6期，第32～35页。

领域甚至同一领域不同维度发展不平衡不充分的局面。从满足人民美好生活需要角度来说，尽管几十年的社会发展在某些方面达到了较高的水平，但相对于人民更高水平的需要而言，当前社会发展是不能满足人民需要的。因此可以说不平衡不充分是相比较而言的，具有一定的历史阶段性。换言之，发展的不平衡问题是绝对的，平衡是相对的。协调发展是平衡和不平衡的统一。发展的不充分问题是长期存在的，不充分是绝对的，充分只是相对的。充分发展并不能一劳永逸。①

社会发展的根本目的是满足人民对美好生活的需要，人民的美好生活既包括对物质和文化的需要，也包括对环境、公平、民主、法治、健康等各方面的需要。本研究将围绕美好生活和全面建成小康社会的要求构建评价指标体系，实现对不平衡不充分发展状况的统计测度。针对目前社会发展中不平衡不充分的问题，本指标体系将围绕经济发展、生活质量、公共服务、生态环境四个方面展开。

三 指标体系构建与评价机制

（一）指标选取原则

一是全面性。“美好生活”的内涵不仅包括物质生活的富裕，还包括更高的民主、法治、公平、正义、安全、环境等生活需要，因此其评价指标体系是一个综合因素多、涵盖范围广的测量尺度，指标体系应尽量包含美好生活的各个方面。

二是代表性。指标体系具体指标的选择要符合社会发展的规律，适应不同发展层次的区域，同时应代表和反映经济发展、生活质量、公共服务、生态环境等各方面的发展状况。

三是可比较性。本研究的重要目的是反映河北省社会发展不平衡不充分

① 董振华：《如何理解发展的不平衡不充分》，《学习时报》2017 年 12 月 27 日，第 001 版。

的情况，发展的不平衡是不同区域、不同领域等发展状况相比较来呈现的，发展的不充分是当前的发展状况与较高的发展标准相比较来呈现的。为此，在指标选择上主要把握差异性和发展程度两个维度，选取能够反映发展不平衡不充分的指标。

四是可操作性。指标体系应具有较强的实践操作性，具体指标的数据来源易于采集收集，指标体系的设置尽量避免烦琐复杂，选取基本的、有代表性的数据作为量化的指标。

（二）指标体系层次与内容

按照上面论述，本研究的指标体系首先确定“经济发展、生活质量、公共服务、生态环境”四个基本类别，再逐次确定次级类别，也就是二级指标。经济发展区分为经济规模和结构质量两层，生活质量区分为生活水平和社会结构两层，公共服务区分为卫生服务、教育配置和文化服务三层，生态环境区分为资源利用和环境改善两层。二级指标进一步细化为可操作的三级指标。三个层次共同构成整个评价指标体系（具体见表1）。

表1　社会发展评价指标体系

一级指标	权重	二级指标	权重	三级指标	权重	方向
经济发展	20	经济规模	50	地区生产总值	40	正
				人均地区生产总值	30	正
				人均地方财政收入	30	正
		结构质量	50	第三产业占比	40	正
				万人专利申请受理数	30	正
				规上企业 R&D 经费内部支出占规上企业营收比	30	正
生活质量	30	生活水平	60	城镇居民人均可支配收入	20	正
				农村居民人均可支配收入	20	正
				城镇居民恩格尔系数	20	负
				农村居民恩格尔系数	20	负
				城镇居民人均住房面积	20	正
		社会结构	40	城乡居民收入比	35	负
				常住人口城镇化率	35	正
				城镇登记失业率	30	负

续表

一级指标	权重	二级指标	权重	三级指标	权重	方向
公共服务	30	卫生服务	35	千人床位数	35	正
				千人卫生技术人员数	35	正
				千人执业(助理)医师数	30	正
		教育配置	35	普通高中生师比	30	负
				普通初中生师比	35	负
				普通小学生师比	35	负
		文化服务	30	广播节目综合人口覆盖率	35	正
				电视节目综合人口覆盖率	35	正
				人均公共图书馆藏书量	30	正
生态环境	20	资源利用	50	单位 GDP 能耗	50	负
				森林覆盖率	50	正
		环境改善	50	空气优良天数	50	正
				建成区绿化覆盖率	50	正

四　社会发展不平衡不充分状况的实证分析

（一）数据来源与计算结果

1. 数据来源及说明

根据上一节提出的指标体系设定，以河北省为个案，收集 2016 年各项指标的统计数据（见表 2）。

数据来源说明如下。

（1）本研究主要数据取自《河北经济年鉴 2017》，部分数据根据《河北经济年鉴 2017》数据换算而来。人均地区生产总值由地区生产总值除以常住人口数获得；人均地方财政收入由地方财政收入除以常住人口数获得；万人专利申请受理数由该城市专利申请数除以常住人口数获得；规上企业 R&D 经费内部支出占规上企业营收比由规上企业 R&D 经费内部支出除以规上企业营业收入获得；城乡居民收入比由城镇居民人均可支配收入除以农村居民人均可支配收

表 2　设区市原始统计数据

	石家庄	承德	张家口	秦皇岛	唐山	廊坊	保定	沧州	衡水	邢台	邯郸
地区生产总值(亿元)	5927.73	1438.57	1465.99	1349.35	6354.87	2720.46	3477.13	3544.68	1420.18	1975.75	3361.11
人均地区生产总值(万元)	5.5	4.07	3.31	4.36	8.1	5.89	2.99	4.72	3.19	2.7	3.54
人均地方财政收入(元)	3308.43	2325.53	3202.12	3748.73	4526.87	7339.64	2063.69	2936.47	2149.62	1522.97	2154.28
第三产业占比(%)	46	38	45	51	36	48	39	42	40	39	40
万人专利申请受理数(件)	11.3	3.34	3.31	18.22	7.1	10.7	6.72	6.19	6.42	6.12	4.28
规上企业 R&D 经费内部支出占规上企业营收比(%)	0.74	0.46	0.46	0.84	0.65	0.42	1.26	0.31	0.63	0.67	0.52
城镇居民人均可支配收入(元)	30459	24856	26069	30348	33725	34633	25680	28605	23787	23913	26603
农村居民人均可支配收入(元)	12345	8736	9241	11621	15023	14286	11612	11340	10069	10006	12153
城镇居民恩格尔系数(%)	24.6	28.7	28.4	26.5	24.9	21.6	21.7	23.5	28.1	25.5	25.7
农村居民恩格尔系数(%)	27.8	32.7	34.4	28.5	26.2	27.5	24.5	29.2	30.7	30.7	28.1
城镇居民人均住房面积(m^2)	38.26	—	29.34	34	33.03	34.62	38.73	39	—	36.08	—
城乡居民收入比	2.47	2.85	2.82	2.61	2.24	2.42	2.21	2.52	2.36	2.39	2.19
常住人口城镇化率(%)	59.96	49	54.16	56.13	60.41	56.8	49.03	50.56	48.89	49.83	53.53
城镇登记失业率(%)	3.7	3.45	3.45	3.02	4.28	1.78	4.35	3.37	3.86	3.81	3.8
千人床位数(个)	4.95	5.59	4.88	5.57	5.36	4.43	4.38	4.78	4.31	4.48	5.03

续表

	石家庄	承德	张家口	秦皇岛	唐山	廊坊	保定	沧州	衡水	邢台	邯郸
千人卫生技术人员数(人)	8.61	7.5	6.61	8.41	8.34	7.34	7	7.37	6.85	6.62	7.01
千人执业(助理)医师数(人)	2.95	2.41	1.86	2.75	2.56	2.21	2.18	2.46	2.34	2.19	2.09
普通高中生师比	8.95	13.27	10.78	11.12	9.69	10.87	12.65	12.85	11.03	10.89	10.07
普通初中生师比	14.54	12.98	12.85	9.34	11.24	14.31	14.24	13.17	15.71	14.87	15.32
普通小学生师比	19.63	16.4	15.86	13.99	17.17	18.91	20.62	18.94	18.43	18.49	20.82
广播节目综合人口覆盖率(%)	99.4	94.19	99.67	100	100	100	98.57	100	100	99.41	99.99
电视节目综合人口覆盖率(%)	99.38	96.48	99.71	100	100	100	98.34	100	100	99.39	98.9
人均公共图书馆藏书量(册)	0.62	0.28	0.33	0.48	0.32	0.52	0.19	0.21	0.15	0.22	0.19
单位 GDP 能耗(吨标准煤/万元)	0.701	0.985	0.996	0.786	1.253	0.635	0.597	0.781	0.732	0.975	1.143
森林覆盖率(%)	38.3	56.7	39	46.75	36.4	28.9	28.2	29.5	30.1	29.4	29.2
空气优良天数(天)	172	275	288	281	200	208	155	207	130	173	189
建成区绿化覆盖率(%)	44.53	43.94	42.99	40.23	37.98	45.97	39.01	36.94	39.01	36.02	44.69

入获得；千人床位数、千人卫生技术人员数、千人执业（助理）医师数分别由床位数、卫生技术人员总数、执业（助理）医师数除以常住人口数获得；普通高中生师比、普通初中生师比、普通小学生师比分别由在校高中生人数、初中生人数、小学生人数除以普通高中、初中、小学专任教师数获得；人均公共图书馆藏书量由各市公共图书馆藏书量除以常住人口数获得。

（2）森林覆盖率数据取自各设区市 2017 年政府工作报告、2016 年国民经济与社会发展统计年报。

（3）城镇居民人均住房面积取自《中国城市年鉴 2017》，石家庄、唐山数据取自《石家庄市统计年鉴 2017》《唐山市统计年鉴 2017》。

（4）个别指标的统计数据难以获得，但又不能用其他指标替代，因此本文采取最低赋值法进行处理，即将缺失指标的标准化得分定为最低的 60 分。

2. 权重设置与标准化处理方法①

本指标体系中的三个级别指标采取逐层独立权重法进行加权。同一层次的指标权重并不按照平均原则赋予，而是按照指标在体系中的地位和作用进行赋权。赋予指标权重属于间接量化的范畴，主观色彩较重，为此我们参考国内外一些重要指标体系的指标权重，经综合比较考量后，对本研究各层级指标赋予权重，其结果参见表 1。

每项指标中，分值最高的单位成绩定为 100 分，分值最低的单位成绩定为 60 分，其他指标根据相应成绩差距计算分值。每项指标的标准化处理采用极值法，将各单位的每项指标实际值中最大值与最小值的差值设为 R，定义为该项指标的极差，公式为：$X\max - X\min$。

单位 n 的正向指标得分 Dn：用各指标实际值 Xn 减指标最小值，再除以极差，并乘以 40，再加 60，公式为 $Dn = (Xn - X\min)/R \times 40 + 60$。

单位 n 的负向指标得分 Dn：用各指标最大值减指标实际值 Xn，再除以极差，并乘以 40，再加 60，公式为 $Dn = (X\max - Xn)/R \times 40 + 60$。

① 本小节方法参考了黎昕主编《社会发展综合评价指标体系研究》，海峡出版发行集团、鹭江出版社，2013，第 152 页。

将各单位三级指标得分加权相加得到各单位二级指标得分 Cn；将各单位二级指标得分加权相加得到各单位一级指标得分 Bn；将各单位一级指标得分加权相加得到各单位总得分 An。计算公式分别为：

$$Cn = \frac{\sum Dn \times \alpha}{100} \qquad Bn = \frac{\sum Cn \times \beta}{100} \qquad An = \frac{\sum Bn \times \gamma}{100}$$

3. 计算结果

利用上一小节提出的方法，我们通过运用 SPSS 统计软件，获得二级指标得分、一级指标得分、各设区市总得分，如表 3、表 4 所示。

表 3　各设区市二级指标得分

	石家庄	承德	张家口	秦皇岛	唐山	廊坊	保定	沧州	衡水	邢台	邯郸
经济规模	85.56	64.99	65.20	68.28	94.20	83.48	68.56	74.43	62.61	62.00	69.60
结构质量	83.35	64.20	71.37	94.69	67.34	80.93	78.01	68.83	71.22	71.00	68.13
生活水平	86.82	62.16	62.66	79.39	89.02	92.81	88.71	84.93	65.36	73.75	74.90
社会结构	84.37	64.18	70.97	79.88	86.90	90.59	73.69	73.34	72.40	73.19	82.02
卫生服务	92.95	86.28	66.25	96.29	91.29	70.32	67.01	76.96	66.96	65.57	73.18
教育配置	77.01	75.05	83.39	93.96	87.26	73.67	65.34	70.58	71.13	73.33	69.74
文化服务	96.09	63.25	90.62	96.41	92.37	97.52	78.94	89.61	88.00	85.87	84.68
资源利用	83.92	88.17	75.41	87.26	65.75	79.33	80.00	75.30	77.22	69.32	64.06
环境改善	82.42	94.27	94.01	87.58	72.80	89.87	69.17	71.60	66.01	65.44	84.90

资料来源：根据表 2 数据计算整理所得。

表 4　各设区市一级指标得分

	石家庄	承德	张家口	秦皇岛	唐山	廊坊	保定	沧州	衡水	邢台	邯郸
经济发展	84.45	64.60	68.28	81.49	80.77	82.21	73.28	71.63	66.92	66.50	68.87
生活质量	85.84	62.97	65.99	79.59	88.18	91.92	82.70	80.29	68.18	73.53	77.75
公共服务	88.31	75.44	79.56	95.52	90.20	79.65	70.01	78.52	74.73	74.34	75.43
生态环境	83.17	91.22	84.71	87.42	69.28	84.6	74.59	73.45	71.61	67.38	74.48
总得分	85.77	72.69	74.26	86.83	83.52	84.83	75.39	76.66	70.58	71.14	74.62

资料来源：根据表 2 数据计算整理所得。

总的来说，石家庄、廊坊、秦皇岛、唐山处于第一方阵，社会发展综合水平较高。保定、沧州、邯郸处于第二方阵，综合得分相当接近。承德、张家口、衡水、邢台处于第三方阵，综合得分相距第一方阵，特别是省会石家庄较大。

（二）评价结果

本研究的目的是对河北省社会发展不平衡不充分状况进行测度，测度结果的评价分析将围绕各项主要指标在不同设区市之间的表现而展开。

1. 经济发展指标不平衡不充分情况分析

经济发展整体来看，区域间发展不平衡状况较为突出，设区市间存在较明显的发展差距。石家庄、秦皇岛、唐山和廊坊的经济发展水平较高，并且与其他 7 个城市经济发展水平形成较为清晰的差距分割线。

经济规模区域间不平衡较为突出。唐山得分尤为突出，石家庄、廊坊紧随其后，其他城市得分较为均衡且是在较低层面上的较为均衡，与唐山、石家庄、廊坊三市的差距较大。具体到三级指标来说，唐山和石家庄的地区生产总值分别是最低的秦皇岛的 4. 71 倍和 4. 39 倍。人均国民生产总值唐山一枝独秀，达到 8. 1 万元，比省会石家庄高 2. 6 万元，比最低的邢台高 5. 4 万元。廊坊尽管地区生产总值仅处全省中下层次，但人均地方财政收入高达 7339. 64 元，高于第二名唐山 2812. 77 元。邯郸、保定、沧州的地区生产总值居于全省中游，但因人口基数较大，人均地区生产总值和人均地方财政收入仍较低，这也表明三市的经济总量并不充分。其余各市的地区生产总值均未超过 2000 亿元，不过秦皇岛的人均地区生产总值和人均地方财政收入较高，除人口基数小外，经济发展质量较高是一个重要因素。邢台的人均地区生产总值和人均地方财政收入均为全省最低，与排名较靠前的唐山和廊坊差距较大。

经济结构质量全省整体发展不充分。第三产业占比方面，仅秦皇岛高于 50%，廊坊、石家庄、张家口三市超过 45%，其余各市均在 40% 左右，而地区生产总值最高的唐山第三产业占比最低，仅为 36%，产业结构调整仍然不够充分。万人专利申请受理数方面，秦皇岛居首位，为18.22件，其次为石家庄和廊坊，唐山等5市在6~7.1件，邯郸仅为4.28件，而张家口和承德最低，仅为3.31件和3.34件。规上企业R&D经费内部支出占规上企业营收比是衡量企业推动科技研发的重要指标，保定的得分最高，为1.26%，其次为秦皇岛（0.84%）和石家庄（0.74%），邢台（0.67%）、唐山（0.65%）、衡水（0.63%）居于第三层次，其余邯郸、廊坊等5市均在0.52%以下，其中沧州仅为0.31%，而同年全国平均水平为0.94%。换言之，2016年河北省经济发展的科技创新能力整体不足，整体发展不充分。

与此同时，设区市经济结构质量的发展不平衡性也较为突出。秦皇岛的结构质量得分显著高于其他城市，从构成结构质量的三项指标得分来看，秦皇岛均位列前茅。其次是石家庄和廊坊，第三产业都成为各自占比最重的产业，产业结构相较其他各市发展更加充分。作为省会的石家庄在专利申请受理总数、规上企业R&D经费内部支出总额等方面均远高于其他设区市，换言之，石家庄经济发展的创新实力最强。但是其万人专利申请受理数仅为全省第二，规上企业R&D经费内部支出占规上企业营收比也仅列第三位，在某种程度上说明科技研发的投入力度和产出仍然不足。保定尽管结构质量得分仅位列第四位，但其研究经费支出占比达到1.26%，高于其他各市0.42~0.95个百分点，万人专利申请受理数居第五位，表明保定市在推动经济结构调整、提升经济质量方面更为有力。

2.生活质量指标不平衡不充分情况分析

生活质量领域，11个城市发展不平衡状况明显，呈现较明显的梯次分布特征。从得分来看，廊坊得分最高，其次为唐山、石家庄、保定、沧州和秦皇岛水平大体相同，再次为邯郸和邢台，衡水、张家口、承德三市处在最后一个档次。

生活水平方面，各城市间发展不均衡状况突出，多数城市发展不充分，收入水平较低。从得分来看，廊坊的生活水平最高，其次分别为唐山、保定和石家庄，再次为沧州和秦皇岛，之后邢台和邯郸得分相近，排名最后的是衡水、张家口和承德。生活水平指标由人均可支配收入、恩格尔系数和居住面积构成，分别来看，仅廊坊、唐山、石家庄、秦皇岛的城镇居民人均可支配收入超过 3 万元，且大幅高于排名靠后的衡水等市，廊坊城镇居民人均可支配收入比衡水高 10846 元。农村居民人均可支配收入的区域差距同样显著，唐山农村居民人均可支配收入最高，并且高于承德 6287 元，高于张家口 5782 元。其他城市中，除廊坊农村居民人均可支配收入超过 1.4 万元外，均低于全国平均水平（12363 元）。恩格尔系数反映食品支出占消费支出的比例，比例越低表明生活越富裕，国际通常将恩格尔系数在 40% ~49% 定为小康，30% ~39% 定为富裕。以此标准衡量，11 个城市城镇居民恩格尔系数都已降至 30% 以下，说明城镇居民生活达到较高的水平。农村居民恩格尔系数方面，11 个城市均低于 39% 的标准线，其中保定、唐山、石家庄、廊坊、秦皇岛、沧州、邯郸的农村居民恩格尔系数低于 30%，衡水、邢台略高于 30%，而承德、张家口最高，分别为 32.7%、34.4%，但也低于 39% 的国际标准线，这说明全省农村居民生活同样达到较高的水平，但承德、张家口两市与唐山、廊坊等城市存在一定差距。获得“城镇人均住房建筑面积”统计数据的 8 个城市，有 3 个城市较为接近当年全国平均水平（40.8m^2），分别是沧州（39m^2）、保定（38.73m^2）、石家庄（38.26m^2），其次为邢台（36.08m^2），而秦皇岛、唐山和廊坊都在 34m^2左右，张家口最低，仅为 29.84m^2，这表明各城市城镇居民居住条件仍发展不足，个别城市可能存在居住条件紧张的局面。

社会结构方面得分整体偏低，社会结构发展不尽合理。社会结构主要是反映居民生活结构性（公平性、合理性）的发展情况，从综合得分来看，廊坊最高，其次为唐山、石家庄和邯郸，其余城市得分偏低，反映出城市间社会结构的公平性、合理性存在较大的分化。具体到三级指标来看，城乡居民收入比方面，邯郸最低（2.19），唐山（2.24）、保定（2.21）与其较为接近，且远低于全国平均水平（2.72），说明三市城乡居民收入差距相对较小，收入分配相对公平。其他城市城乡居民收入比都偏高，但若与河北省经济与社会发展“十三五”规划目标（2.35）相比，那么各市仍存在一定程度的发展不充分。尤其是承德和张家口分别高达2.85、2.82，已经超过全国平均水平，表明两市城乡居民收入分配公平性较差。常住人口城镇化率方面，唐山最高（60.41%），其次为石家庄、廊坊、秦皇岛、张家口、邯郸等市，最低的是衡水（48.89%），与唐山相差11.52个百分点，可见各市城镇化进程的不均衡性较为突出。城镇登记失业率方面，廊坊最低，仅为1.78%，其次为秦皇岛（3.02%），石家庄、承德、张家口、沧州、衡水、邢台和邯郸的城镇登记失业率分布在3.37%～3.86%，控制在4%以内。但保定（4.35%）和唐山（4.28%）均超过4%，同时也超过当年全国城镇登记失业率（4.02%），表明两市的就业问题较为严峻。

3. 公共服务指标不平衡不充分情况分析

公共服务发展水平整体较高，且相对均衡。秦皇岛公共服务得分高达95.52分，在11个城市中处于领先位置，说明秦皇岛的公共服务水平明显好于其他城市。其次为石家庄、唐山，两市得分较近，表明公共服务水平大体相当，不过与秦皇岛仍存在一定的差距。张家口、廊坊、沧州得分相近，处于大致相同的发展水平。再次为衡水、邢台、邯郸、承德，得分最低的是保定，这5个城市的公共服务发展水平与秦皇岛、石家庄、唐山三市的差距较大。总体来说，公共服务是各领域中发展水平较高的一块，但仍存在公共服务资源过于集中的问题，在省会城市、经济较发达城市与其他城市之间形成较为明显的发展不平衡局面。

卫生服务的发展水平存在较为清晰的两极分化。秦皇岛、石家庄和唐山处于发展水平较高的一极，三市得分较高且较为接近，千人床位数、千人卫生技术人员数和千人执业（助理）医师数均居于各市前列。其中石家庄的千人卫生技术人员数和千人执业（助理）医师数均位列第一位，千人床位数位列第五位，这一方面说明石家庄卫生服务均等化程度较高，另一方面也说明石家庄集聚了大量的医疗卫生资源。承德卫生服务发展水平虽然没有以上三市高，但在某些方面表现较为突出，如千人床位数达到5.59个，居各市之首。其余各市的卫生服务水平与以上四个城市存在一定的差距，如衡水千人床位数较承德少1.28个，张家口的千人卫生技术人员数和千人执业

（助理）医师数较石家庄分别低 2 人和 1.09 人。

教育资源均等化方面，除秦皇岛发展水平较高外，整体发展水平偏低，发展不充分局面普遍存在。“生师比即平均每位教师负担的学生数，是从整体上描述教师资源配置情况的指标。生师比越低，说明每位教师需要负担的学生数越少，教师的工作负担也就越轻。该指标也能反映教学方式，如在小班额、能够满足学生多种需求且活动多的地方，生师比水平都会低。”① 秦皇岛三项综合得分（93.96）大幅高于其他城市，其次是唐山（87.26）和张家口（83.39），其余城市得分均低于80，得分最低的保定仅65.34，与秦皇岛差距明显。具体到三级指标来看，普通小学生师比最低的是秦皇岛，最大的是邯郸，相差6.83，而以当年全国平均水平（17.12∶1）为标准，仅秦皇岛、承德、张家口低于全国标准，说明多数城市小学教师资源配置不尽合理；普通初中生师比最低的仍为秦皇岛，最高的是衡水，相差6.37，仍与当年全国平均水平（12.41∶1）比较，仅秦皇岛、唐山低于这一标准，说明九年义务教育阶段全省多数城市面临较大的教师资源短缺、配置不合理的问题；普通高中生师比最低的是石家庄，最高的是承德，相差4.32，不过11个城市普通高中生师比都低于当年全国平均水平（13.65∶1），说明其高中阶段教师资源配置较为合理，同时也表明高中阶段和义务教育阶段教师资源合理化配置的不平衡性。

文化服务整体发展水平较高，区域间发展水平较为均衡。从各市综合得分来看，普遍得分较高且较为均衡。虽然个别城市如承德、保定得分偏低，但反映在三级指标上，两个城市与其他城市差距并不大。具体说来，广播节目综合人口覆盖率、电视节目综合人口覆盖率在秦皇岛、唐山、廊坊、沧州、衡水等城市已经实现全覆盖，石家庄等城市的覆盖率也都超过99%，承德、保定、邯郸略低，承德广播节目综合人口覆盖率为94.19%、电视节目综合人口覆盖率为96.48%，保定两项覆盖率分别为98.57%和98.34%，

① 曾晓东、鱼霞：《从生师比的角度分析我国中小学教师的工作负担》，http://www.cssn.cn/dybg/dybg_jy/201507/t20150713_2075512_1.shtml，最后访问日期：2018 年 11 月 2 日。

邯郸电视节目综合人口覆盖率为98.9%，但尚未达到《河北省国民经济与社会发展第十三个五年规划纲要》制定的目标（>99%）。尽管文化服务总体发展水平较高，但人均公共图书馆藏书量偏低且各市间的差距较大。人均公共图书馆藏书量最高的是石家庄，人均0.62册，最低的是衡水，人均仅0.15册，仅为前者的1/4。排在石家庄之后的是廊坊和秦皇岛，人均公共图书馆藏书量分别达到0.52册和0.48册，其余城市均在0.1～0.4册，数量非常低。这凸显出多数城市在提供公共阅读服务、满足公众精神文化需求方面存在较明显短板，与广播、电视事业取得的高水平发展形成鲜明对比，反映出文化服务领域发展不平衡不充分的情况。

4. 生态环境指标不平衡不充分情况分析

生态环境领域，整体发展水平较低，区域间发展不均衡局面较突出。生态环境发展水平最高的是承德，其次是秦皇岛，再次是张家口、廊坊和石家庄，三市得分接近，其余6个城市得分都较低，尤其是唐山和邢台的生态环境得分最低，与得分较高的承德、秦皇岛存在较为明显的差距。接下来围绕二、三级指标做进一步分析。

资源利用方面，11个城市整体发展水平偏低，个别城市发展不充分状况突出。承德和秦皇岛得分较高且很接近，承德虽然森林覆盖率最高，但单位GDP能耗也较高，这是承德资源方面发展不均衡的一个表现；秦皇岛森林覆盖率居全省第二，单位GDP能耗维持在中间水平。石家庄、廊坊和保定三市处于相对接近的位置，森林覆盖率都不高，保定和廊坊的森林覆盖率是最低的，与此同时三市的单位GDP能耗又处于最低的行列，保定的单位GDP能耗（0.597吨标准煤/万元）是11个城市中最低的，较唐山（1.253吨标准煤/万元）低了1倍多，可见该指标的区域发展不均衡性非常突出。再次为衡水、沧州和张家口，衡水和沧州的森林覆盖率、单位GDP能耗大体相当，张家口森林覆盖率较高，但单位GDP能耗仍处在较高水平，达到0.996吨标准煤/万元。最后是邢台、唐山和邯郸，唐山尽管森林覆盖率居第五位，但因单位GDP能耗过高，直接拉低了资源利用方面的发展水平；邯郸森林覆盖率较低的同时单位GDP能耗过高（仅低于唐山），导致资源利用的发展水平在11个城市中最低。

环境改善方面，区域间发展水平不均衡明显，个别城市发展不充分情况突出。承德和张家口得分远高于其他城市，2016年承德空气优良天数为275天，张家口为288天，大大高于其他城市；承德建成区绿化覆盖率为43.94%，张家口为42.99%，分列三、四位，表明两市在生态环境方面的发展达到了较高的水平。秦皇岛和廊坊居于第二档次，空气优良天数均超过200天，建成区绿化覆盖率都超过40%，空气质量和城市环境相对较好。第三档次为邯郸和石家庄，两市建成区绿化覆盖率分列二、三位，但两市空气优良天数分别为189天和172天，与张家口、承德两市有明显差距。第四档次为唐山和沧州，唐山和沧州虽然空气优良天数在200天及以上，但建成区绿化覆盖率较低，位居倒数二、三位，城市生态环境的建设水平不够充分。第五档次是邢台、保定和衡水，三市的共同特点是建成区绿化覆盖率偏低的同时空气优良天数过少，分别为173天、155天、130天，突出表明了三市生态环境较差，发展不充分状况比较突出。

五 结语

本研究从经济发展、生活质量、公共服务和生态环境四个类别建构起一套社会发展综合评价指标体系，利用这一指标体系对河北省11个设区城市进行初步评价，力图揭示社会发展中不平衡不充分的状况。研究有以下几点发现。

（1）不同领域发展不平衡不充分。公共服务是四个类别中发展水平较高的。经济发展的总规模和效率面临发展不充分的状况，并且在一定程度上造成生活质量的水平不高、结构公平性较差。而生态环境方面整体水平不高，面临较大的改善提升压力。

（2）同一领域不同方面发展不平衡不充分。经济发展领域，第三产业占比和科技及研发投入占比等衡量经济发展结构质量的重要指标较低，说明河北省经济发展的结构不协调，科技创新能力整体不足，经济发展的结构质量整体不充分。公共服务领域，广播、电视事业总体发展水平较高，但在提供公共阅读服务、满足公众精神文化需求方面存在较明显短板。生态环境领域，张家口、承德等城市环境建设较好，但资源利用方面相对不足。

（3）不同区域发展不平衡不充分。综合四个类别整体发展水平来看，石家庄、廊坊、秦皇岛、唐山处于第一方阵，社会发展综合水平较高；保定、沧州、邯郸处于第二方阵；承德、张家口、衡水、邢台处于第三方阵，综合得分相距第一方阵，特别是省会石家庄较大。而落到具体发展类别上，区域间不平衡不充分发展状况更加复杂。

（4）本研究围绕经济发展、生活质量、公共服务和生态环境四个类别，选取27个指标，建构起一套指标体系。这一指标体系对于评估社会发展不平衡不充分状况具有一定的应用价值，不过也存在不足，即缺少关于民主、法治方面的指标。部分原因是目前关于公民参与度、民主、法治建设等方面的统计数据比较缺乏，难以满足定量评价的需求。为此，今后应一方面继续探讨什么指标适合用于衡量民主和法治建设，另一方面也应进一步完善统计上报制度、统一统计口径和公布制度，加强对民主和法治领域的统计。

参考文献

《决胜全面建成小康社会　夺取新时代中国特色社会主义伟大胜利——在中国共产党第十九次全国代表大会上的报告（2017年10月18日）》，http：//cpc. people. com. cn/n1/2017/1028/c64094 - 29613660. html，最后访问日期：2018年11月15日。

《政府工作报告——2018年1月25日在河北省第十三届人民代表大会第一次会议上》，http：//jjj. comnews. cn/zcsd/20180205/15441. html，最后访问日期：2018年11月7日。

白玫：《抓住新矛盾　着力解决发展不平衡不充分难题》，《价格理论与实践》2017年第11期。

曾晓东、鱼霞：《从生师比的角度分析我国中小学教师的工作负担》，http：//www. cssn. cn/dybg/dybg_ jy/201507/t20150713_ 2075512_ 1. shtml，最后访问日期：2018年11月2日。

陈金钊:《解决法治发展不平衡、不充分问题》,《社会科学报》2017 年 11 月 30 日,第 003 版。

董振华:《如何理解发展的不平衡不充分》,《学习时报》2017 年 12 月 27 日,第 001 版。

胡鞍钢、鄢一龙:《我国发展的不平衡不充分体现在何处》,《人民论坛》(上)特刊,2017 年 11 月。

黎昕主编《社会发展综合评价指标体系研究》,海峡出版发行集团、鹭江出版社,2013。

潘建成:《美好生活与不平衡不充分如何监测》,《中国统计》2018 年第 5 期。

杨晋超、吴骥:《不平衡不充分的统计评价》,《统计科学与实践》2018 年第 6 期。

B.19
河北省县域小康社会建设进程评价与分析

——以元氏县为例

刘晓如　陈　岩　田晓飞*

摘　要：　本文首先阐述了河北省县域小康社会实现程度，河北省全面小康社会建设进程与我国小康社会建设进程要求基本保持一致，但是各地区的全面小康建设进程参差不齐。全面小康涉及经济、社会、生活、文化教育等方方面面。其次以河北省元氏县为例对河北省县域小康建设问题进行具体分析，总体监测结果反映出元氏县在河北省县域小康建设进程中列居前位；通过具体监测经济发展、民主法治、文化建设、人民生活和资源环境指标分析小康发展进程并且发现其存在的问题；进行多元回归分析后，发现经济发展、民主法治、资源环境方面对元氏县小康建设呈现显著影响。最后从以经济建设为中心、加强法治建设、推进文化体制改革、加强资源环境保护、推进各县市协调发展几方面提出对策建议，以推进全面小康建设进程。

关键词：　河北省县域　小康社会建设　监测指标　经济发展

* 刘晓如，河北省社会科学院科研组织处，研究方向为地方经济；陈岩，石家庄铁道大学四方学院，经济管理系副教授，研究方向为财务管理；田晓飞，河北石家庄循环化工园区经济发展局，中级统计师，研究方向为能源节约潜力测算与节能对策。

党的十八大提出2020年全面建成小康社会的目标。河北省全面小康社会建设进程与我国小康社会建设进程要求基本保持一致，但是各地区的全面小康建设进程参差不齐。全面建设小康社会，重点在农村，我国农村大都分布在县域，所以县域小康建设对实现全面小康社会至关重要。本文对河北省县域小康社会建设进程进行评价与分析。

一 河北省县域小康社会实现程度

为了全面反映小康社会建设情况，本文根据十八大的要求结合河北省的县域小康发展特色，借鉴国家统计局提出的统计监测指标体系，依据以前其他省市县域小康研究成果，从五个不同方面包括经济发展、民主法治、文化建设、人民生活和资源环境建立的统计监测指标体系进行评价与分析。

河北省的各县市间的小康建设发展是不平衡的，必须要采用协调发展的策略，条件优越的县市要加快发展，这样可以带动周边的地区，落后的县市要加快进程，尽量减少与先进县市的发展差距。李冀冲对2010～2012年河北省135个县（市）的小康建设进程进行评价分析，总体评价为经济比较发达的地区如石家庄鹿泉、唐山迁安、邯郸武安、沧州黄骅等小康建设进程较快，经济比较落后的地区如衡水枣强、沧州海兴、邢台广宗等小康建设进程较缓慢。从时间角度分析各县域变化表现为：有的地区小康社会建设进程稳定发展，比如唐山迁安和迁西；有的地区小康建设进程呈现上升趋势，比如石家庄栾城和廊坊霸州；有的地区小康建设进程有所下降，比如唐山玉田。最后得出分析结论：河北省各县市地区间小康建设进程存在较大差异，小康社会建设可以通过加快经济生活与法治建设进行提升，但是不同县市还是要根据自己的发展需求因地制宜，才能更好地建设小康社会。[①]

全面小康涉及经济、社会、生活、文化教育等方方面面。河北省建设小

① 李冀冲：《河北省县域小康建设进程研究——基于面板数据的统计分析》，河北经贸大学硕士学位论文，2015。

康社会面临各种问题，比如河北省经济和科技的发展还不均衡，人均 GDP 还有待提高，产业结构有待调整，还需增加第三产业比重，应重点关注生态环境问题等。河北省小康社会的实现程度与发达省份相比还有很大差距。因此，实现小康还需要社会各界共同努力。刘文菡等、冯盼都对 2005～2014 年的河北省全面小康社会建设进程进行了评价分析，自 2005 年以来，河北省全面小康建设呈现良好的增长态势。① 现阶段河北省县市全面小康社会水平实现程度参差不齐。有石家庄和唐山全面小康社会水平实现程度较高的地区，有处于本省中等发展水平的张家口和承德地区，还有邢台、衡水全面小康社会水平实现程度较低的地区。研究的具体测评指标反映出河北省经济发展的实现程度比较低，民主法治与人民生活实现程度较高，文化教育实现程度持续上升，资源环境实现程度需要加强。综上所述，学者们对 2020 年全面建成小康社会的实现程度进行预测，认为未来基本实现河北省全面小康社会。

二　河北省县域小康建设问题分析——以元氏县为例

本文研究了自 2010 年开始直至 2016 年的元氏县小康监测有关指标，涵盖了经济发展、民主法治、文化建设、人民生活、资源环境五大方面数据。由于河北省县域小康建设监测数据正在全面进行中，监测系统还不是特别完善，有的指标数据不好监测或者是不可获得。因此根据数据的可获得性，再结合《河北省经济统计年鉴》《河北省县（市）社会经济统计年鉴》等相关文献资料进行深入分析。

（一）监测结果总体评价

本课题研究员研究 2015 年小康数据发现，在河北省的 13 个开展小康监测的县（市）中元氏县排名第二，比前一年排名有所提升，是 13 个县（市）前

① 刘文菡等：《河北省全面建成小康社会的统计监测与评价》，《经济师》2016 年第 10 期；冯盼：《河北省全面建成小康社会进程研究》，河北地质大学硕士学位论文，2017。

进位次最多的县。五大方面指数均高于60%，整体状况优于上年发展不均衡的“三高一中一低”态势，其中：民主法治、人民生活、资源环境三大类指数较高，均高于80%；经济发展、文化建设方面指数处于中间水平，均高于60%，整体发展呈现上升态势。2016年元氏县全面建成小康社会综合指数比2015年提高约2个百分点，比2010年提高约20.8个百分点，呈上升态势。

（二）小康监测具体指标分析

1. 经济发展平稳运行

元氏县经济发展综合指数从2015年的81.65%上升到2016年的85.14%，提高3.49个百分点。在反映经济发展方面的4项监测指标数据中，根据图1和图2数据分析发现，人均GDP、第三产业增加值占GDP比重和城镇人口比重都呈上升趋势，但是都没有达到目标值，特别是人均GDP监测发现与小康目标值差距较大。互联网普及率也呈上升趋势，2016年监测数据为94.7%，已经远超目标值。总之，衡量经济发展的指标均比上年同期有小幅提升，表明2016年元氏县经济发展稳中有升。

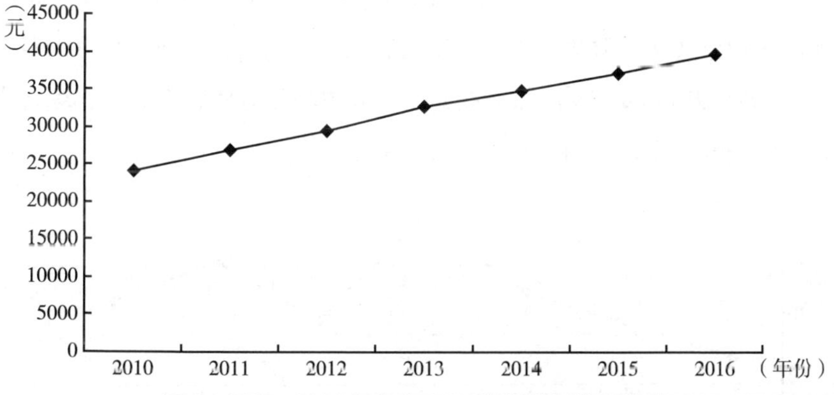

图1　2010～2016年人均GDP监测数据发展趋势

2. 民主法治逐步完善

元氏县民主法治综合指数从2015年的76.83%上升到2016年的85.25%，提高8.42个百分点。在反映民主法治的3项监测指标数据中，基

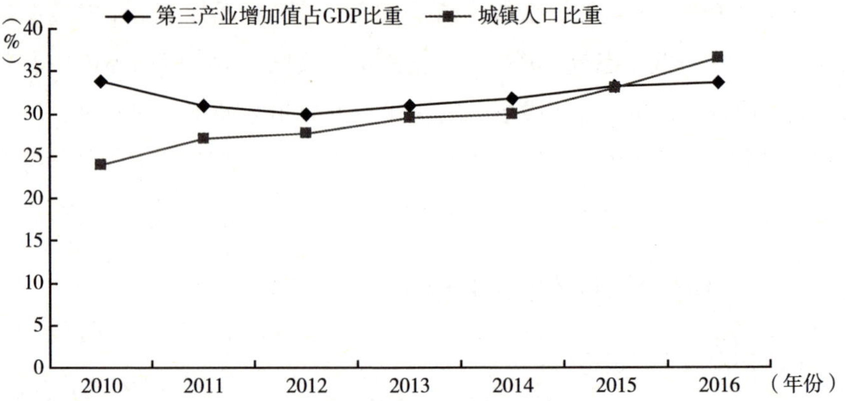

图 2　2010～2016 年第三产业增加值占 GDP 比重与城镇人口比重发展趋势

层民主参选率从 2010 年的 96% 已经上升到 2016 年的 100%，高于目标值 95%；每万人口行政诉讼发案率和每万人拥有社会组织数在缓慢上升，原因是刑事犯罪人数有所上升，但是没有达到目标值。

3. 文化建设稳步发展

元氏县文化建设发展水平呈现小幅下降趋势，从 2015 年的 68.27% 下降到 2016 年的 67.47%，在反映文化建设的 3 项监测指标数据中，依据图 3 反映出人均公共文化财政支出在 7 年间表现出波动变化趋势；每万人口拥有"三馆一站"及村（社区）综合性文化服务中心覆盖率和广播电视综合人口覆盖率均未波动变化，均已基本达到小康目标值。

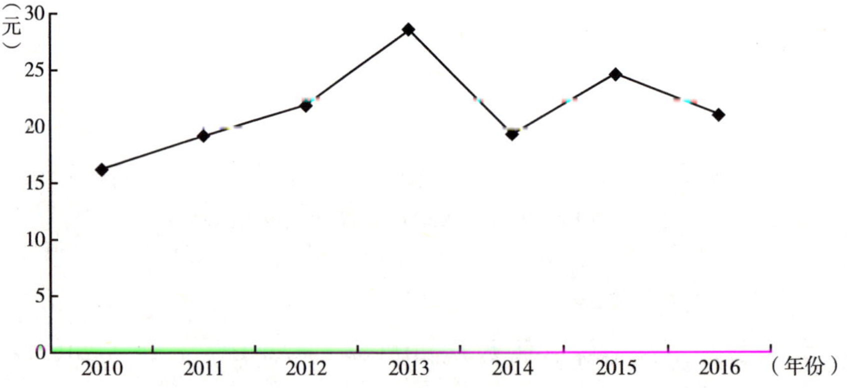

图 3　2010～2016 年人均公共文化财政支出发展趋势

4. 人民生活稳步提高

元氏县人民生活水平综合指数 2015 年为 87.55%，2016 年为 89.6%，提高约 2.1 个百分点。在反映人民生活的主要监测指标数据中，根据图 4、图 5 和图 6 数据分析发现，城乡居民人均收入呈逐年增长趋势，2016 年达到 14402.3 元，但是与目标值 18000 元还存在差距；恩格尔系数近几年有下降趋势；5 岁以下儿童死亡率逐年下降，已达到小康目标值；基本社会保险覆盖率、卫生发展指数和高中阶段学生毛入学率近年来上升趋势明显，接近小康目标值；农村自来水普及率和农村卫生厕所普及率已达到小康目标值。但是 2016 年现行标准中农村贫困人口累计脱贫率仅为 59.41%，与小康目标值差距较大。

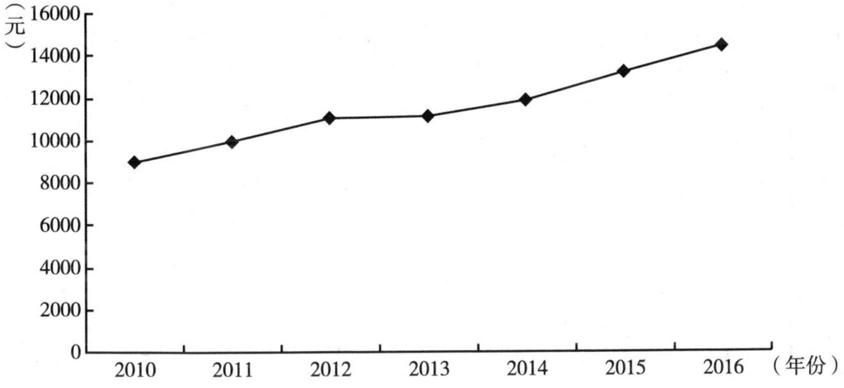

图 4　2010～2016 年城乡居民人均收入发展趋势

5. 资源环境逐渐优化

元氏县的资源环境在 2015 年综合指数为 82.4%，2016 年综合指数上升到 87.03%，提高 4.63 个百分点。在反映资源环境的主要监测指标数据中，单位 GDP 能源消耗和农村自来水普及率综合指数均为 100%，已达到小康目标值；城市建成区绿化覆盖率和县城污水集中处理率已经达到小康目标值；县城空气质量优良天数比率和生活垃圾处理指数远达不到小康目标值，说明元氏县的资源环境还需要进一步优化。

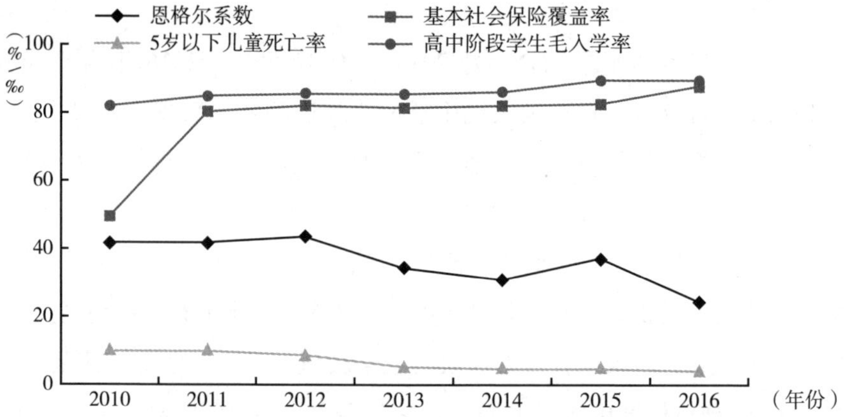

图5　2010～2016年恩格尔系数、基本社会保险覆盖率、5岁以下儿童死亡率、高中阶段学生毛入学率发展趋势

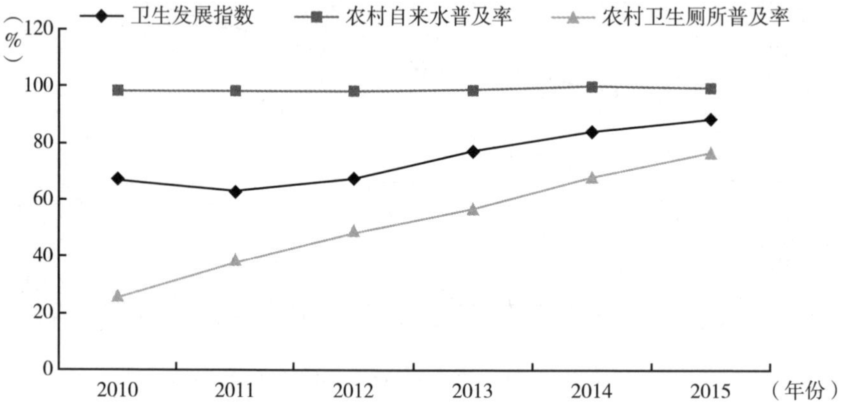

图6　2010～2015年卫生发展指数、农村自来水普及率、农村卫生厕所普及率发展趋势

从小康监测结果可以总结出，已经达到小康社会目标值的主要指标有15项，分别是：互联网普及率、基层民主参选率、每万人口拥有“三馆一站”及村（社区）综合性文化服务中心覆盖率、广播电视综合人口覆盖率、城乡居民人均现住房建筑面积、基本社会保险覆盖率、5岁以下儿童死亡率、卫生发展指数、高中阶段学生毛入学率、农村自来水普及率、农村卫生厕所普及率、单位 GDP 能源消耗、城市建成区绿化覆盖率、县城污水集中处理率。与目标值差距较小的主要指标有 5 项，分别是：第三产业增加值占 GDP 比重、城镇人口比重、每万人口行政诉讼发案率、每万人拥有社会组织数、恩格尔系数。与目标值差距较大的主要指标有 5 项，分别是：人均 GDP、城乡居民人均收入、农村贫困人口累计脱贫率、县城空气质量优良天数比率、生活垃圾处理指数。

综上所述，元氏县实现小康建设主要存在以下问题。第一，经济发展有待提高。近年来，元氏县的经济虽然得到了一定的发展，但经济发展增速放缓，经济结构不合理。第二，文化建设有待提高。今后要加大力度发展文化事业建设，提高全县人民的精神文化生活水平。第三，人民生活有待提高。元氏县居民收入水平不高，城乡发展不均衡，社会保障基础薄弱，医疗卫生水平有待提高。第四，资源环境有待改善。目前元氏县处于典型的工业主导型经济发展阶段，化工企业较多，资源过度消耗，能源利用率低，影响了大气环境质量。

（三）元氏县小康建设回归分析

本研究选取 2010～2016 年河北省元氏县小康监测综合指标数据进行多元回归分析，设定小康综合指数 Y、变量经济发展 X1、民主法治 X2、文化建设 X3、人民生活 X4、资源环境 X5。分析自变量 X 对因变量 Y 的影响，建立回归模型，以期预测未来小康综合指数，发现小康建设显著影响因素，为小康更好建设提出可行对策。

运用 EViews 软件进行线性回归，表 1 回归分析结果显示，变量 X1、X2、X3 的 t 检验均不显著，有可能存在多重共线性，应舍弃。经过多次回归测试分析，表 2 回归分析结果显示，$R^2=0.9912$，表明模型具备较高的拟合优度；F 统计量为 112.64，F 检验显著，说明经济发展变量 X1、民主法治变量 X2 和资源环境变量 X5 对小康综合指数的总影响是显著的，而且每个变量的 t 检验也是显著的。因此可以建立回归模型来预测小康综合指数，即 $Y=8.57+0.45\times X1+0.31\times X2+0.14\times X5$。

表1 2010~2016年河北省元氏县小康监测综合指标回归分析（一）

Dependent Variable：Y
Method：Least Squares
Sample：2010－2016
Included observations：7

Variable	Coefficient	Std. Error	t-Statistic	Prob.
C	－6.436938	2.131794	－3.019493	0.2036
X1	0.168922	0.031585	5.348223	0.1177
X2	0.108024	0.025675	4.207333	0.1486
X3	0.104668	0.017523	5.973075	0.1056
X4	0.481005	0.051481	9.343337	0.0679
X5	0.204058	0.008755	23.30761	0.0273
R-squared	0.999901	Mean dependent var		75.03429
Adjusted R-squared	0.999406	S. D. dependent var		6.958062
S. E. of regression	0.169581	Akaike info criterion		－0.942593
Sum squared resid	0.028758	Schwarz criterion		－0.988955
Log likelihood	9.299075	F-statistic		2020.035
Durbinv-Watson stat	2.826092	Prob(F-statistic)		0.016890

表2 2010~2016年河北省元氏县小康监测综合指标回归分析（二）

Dependent Variable：Y
Method：Least Squares
Sample：2010－2016
Included observations：7

Variable	Coefficient	Std. Error	t-Statistic	Prob.
C	8.571515	6.405212	1.338209	0.2732
X1	0.452840	0.028851	15.69593	0.0006
X2	0.311753	0.055133	5.654517	0.0110
X5	0.140007	0.029197	4.795234	0.0173
R-squared	0.991200	Mean dependent var		75.03429
Adjusted R-squared	0.982400	S. D. dependent var		6.958062
S. E. of regression	0.923091	Akaike info criterion		2.973382
Sum squared resid	2.556293	Schwarz criterion		2.942474
Log likelihood	－6.406838	F-statistic		112.6363
Durbin-Watson stat	1.814716	Prob(F-statistic)		0.001398

模型显示，变量 X1、X2、X5 显著，即小康建设主要关注经济发展、民主法治、资源环境方面对元氏县小康建设的显著影响，推进小康建设进程。

第一，加快发展经济，优化三产结构。紧紧抓住工业强县的发展目标，壮大工业经济总量，充分利用资源共享、信息共享等机遇，用好、用活有利于元氏县发展实际的政策，推进重大项目、重点工作、重点产业的进程。重点推进元氏县的旅游、现代物流、商贸等现代服务业发展，逐步提高服务业在元氏县国民经济中的比重。要按照工业反哺农业、城市支持农村和多予少取放活的政策要求，推进元氏县新农村建设，加快城镇化进程，实现城乡协调发展。

第二，优化社会发展环境，巩固民生事业基础。强化节能减排、环境保护目标责任制，加强重点行业和重点能源品种节能监测和管理，加强污染整治，通过工程手段、技术措施、法制约束等多种途径增强节能减排实效。保护资源环境，继续完善覆盖城乡居民的社会保障体系，促进社会保障领域的公共服务均等化，使城乡居民共享发展成果。建立以发展带动就业，从而提高城乡居民收入以及城乡居民收入与物价水平相匹配的长效增长机制；合理调整收入分配关系，切实落实各项增收措施，加大支农惠农和财政支出向农村倾斜的力度，提高元氏县城乡居民收入水平。

第三，深化文化教育体制改革，努力提高居民素质。深化文化体制改革，转变思路，运用市场手段发展文化产业；加大基础文化设施建设力度，加大对公共图书馆、科技馆、健身房等公共设施的投入，满足人们日益增长的物质和文化需要；引导城乡居民树立文化消费新观念，提高群众文化消费意识。优先发展教育事业，加深地方文化内涵，实施文化产业人才培养和引智工程；继续巩固义务教育普及成果，提高义务教育质量，致力于提高农民的整体素质，只有具备了“有文化、懂技术、会经营、能管理”的新型人才，元氏县全面建成小康社会才指日可待。

三　推进河北省县域小康建设进程的对策建议

（一）以经济建设为中心，推进河北省县域小康建设

经济发展是全面建成小康社会的基础和首要任务，是社会各方面得以发展的根本保障，推进河北省县域经济发展，要做大做强经济总量，大力发展第三产业，统筹城乡发展。农村小康建设是县域小康建设的关键之处。前文分析了经济发展对小康建设有显著性影响，其中元氏县人均GDP具体指标值与小康目标值差距较大。首先是加快农村经济发展，推进农村经济结构战略性调整，提高农民收入，不断深化农村体制改革。只有经济发展了，其他方面才会跟上进程。其次是完善基础设施建设，尤其是农村公路、能源、农田水利、医疗卫生、文化设施、生态环境等基础设施建设。

（二）完善河北省“法治小康社会”建设

坚持依法治理河北省，加快社会法治建设步伐。前文分析了民主法治对小康建设有显著性影响，其中元氏县民主法治具体指标研究发现每万人口行政诉讼发案率和每万人拥有社会组织数在缓慢上升，原因是刑事犯罪人数有所上升，这就阻碍了小康建设的发展进程。县域小康中法治建设的难点也在农村，要推进农村居民的法治制度，同时也要完善城市居民的民主自治，只有这样才能完善县域小康的民主法治建设。

（三）深化文化教育体制改革，提高人民素质，推进河北省县域小康建设

深化文化教育体制改革，转变思路，运用市场手段发展文化产业，加强教育产业化发展，推进民办教育发展。优先发展教育事业，加深地

方文化内涵，在广大农村地区可以落实以县为主的管理体制，促进教育快速发展。加强教育工作者的素质，以提高教育质量，致力于提高人民的整体素质。

（四）加强资源环境保护，推进河北省县域小康建设

河北省在监测的全国大气污染城市中总是排名靠前，前文分析了资源环境对小康建设有显著性影响，其中元氏县城空气质量优良天数比率和生活垃圾处理指数远达不到小康目标值。为了更好治理资源环境，建设小康社会，国家政府首先应严格执法，取缔违规污染企业。真正转变经济增长方式，建立绿色 GDP 核算方式，加大节能减排力度。河北省是能源大省，特别是煤炭资源和水资源的过度消耗，导致水和空气的严重污染，应积极推广节水理念和使用节水设备。全国人民应积极投身大气污染防治工作，严格加强对工业“三废”的排放监察工作，保护环境人人有责。

（五）河北省各县市协调发展加快全面小康建设进程

针对河北省县域小康建设不平衡的现状，经济社会发展水平先进的地区应在今后的全面小康建设中多影响推动周边经济社会发展不太先进的地区，同时注意加大对环境保护的投资力度，重点改善空气质量。其他相对小康建设比较落后的地区：一方面需要不断发展经济，夯实全面小康建设的物质基础；另一方面需要注意实现经济与环境的协调发展。各县（市）发挥各自优势，改善薄弱环节，进而提高全省的全面小康建设水平。

参考文献

田晓飞：《元氏县全面建成小康社会统计监测报告》，载《河北省全面建成小康社会

统计监测报告》，2017。

刘文菡等：《河北省全面建成小康社会的统计监测与评价》，《经济师》2016 年第 10 期。

郝杰璐、孙文生、田瑞晓：《河北省全面建设小康社会的综合评价及结果分析》，《商业经济研究》2015 年第 5 期。

冯盼：《河北省全面建成小康社会进程研究》，河北地质大学硕士学位论文，2017。

李冀冲：《河北省县域小康建设进程研究——基于面板数据的统计分析》，河北经贸大学硕士学位论文，2015。

B.20 河北省城市社区老人活动状况分析及思考

严晓萍*

摘 要： 河北省城市社区老人活动状况分为如下几类，即学习型、休闲娱乐型、照顾孙子女型、参与经济活动型、家务劳动型或几者兼顾型，年老或者行动不便老人活动状况有居家型和入住养老院型。河北省城市社区老人特点有：数量多，收入低，退休早，再就业比例低，自发组织活动多，室外娱乐活动多，政府对老年服务投入少，补贴侧重生活，缺少老年人再就业政策和社会人文支持环境等。信息化时代，老年人也需要不断学习，积极参与社会活动，同时及时做好心理调适，如老伴去世，突然生病失去健康、失去独立生活能力等，以减少老年时期的不适感和无用感。在如何鼓励老年人积极参与他们力所能及的社会活动，如何协助老年人解决他们所面对的问题，为老年人创造更多的机会和条件方面提出一些建议。

关键词： 城市社区　老年人　活动状况

随着老年人口总数和抚养比例越来越高，将影响到经济、社会、家庭等方方面面。社会化理论认为，老年人仍然需要继续社会化，尤其是信息化时代，

---

* 严晓萍，河北省社会科学院社会发展研究所研究员，研究方向为人口社会学。

老年人更需要不断学习，积极参与社会活动才能更好地适应角色转换。在角色转换的同时，老年人还将遭遇多种“突然失去”的威胁，如老伴去世，家人或自己突然生病失去健康、失去独立生活能力等，要及时做好心理调适，以减少老年时期的不适感和无用感。活动理论也认为，社会活动水平高的老年人更容易有充实感，应鼓励老年人积极参与他们力所能及的社会活动。但目前对老人关注较多的是养老、文体娱乐活动，而忽视他们的社会价值，需要为老年人的社会参与创造更多的机会和条件，以及协助老年人解决他们所面对的问题。

一　老年人基本情况

1. 老年人口基数大

2016年底，中国65周岁及以上人口15003万人，占总人口的10.8%。[①] 河北省65周岁及以上老年人口845.95万人，占全省总人口的11.25%。[②] 全省面临老龄人口多、再就业率低、老年人日常活动场所少、老年人照料缺失等社会问题。

2. 人口平均预期寿命延长

中国人口的平均预期寿命从20世纪90年代开始，在25年间增长了7.79岁，其中女性增长了8.96岁，男性增长了6.8岁，2015年女性预期寿命明显高于男性5.79岁，未来独居的老年女性也许会多于老年男性（见表1）。

表1　人口平均预期寿命

单位：岁

指标	中国人口平均预期寿命				
	1990年	2000年	2005年	2010年	2015年
平均预期寿命	68.55	71.40	72.95	74.97	76.34
男性平均预期寿命	66.84	69.63	70.83	72.70	73.64
女性平均预期寿命	70.47	73.33	75.25	77.47	79.43

① 民政部：《2016年社会服务发展统计公报》。

② 资料来源于河北统计局统计数据。

续表

指标	河北省人口平均预期寿命			
	1990 年	2000 年	2010 年	2016 年
平均预期寿命	70.35	72.50	74.97	76.17
男性平均预期寿命	68.47	70.68	72.70	73.90
女性平均预期寿命	72.53	74.57	77.47	78.67

资料来源：本表数据来自中华人民共和国国家统计局网站①。

目前河北省总人口为7519.52万人，人口出生率为13.2‰，人口自然增长率为6.6‰。0~14岁少儿人口为18.65%，15~64岁劳动力人口占61.29%，65岁及以上人口占11.25%。② 劳动力人口优势依然存在。河北省2016年人口平均预期寿命为76.17岁，比26年前增长了5.82岁，其中，女性增长了6.14岁，男性增长了5.43岁，2016年女性高于男性4.77岁（见表1）。

3. 出生率下降，老年抚养比升高趋势明显

全国来看，由于40多年来执行独生子女政策，人口出生率降低，1980年为18.21‰，随着全面二孩政策的实行，2016年人口出生率比十年前略有回升，为12.95‰（见图1），但2017年为12.43‰，并没有增加，年轻人的经济能力、生育意愿、晚婚、育龄人口减少等都是造成人口出生率下降的原因，依靠鼓励生育缓解人口老龄化问题需要较长时间才能见效。

随着人口出生率下降，中国少儿抚养比从20世纪开始也逐渐下降，26年间下降一半左右，2016年1月1日起正式实施全面二孩政策，全国少儿抚养比又有开始逐渐升高趋势，但河北省少儿抚养比还没有达到2000年的水平（见表2、图2）。而全国老年抚养比却是逐年上升，26年间增加近一倍，未来劳动力人口减少，养老负担加重。

① 中华人民共和国国家统计局网站，年度数据和分省年度数据。

② 《2017年河北常住人口7519.52万　男性比女性多23万》，中商产业研究院，2018年2月8日，中商情报网。

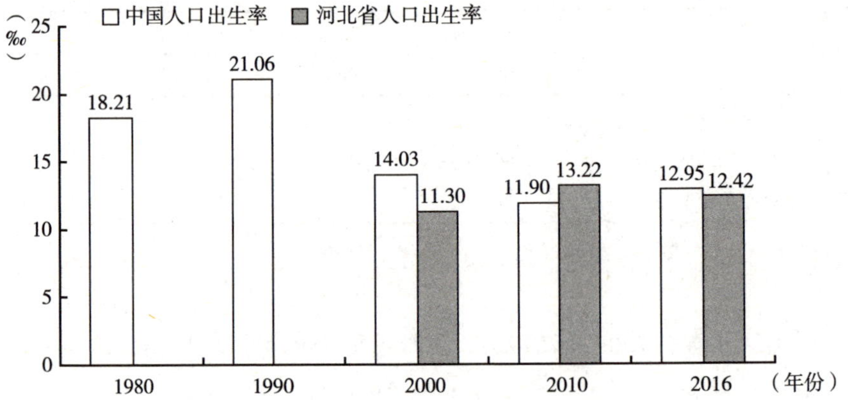

图1 人口出生率

资料来源：本图数据来自中华人民共和国国家统计局网站。

表2 少儿抚养比、老年抚养比

单位：%

指标	中国少儿、老年抚养比				
	1990 年	2000 年	2005 年	2010 年	2016 年
少儿抚养比	41.5	32.6	28.1	22.3	22.9
老年抚养比	8.3	9.9	10.7	11.9	15.0

指标	河北省少儿、老年抚养比			
	2002 年	2005 年	2011 年	2016 年
少儿抚养比	29.7	23.8	23.7	26.1
老年抚养比	10.7	11	11	15.4

资料来源：本表数据来自中华人民共和国国家统计局网站。

河北省在50年代，人口平均预期寿命只有35岁，2016年达到76.17岁，2017年人口出生率为13.2‰，老年人口抚养比也是呈逐年升高趋势，2016年达到15.4%，排全国第11位，但人均收入排在全国31个省区市的第17位。全省家庭规模从1982年的4.14人、1990年的3.89人、2000年

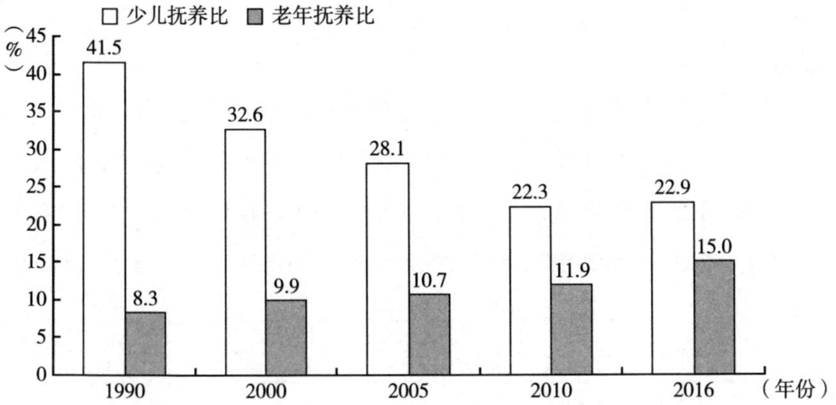

图 2　全国少儿抚养比、老年抚养比

的 3. 59 人下降至 2010 年的 3. 36 人。[①] “未富先老”，劳动力人口减少，家庭规模缩小为解决养老问题增加了难度。

二　河北省城市老年人社区活动的几种类型

根据我们长期在社区中调查和观察，社区老人活动大体分为几类：身体好，比较年轻的有学习型、休闲娱乐型、参与经济活动型、家务劳动型等。有的老人需要照顾行动不便的老伴，有的需要帮助照顾孙子女、做家务，还有的到子女经营的小店帮工。身体较差的老人入住养老院、在家请护工照顾等。

（一）学习型

由于老人文化程度、身体健康程度不同，他们的社区活动参与有些差别。文化较好的老人愿意继续参与专业性比较强的工作，愿意通过书籍或正规渠道关心时事政治新闻，学习养生保健知识，愿意到老年大学参加各种兴

① 资料来源于《河北省“十二五”人口和计划生育事业发展规划》。

趣班学习或者自学。

1. 独居自己学习型

这些老人由于老伴去世，不愿意与子女同住，有的自己独自生活，有的请了钟点工负责做饭、打扫卫生等家务。老人每天通过看电视或者上网，关注国际国内新闻、健康养生讲座、感兴趣的历史题材和戏曲类电视节目，通过网络视频与子女保持联系。日常在社区周边公园活动，与朋友聊天。

也有的独居老人无子女，参与老年大学，学习书法、太极拳等，读书、社区活动、旅游是他们的主要生活内容。

2. 独居仍然参与工作型

有些独居老人仍然坚持参与退休前熟悉的工作，每天大部分时间坚持写作或者从事书籍编纂工作。有的老人子女与他们同住一个城市，也会经常探望他们。

3. 与子女同住自己学习型

有的老人与子女同住，通过收音机、书籍、电视等了解养生保健知识，通过新闻了解国际国内的社会事件。他们每天会到居住的社区散步，与相熟的老朋友聊天、相互交流信息等。

4. 参加老年大学课程学习型

有的老人退休后报名老年大学，每周有固定的学习时间，满足自己的兴趣爱好。河北省老年大学目前有4000多名学员在校学习，累计毕业学员4万余人。全省老年大学累计毕业学员近90万人，培养各类国家级协会会员426人，各类市级协会会员1600人。还有其他社区各类老年学校、公园等组织舞蹈、书法、戏曲等活动。

（二）休闲娱乐型

有的老人热爱集体式的文体活动，每天早晚到社区公园跳广场舞或传统舞、打太极拳、踢毽子等，也有老人白天在街道或者社区公园聊天、打麻将，但到点负责接送孙子女上学、下学，买菜做饭等。

1. 社区街边花园活动型

每天早、晚6点到9点之间，社区公园都有大量老人参与各种兴趣小组活动，这种小组参与人数多，人员相对固定，持续时间长，自己组织，基本免费。活动有广场舞、交谊舞、合唱、太极拳、太极剑、踢毽子、羽毛球、戏曲、书法等。这既是老人锻炼时间也是社交活动时间，朋友之间进行各种信息交流，沟通情感。

2. 社区路边活动型

社区周边老人利用白天空闲时间，聚在一起聊天、打扑克、打麻将等，特别是北方春夏秋更是常见，老人互相关注，缓解晚年生活的孤独寂寞。

（三）照顾孙子女型

中国老人帮子女带下一代是非常普遍的现象，社会学也有此类问题的专门研究。一是子女认为老人带孙子女是天经地义的事，老人不带孙子女可能导致未来子女不愿意给老人养老。二是老人带孙子女也是实际需要，社区缺乏幼儿养育院，一般正规幼儿园幼儿要到3岁才入园。三是在安全方面考虑，缺乏正规职业介绍所，对保姆心理、身体状况都不了解，请保姆不放心，怕虐待儿童，新闻中也常报道虐待儿童的恶性事件。四是专业育儿保姆缺乏，目前的保姆大都是未经过专业培训、文化程度低、从农村来城市打工的中年女性。老人带孩子也存在一些问题，如被迫离开家乡，到不熟悉的地方生活；有的老夫妻分隔两地，不能团聚。少子化使老人带孩子责任大，与子女教育理念的差距，使老人身心疲惫。

（四）参与经济活动型

老人退休后主要承担买菜、做饭、带孩子等家务劳动，也有部分老人再就业。老年人再就业主要有如下几类工作。

一是年轻人不愿意做的工作。老年人主要是到各单位或各小区负责门卫、保安、清洁工作，工作量小，责任心要强，这类工作适合年轻男性老人，女性做保洁员的居多。

二是从事个体行业。有位74岁老人（女），有3个子女，每月子女也给200元左右生活费，老人没有退休金，但她不愿意靠要子女的救济，一般在早市、夜市摆摊，卖些生活用品贴补家用，不需要大的劳动强度，只要有时间就可以。还有位70岁老人（女），原来是服装厂工人，退休后每月有2000多元的退休金，中午给孙子做饭，其余时间做些休闲衣服到早市卖，是出于兴趣爱好或为了丰富晚年生活，而参与力所能及的经济活动。

三是家政服务。有的50～60多岁女性老人通过中介或者朋友介绍，到有需要的家庭做钟点工，帮忙做家务、照顾病人等，每月有一定收入，补贴养老金不足。

四是有专业特长的老人会被返聘，继续从事相关的工作。

五是有的老人帮子女经营店铺，但没有个人收入。有位来自陕西的老人，儿子在石家庄成家，儿媳开了一家特色米皮店，人手不够，老人自己本来在西安打工，有一定收入，为帮助儿媳开店，只能放弃有收入的工作。

六是街头、社区经常可见老人捡拾被丢弃的饮料瓶和纸箱类废品，有的是为了贴补家用，有的生活并不困难。有位63岁老人，四川人，在儿子家帮忙带孙子，傍晚出来散步时捡拾饮料瓶等，不敢告诉儿子，把废品偷偷放到地下室，儿子不在家时偷偷卖掉。这些老人并不是为生活所迫，可能是由于生活习惯，不愿意浪费可用物品，间接进行废品再回收利用，也可能是不愿意向子女伸手要零花钱，希望有自己的收入。

老年人再就业并非都那么悠然自得，有的是为了实现价值，有的是为了丰富生活，有的则是为了补贴生活，帮助子女。老人再就业，可以增加收入，提高消费能力，弥补养老金不足，这也是一种积极的养老方式。

（五）居家护理型

有的老人由于疾病，行动不能自理，但愿意在家里接受老伴、子女照顾，每天坐轮椅在社区附近散步。而老年人照顾不能自理的老伴生活起居，有的力不从心，也会找护工或钟点工帮忙。

（六）养老院护理型

2016 年底中国各类养老服务机构 14.0 万个，养老床位 730.2 万张，每千名老人拥有养老床位 31.6 张。同时中国也是世界上失能老人总量最多的国家，失能、半失能老年人口接近 4000 万人，据测算，到 2050 年中国失能老人将达到 9750 万人。[①] 失能老人中有照护需求的达 92%，但近 9 成老人希望在家中接受照料和护理服务，希望在养老机构接受照护服务的失能老人只占 4.5%。[②]

河北省 65 周岁及以上人口 845.95 万人，占总人口的 11.25%，其中失能、半失能老年人口则达到 140 万人，需要养老床位约 30 万张。但河北省能提供住宿的收留抚养类机构 1169 个，床位只有 16.9 万张。[③] 机构失能养老床位严重不足对家庭和社区照护服务业发展提出了更多要求，既是挑战也是机会。

（七）佛教场所养老型

石家庄虚云禅寺，位于石家庄新华区于底村北，其前身是重胜寺，该寺建于后周，距今已有 1000 多年的历史，为比丘尼道场。现内住比丘尼近 20 多名，内设“佛慈养护院”，10 多年来有 30 多名自理老人入住，2016 年由于成立女子佛学院，床位短缺，目前只有 3 名老人，其余回家养老。3 名老人中：一位 83 岁，入住 10 年；一位 78 岁，入住 6 年；一位 78 岁，一直在禅寺工作，老了入住养护院，还在结缘处工作。养护院并没有对老人参与佛教活动、学习的硬性要求，全凭自愿。这里每天费用 20 元，一月 600 元人民币，一直没有变，两人一间，有单独洗手间，相比其他养老院 2000 元左

① 民政部：《2016 年社会服务发展统计公报》。
② 《老龄蓝皮书：中国城乡老年人生活状况调查报告（2018）》，社会科学文献出版社，2018。
③ 资料来源于河北省统计局数据。

右的费用低很多，河北省承德、沧州、邯郸也有类似的养老场所。历史上看，泉州开元寺妇人养老院收养流离失所的老年妇人。清华大学社会科学学院景军教授做的一项研究表明，福建、江苏、浙江寺院养老院比较多，北京、天津、大连也有，但北方较少，福建省有35个寺院养老院。寺院养老院也分成高、中、低三档，寒山寺养老院属于高端模式，杭州南山讲寺属于中端模式，福建吉祥寺为低端模式，免费为无家可归老人服务,[①] 但中低端服务也面临经费困难问题。也有专门收留失独老人的镇江大圣寺，最多时有140多人。寺庙向来有行善之风、仁慈之心，其倡导的佛学文化与部分老人的晚年心理需求相契合。

三　河北省城市社区老人特点

1. 退休年龄早

目前中国是世界上退休年龄最早的国家，平均退休年龄不到55岁。根据《国务院关于安置老弱病残干部的暂行办法》和《国务院关于工人退休、退职的暂行办法》（国发〔1978〕104号）相关规定，工人退休年龄是，男60周岁，女50周岁，从事特殊岗位工作（井下、高空、高温、特别繁重体力劳动或者其他有害身体健康的）的退休年龄是，男55周岁，女45周岁。干部退休年龄是，男职工60周岁，女职工55周岁。2017年出台延迟退休方案，2022年正式开始实施，建议到2045年不论男女，退休年龄均为65岁，接近其他发达国家退休年龄，将有助于缓解养老金压力。

2. 老人再就业比例低

老人退休早，再就业机会少，虽然《中华人民共和国老年人权益保障法》第四十一条规定，老年人可以“依法从事经营和生产活动”，但实际情况是很多城市单位招工都有年龄限制，也没有鼓励招收老年人再就业政策，只有部分从事文化、技术工作的退休老人可能被返聘，也没有正规

① 景军：《中国寺院养老研究》，第十届清华养老产业高端论坛，2018年5月3日。

合同。

有位退休编辑应聘报纸编辑类工作，工作了3个月，说好的工资以种种借口没有兑现，工资也是找了几次才补给一部分。其应聘某文化出版公司后，编辑、修改近17万字稿子，只给500元，再就业工资待遇不能得到保障，只能放弃再就业。其实有的招聘单位也认为，年轻人就业一要工资高，二要五险一金，像保洁、保安这样的工作，给的钱都不多，退休老人很适合做，但由于缺乏法律保障，老人再就业难。

2014年，城镇老人年人均收入23930元，其中保障性收入比例占79.4%，经营性、财产性、家庭转移性等非保障性收入的比例占20.6%。城市老人主要依靠退休金等保障性收入，再就业收入比例小，不利于提高生活水平和应对突发状况。农村老人年人均收入达7621元，而保障性收入比例为36.0%，经营性、财产性、家庭转移性等非保障性收入的比例占64.0%。农村老人有自己的土地，可以一直参与农业生产、农产品销售等经济活动，主要依靠家庭经营性收入来保障老年生活。[①] 新时代的城市老年人不再满足于听广播、看电视，而上网、旅游、改善居住和生活条件、入住高档养老院和养老社区等，都成为新趋势，仅仅依靠退休金不能满足高品质生活需求，需要增加再就业等非保障性收入才能实现。

据有关材料，2005年，60岁以上城市老人在业率9.7%，男性14.1%，女性5.7%；镇20.8%，乡村39.2%，[②] 城市老人在业率明显低于乡镇老人。国际上德国65~69岁老年人的就业率达14%，而韩国和日本65~69岁老年人的就业率高达41%，[③] 日本社区建立“银发人才中心”，提供临时、短期工作。美国、韩国等也鼓励开发银发就业机会，他们薪酬要求不高，不爱“跳槽”，工作更自觉。随着中国人均寿命延长，生活水平

① 民政部：《第四次中国城乡老年人生活状况抽样调查》，2014。

② 姜向群、杜鹏：《中国老年人的就业及再就业政策》，《人口与发展》2009年增刊Ⅱ，第99页。

③ 《老年人再就业，还需多方保障》，《新民晚报》2017年3月27日。

提高，他们的就业需求也会增加，但老年人口再就业政策、岗位、法律等方面缺失。

3. 社区老人自组织娱乐活动多

城市社区街头公园，每天有大量的老人活动群体，他们大都是按兴趣爱好自发组织，自己购买音响、服装、道具等，有的收取很少费用。

4. 室外公共场所活动多

《河北省居家养老服务条例》规定，新建居住区按每百户不低于30平方米的标准，老旧小区按每户不低于20平方米的标准配套建设养老服务设施，但目前远远没有实现这个目标。老年人只能到社区公园或街道上活动。河北省《全省住房城乡建设系统推进老年人照顾服务项目实施方案》要求，社区配建养老服务设施，进行无障碍环境建设，而这项要求也没有完全实现，坐轮椅老人出行很不方便。

5. 老年大学学习人数比例低

河北省创办的有固定场所、固定管理人员、固定学员、固定教师、固定经费保障的各级各类实体老年大学378所，其中11个地市建有市级老年大学（分校）21所，实现了市级以上城市至少拥有一所老年大学的目标；121个县级行政区划单位（20个县级市、95个县、6个自治县）建有老年大学116所，建校率达到95.8%。在校参加学习的老年人136653人次，[①] 占老年人口总数的比例偏低，与《老年教育发展规划（2016－2020年）》要求经常性参加学习的老年人占老年人总数的20%还有很大差距。

6. 老人补贴侧重生活方面

《河北省老年人优待办法》《河北省人民政府办公厅关于老年人照顾服务项目的实施意见》规定80岁以上老人每月可享受50～150元不等的补贴，70周岁以上老人免费乘坐城市公共交通，60岁以上老人每年免费体检一次，旅游门票半价或全免等。《老年教育发展规划（2016－2020年）》规定，以各种形式，经常性参与教育活动的老年人，占老年人口总

① 资料来源于河北省老干部局官网“老年大学统计数据”。

数的比例到20%以上。但河北省对老年教育投入没有明确规定，现在远未达到这一标准，能参加老年大学的只占少数，多数老人只能自己组织活动，自娱自乐。

7. 机构护理有限

石家庄市老年养护院是河北省公办的大型养老院，总投资1.4亿元，建筑面积3万平方米，床位660张，现在入住460人左右，排队等待入住的约有700人。一般只接收80岁以上能自理老人和年龄偏低的不能自理老人，收费低，服务设施好，养老院有各种活动室、学习室，能满足老人日常学习、活动需要，但床位有限，受益老人少。一些民办养老场所的基础设施和服务条件差些，收费低，适合收入低的老人入住，老人生活比较单调。条件好的私人养老院的收费高，能满足高收入老人需要。在社区居住活动的老人占绝对多数。

8. 宗教场所养老发展受政策等影响

2012年国家政策才允许宗教界从事公益慈善事业，即可以申报，为老年人、残疾人提供养护、康复、托管等服务的社会福利机构，可申请建立非营利性的医疗机构。宗教养老场所是信教或部分信教的老人才愿意入住的，在宗教文化没有普及的情况下，也影响老年人入住意愿。

四　河北省做好社区老年活动服务设想

河北省社区老年服务设施、服务项目、服务理念、服务网点普及程度、老年人再就业服务、政府投入等方面都有很大不足，需要在以下几方面加强。

1. 增加老年人活动服务投入

政府层面要尽快建立社区服务平台，建设老年人口信息数据库，利用大数据分析掌握老年人力资源状况、需求状况。每年根据各地经济发展实力和参考其他省份，增加人均投入，改善服务设施，增加服务内容。社区服务层面要与有资质的专业社会组织连接，提供专业健身、保健知识、兴趣学习服务，在社区普及各个层次的老年学习等文体活动场所。

2. 重视智慧社会老年人媒介信息素养培养

在信息社会，各种媒体是老年人获取知识的重要通道，其次是通过人际传播来获取相关信息。媒介信息素养是指人们对于所宣传内容的选择、理解、质疑、思辨评估的能力，面对铺天盖地的信息、广告、传闻，老年人具备一定的辨别能力，而不只是被动接受，才能避免被各种虚假保健品、理财产品、养老地产、低价旅游欺骗。另外，媒体要多提供专业科学的健康和保健知识、金融知识、老年人权益和法律方面知识，社区要根据老人需求组织专业的培训班讲座，以避免老年人身心和经济损失。为使老年人口跟上智能社会发展速度，提供老年人智慧设备使用培训，使他们能顺畅地利用网络与社区联系，扩大与外界沟通，拓展社交范围，丰富生活。

3. 创造老年人再就业社会环境

鼓励企业聘用老年人。中国男性 55 岁、女性 50 岁退休，根据预期寿命，还要生活 20～30 年乃至更长时间，老年人既需要不断学习来充实晚年生活，也需要一定的收入来维持生活。《中华人民共和国劳动合同法》第四十四条规定："劳动者开始依法享受基本养老保险待遇的，劳动合同终止。"已经退休的老年人，法律规定不能与之签订正规的劳动合同，双方权益得不到保障，用人单位缺乏雇用老人就业的积极性。

政府提供正规老年人就业服务，帮助老年人寻找工作，为他们提供工作机会。

支持老年人就业。年轻人和老年人也都需要转变观念，重视老年人力资源利用，而不是认为老年人无用，只能带娃、跳广场舞休闲娱乐，老年人再就业会认为子女不孝顺等，给予老年人公平的再就业机会和政策。打破工作中的年龄界限，创造"无龄感工作"社会还有很长的路要走。

4. 提供多元文化养老资源

物质和文化是养老的两个重要内容，文化能丰富人的精神生活，使人身心更加健康，文化养老是一种高品位的养老方式，涵盖了"老有所教""老有所学"的基本内容。特别是老年人面对社会疏离感、无用感、病痛、子女不孝和亲人离世的无助感，更需要得到精神安慰。一方面，需要文化养老学习活动平台，如老年活动中心、活动室、活动场地、各类老年大学等，充实每天生活；另一方面，更需要了解多元文化教育内容，了解生命意义、生死规律，化解各种心理问题，真正享受“乐龄”生活。

5. 完善社区适老环境建设

根据相关统计，65 岁以上老人受伤，有一半是由跌倒造成的，由于跌倒而引起的老人死亡在中国居第四位。[①] 尽快在社区街道、公共场所、家庭建设适老环境，对有效预防老人跌倒，减少照护负担、医疗费用负担具有重要意义。

6. 借助智能设备满足居家照护需求服务

大多数老人即使不能自理的老人也愿意在熟悉的家中接受照护，可借助智能化设备，与老年服务平台连接，专业服务人员定期与老人沟通情况，及时进行健康评估，提供治疗建议，降低监护成本，预防突发状况发生，发展“互联网＋养老”产业。

参考文献

《关于全面放开养老服务市场提升养老服务质量的若干意见》（国办发〔2016〕91号）。

《国务院办公厅关于印发老年教育发展规划（2016～2020 年）的通知》（国办发〔2016〕74 号）。

《关于鼓励和规范宗教界从事公益慈善活动的意见》（国宗发〔2012〕6 号）。

戈丽娜：《韩国多管齐下应对退休潮　鼓励企业雇佣老人》，《经济日报》2012 年 7 月 23 日。

《香港 86 岁老人仍在找工作　凸显老龄化压力》，《参考消息》2015 年 2 月 25 日。

《破解少子老龄化社会困境　日本确立“超智慧社会”政策》，人民网，2018 年 5

① 罗椅民：《跌倒是老人致伤致亡的主要原因！如何开展养老机构适老环境风险管理?》，老旧居住小区适老化改造小型/深度研讨会，2017 年 12 月 21 日。

月 29 日。

《日本老年教育的启示：珍惜“银发族”这份宝贵资源》，《光明日报》2016 年 11 月 28 日。

《河北省居家养老服务条例》，河北省第十二届人民代表大会常务委员会公告（第 102 号）。

《关于鼓励和规范宗教界从事公益慈善活动的意见》（国宗发〔2012〕6 号）。

民政部：《第四次中国城乡老年人生活状况抽样调查》，2014。

B.21

河北省老年教育发展困境与推进策略

张　丽*

摘　要： 推动老年教育健康发展是构建和谐社会与终身教育体系的重要环节，是建设学习型社会的重要方面。本文梳理了河北省老年教育的发展现状，并采用问卷调查的方式，对河北省老年教育的群体参与和需求状况进行了解和分析，发现目前老年教育主要存在各部门协同推进合力不够、区域发展不平衡、各类资源供给短缺、缺少本地特色品牌、基础理论和应用研究薄弱、全社会关注和支持度不够等问题，并从六个方面提出相关对策建议。

关键词： 老年教育　群体需求　资源供给

推动老年教育健康发展是构建和谐社会与终身教育体系的重要环节，是建设学习型社会的重要方面。人口老龄化加速和老年群体日益增长的精神文化需求，为新时代老年教育健康可持续发展提出了新的要求。

一　河北省老年教育发展现状

（一）老年教育机构兴办主体由单一走向多元

河北省历经成立初期的省市县各级老干部局主办、其他部门配合和现今

* 张丽，河北省社会科学院社会发展研究所助理研究员，主要研究方向为老年社会学。

的企业、高校、社区、民间力量共同参与，“政府主导、多方协同、社会参与”的老年教育格局基本形成。目前，省、市两级老干部局办老年教育机构均已建立，县级老干部局办老年教育机构正在逐步建立完善，乡、村老年学习点逐步铺开，企业、高校、社区和社会办老年教育机构相继成立。据相关部门不完全统计，截至2017年底，河北省11个地市均建有市级老年大学，实现了一个市级以上城市至少拥有一所老年大学的目标，石家庄、邢台、承德分别建立老年大学分校4所、4所、2所，县级行政区划单位建有老年大学149所，企事业单位办老年学习点41个，乡镇（街道）老年学校149个，村（社区）老年学习点58个。

（二）老年教育模式由老年大学（学校、学习点）教育为主转向远程教育、社区教育、养教结合等多种模式融合发展

截至2017年底，河北省所有设区市、114个县（市、区）、481个乡镇（街道）、2618个村（社区）建立了与远程教育相衔接的社区教育办学点，有数十万名老年人通过社区教育、远程教育等多种形式参与终身学习。2017年，河北省人民政府出台的《河北省老年教育发展规划（2016－2020年）》中明确提出，发展养教结合新模式，推动老年教育融入养老服务体系。

（三）老年教育服务对象由离退休老干部逐步过渡到60岁以下退休人群和所有社会老人

目前河北省各类老年教育机构逐步放宽服务对象的准入门槛，逐步淡化或消除户籍和离退休前职业等旧规限制，准入年龄逐步由60岁以上放宽到女性50岁以上、男性55岁以上（各市老年大学依自身情况略有差异），服务对象由“离退休老干部”逐步过渡到“60岁以下退休人群和所有社会老人”。据不完全统计，截至2017年底，河北省在老年大学接受教育的有13.7万人次，以其他方式接受老年教育的有22.8万人次。从省内11个设区市的老年人口受教育比例看，衡水最高，为12.85%，石家庄、沧州、保定、秦皇岛、廊坊在2%以上，其他地区在2%以下。

（四）老年教育相关规划和政策性文件相继出台

河北省依照国家相关规定，结合自身发展实际，先后制定出台的规划和政策性文件主要包括《河北省终身教育促进条例》《关于进一步加强和改进离退休干部工作的意见》《河北省“十三五”老龄事业发展和养老体系建设规划》《河北省教育事业第十三个五年规划》《河北省老年教育发展规划（2016－2020 年）》《关于老年人照顾服务项目的实施意见》《河北省社区教育三年行动计划（2016－2018 年）》等。这些规划和政策性文件顺应新时代对老年教育的发展要求，从不同角度为老年教育发展指明了方向。

二　河北省老年教育的群体参与和需求状况调查

笔者在河北省内 11 个地市开展了随机问卷调查，被访对象主要为 60 岁以下的退休人群和所有社会老人，共发放问卷 8500 份，问卷回收有效率为 98.9%，并运用 SPSS 进行多变量数据统计分析。

（一）八成以上老年群体对老年教育的需求强烈

不同职业、不同学历、不同生活地域的老年人参与老年教育的意愿均较高。关于“参加老年大学学习的意愿”的调查数据显示，85.4% 的人想进入老年大学学习。从退休前职业看，90% 的机关事业单位退休人员，87% 的专业技术人员和工人，70% 的农民，以及 68.9% 的无业、下岗人员，愿意参加老年大学学习。从学历看，学历为中学或大学的人比初中以下和研究生以上的人更愿意参加老年大学学习。从居住区域看，88% 生活在城市、83.3% 生活在县城以及 69.6% 生活在农村的老年人愿意参加老年大学学习。

（二）老年群体对老年大学学习、社区学习、自组织互助学习等老年教育类型的参与度较高

老年教育类型趋于多元化、多层次，有组织、有活动场地的仍是老年人

首选。关于“参加过的老年教育的类型”的调查数据显示，老年大学正规课程占28.4%，社区（村）居委会老年学习活动站占12.9%，老年人自发组织的学习兴趣小组占15.5%，老干部活动中心的学习讲座占12.6%，参加书店、图书馆、博物馆等各类文化馆的免费讲座的占8.3%，通过报纸、电视、网络自学的占9.3%，参加一些社会团体或商家组织的活动的占4.9%，参观、旅游学习的占7%，没参加过的占1.1%。

（三）家附近没有好的学校、学习内容不合适和学习地点远是影响老年群体参与老年教育的主要原因

老年教育硬件资源短缺是阻碍老年人参与老年教育的主要因素。关于“影响自己参加学习的主要原因”的调查数据显示，78.1%的人认为家附近没有好的学校，65.7%的人认为没有自己喜欢学习的内容，53.4%的人认为距离学习点的路途太远。从居住地域看，生活在城市的人认为主要原因是附近没有好的学校，生活在农村的人则认为距离学习点的路途太远是主因。

（四）政策、资金、设施不足是当前老年教育面临的三大主要问题

关于“目前老年教育发展存在的问题”的调查数据显示，被访者认为目前亟待解决的三个问题是，缺少政策支持（73.2%），缺少经费投入（70.1%），教学场地和设备不足且覆盖范围不够（62.8%）。此外，还有一些问题也是不容忽视的，教师资源紧张且缺少合适人选占50.8%，缺少管理人员占46.2%，远程教育课程资源不足且无吸引力占35.5%，老年人认识不够且参与热情不高占29.2%。

（五）老年大学（学校、学习点）等固定学习场所是老年群体参与老年教育的主流渠道

被访者对固定学习场所的选择比例远高于电视、广播等传统媒体和互联网等新媒体，关于“最希望参与老年教育的渠道”的调查数据显示，选择老年学校等有固定教室的地方占74.7%，社区老年活动学习点占67.5%，

文化馆、图书馆、公园、体育场等公共活动场所占44.7%，政府办的社会大课堂占33.4%，网络远程教育占15.1%，参观、旅游学习占9.4%，电视或广播占5.2%。

三　河北省老年教育面临的主要问题

（一）政府各部门协同推进老年教育工作合力不够

从目前河北省老年教育发展状况看，省、市老年教育的领导机构为老年教育工作领导小组，老年教育领导小组办公室设在各级老干部局，老干部局主抓省、市、县三级老年大学，而老年教育涵盖内容广泛、形式多样，推动老年教育并非老干部局一己之力可及，需集教育、民政、文化、老龄、宣传等相关部门之合力，共谋老年教育多种形式发展，但这些部门普遍存在重视程度不够、参与度不高、职能定位不清晰、行动力不强等问题，各部门协同工作机制和职能分工尚不完全明确。

（二）老年教育区域发展不平衡

《河北省老年教育发展规划（2016～2020年）》确定的目标是，“到2020年，覆盖全省城乡的省、市、县（市、区）、乡镇（街道）、村（居委会）五级老年教育网络基本形成”。

从教育机构数量和生源情况看，目前省、市两级老年教育以老年大学为主体，均有1所老年大学，但普遍出现“一座难求”“老生不想走，新生进不来”等问题；80%以上的县（市、区）建有老年大学，有的普遍生源不足，有的仍以离退休老干部为主，有的学习场地严重不足；乡镇（街道）建有老年学校数量在20%以下，场地少、生源少等问题普遍存在；村（社区）老年学习点数量全省仅有58个，还有4个地区存在“盲点”。群体参与度不高，组织性不强，影响了老年教育资源向农村和社区延伸，老年人难以就近参加学习。

从资源享有程度看，省、市具有地缘和行政优势，享有的优质老年教育资源远多于县（市、区）以下地区，但与基层教育资源共享程度较低，并且在办学模式示范、教学业务指导、课程资源开发等方面的引领作用发挥不够，县级以下各类老年教育发展仍是“摸着石头过河”。

从实际覆盖面看，与部分省份存在较大差距，据有关部门不完全统计测算，各级老干部局办的老年大学实际覆盖比例不足当地老年人口总数的5%，河北省每万名老年人拥有的老年大学数量，大约仅相当于贵州省的1/6、浙江省的1/12、福建省的1/20。

（三）老年教育各类资源供给短缺

河北省老年教育机构目前普遍面临财力、物力、人力供给不足的困境，尤其是基层教育资源更为短缺，成为制约老年教育发展的瓶颈。

办学经费短缺是困境之一。省级老年教育机构的财政投入相对稳定，但比例不高；市级老年教育的投入并没有固定的比例，各市均出现财政拨款少于实际上缴财政资金的情况；县级老年教育的财政投入更是杯水车薪，很多地区没有列入财政专项；乡镇（街道）、村（居委会）两级没有专门用于老年教育的经费，基本靠自筹资金。老年教育机构收取的学费难以弥补办学成本支出，办学难以为继。

硬件设施不足是困境之二。目前已有老年大学（学校、学习点）容量有限，只能满足当地2%～15%的老年人上学，固定学习场所基本都是一室多用、轮流上课。基层老年教育专用于老年教育的固定场所很少，受信息设备不足限制，无法开展远程教育。社会力量办老年学校通常靠租房办学，条件比较简陋。

师资力量匮乏是困境之三。所有老年大学（学校、学习点）没有在编的专职教师，多为临时聘任的兼职教师，有的没有经过专门的上岗培训，缺乏系统规范的专业教材，课程设置不规范，待遇偏低或没有报酬义务上课，教师队伍更换频繁，教学质量没有保障，老年群体学习意愿较高的很多课程，因缺少师资而搁浅。

（四）老年教育发展缺少本地特色品牌

目前河北省老年教育以老年大学（学校、学习点）等固定场所学习为主，课程设置也以文体、养生保健等内容为主，自上而下的办学模式同质化倾向明显，缺乏与地方特色文化的活化利用及融合，科技支撑不够，具有地域特色的老年教育模式不突出，缺少一批在全省、全国乃至全世界有影响力、叫得响、受欢迎的老年教育品牌。

（五）老年教育基础理论和应用研究薄弱

河北省老年教育发展至今已有三十多年，但研究基础相对薄弱，缺少高水平研究成果。有关河北老年教育研究的专著、论文及研究报告等高水平研究成果不多，中国知网检索关键词“河北老年教育”，期刊论文不足5篇，没有已出版的相关学术著作，无法为河北省老年教育健康可持续发展提供有力的文化理论支撑。至今河北省没有召开过有影响力的全国性的老年教育理论研讨会，河北学者在全国相关会议的发声很少。

（六）全社会对老年教育的关注度和支持度不够

相比省市，县级以下地区的相关部门对老年教育的文件不了解，对开展老年教育的认识和重视程度不够，对已有规划贯彻落实不到位。有些部门和同志对老年教育的内涵和外延认识不到位，简单认为老年教育就是多建几所老年大学或多招收一些学员，固守老年大学是为老干部服务的错误观念，没有清晰认识到老年教育的服务对象是所有社会老人，全社会对老年教育的认识有待提升，媒体对老年教育的宣传也有待进一步加强。

四　推进河北省老年教育的对策建议

（一）下好全省老年教育发展“一盘棋”

一是加强组织领导和顶层设计，应将老年教育工作列入各级党委、政府重要议事日程，纳入本地区经济社会发展规划和教育事业发展规划，定期听取工作汇报，研究解决重大问题。二是发挥好各级老年教育领导小组办公室的统筹、协调、指导、监督作用，充分调动相关部门的积极性和主动性，进一步明确各成员的单位的工作职责和任务分工，加强协同配合，形成工作合力。三是放宽准入门槛，鼓励更多社会力量参与老年教育，增强老年教育发展的活力，用活“老年文化+”思维，融合旅游、康养、创意产业、互联网等多个领域，下好老年教育发展“一盘棋”，不断满足老年群体对于美好生活的新期待。

（二）采取梯度推进、强帮弱扶策略，促进省市县乡村五级老年教育发展

老年教育机构发展要做到省市级优存量提质量，县级以下扩总量促增量。一是发展好省和市级老年大学，要通过创新办学机制、提升教学质量、加强对外交流合作等方式，努力提升自身办学水平，还要充分发挥老年大学的示范引领作用，采取“1+N”的办学模式，兴办不同类型的老年大学（学校、学习点），通过优质学习资源共享、管理教学示范、师资输送交流等方式，辐射带动基层老年教育机构共同发展。二是保持住县级老年大学，补齐现有短板，建立和完善县级老年教育机构的硬件设施，在政策上和资金上给予倾斜，尽快实施一批重点推进计划，切实解决县级老年教育机构面临的实际困难。三是建设乡镇（街道）、村（居委会）老年大学（学校、学习点），积极探索老年教育机构与社区教育机构、社会力量办教育机构“三位一体”发展，大力发展社区老年教育，利用城乡社区的公共场所改扩建老年教育机构，根据人口规模确定服务半径，打造家门口的老年教育；优先发展乡村老年教育，助力乡村振兴战略，充分发挥乡、村党员干部和乡贤的影响力和带动力，培养一批政治上同步、思想上进步、学习上举步的新型老年人，让文明乡风、淳朴民风、良好家风得以发扬。四是鼓励和支持具有一定规模的企事业单位和养老、医疗机构举办老年大学（学校、学习点），扶持社会力量办或个人自筹资金办的老年大学（学校、学习点），加快推进基层老年教育模式创新融合发展。

（三）继续加大财力、物力、人力投入

一是建立教育经费保障机制。建立和完善老年教育投入机制，将老年教育经费列入财政预算并逐年增长，省市级财政按上年度老年人口数计算人均教育经费标准，提高基层老龄工作经费、增加老年教育经费预算和基层老年教育机构经费补助，划拨到各级老年教育机构，并建立逐年增长机制。在完善科学统计的基础上，探索试行根据老年教育办学绩效进行财政经费投入制度。二是完善各类硬件设施。改善现有各类老年教育机构办学条件，提升硬件设施的现代化、规范化水平，建设一批具有示范作用的老年教育机构，进一步增强其社会服务能力。三是健全师资队伍，培育优质人才。建立各级老年教育教师资源库，通过“老年教育名师培育工程”和“老年教育专兼职教师能力提升工程”等项目，各级老年大学依据所设专业配备相应数量的固定教师，鼓励支持能够胜任老年教育的各类优秀的在职人员、退休人员和老年大学学员到各级老年教育教师岗位兼职，稳定优质教师队伍，提升待遇水平，建立考评机制。

（四）着力打造地域老年教育品牌

树立“强化特色、注重品质”的发展目标，打造老年教育普及化、教育品牌特色化、学习平台数字化的老年教育服务体系。一是充分利用各级各类学校的特色和当地优势资源，打造老年教育示范校，分类分层推进老年大学星级化、示范化建设，将示范校建设成为本地区老年教育的特色学科、特色团队、特色窗口等方面的中心，在学校教育、远程教育等方面形成一批品牌和亮点，对其他基层老年教育机构起到辐射作用。二是整合传统资源、地方特色资源和优秀资源，形成系列优质课程推荐目录，建立能支撑老年大学教育发展的老年学习资源库。三是大力发展“互联网＋老年教育”，开发移动终端 App，利用微信公众平台、数字电视、广播等渠道，研发适合老年人应用的远程学习平台，探索数字化学习平台全覆盖，形成省市中心辐射、县统分结合、乡村（社区）嵌入的“互联网＋老年教育”新模式，为老年人提供多样化、个性化和便捷化的学习服务。

（五）积极推进老龄科学专题研究

老年教育工作应做到理论先行，一是立足指导河北省老年教育事业科学发展，将老年教育研究纳入各级老年大学的工作范畴。二是集聚高校、科研机构的优势，建立若干老年教育研究基地，分门别类进行老年教育基础理论与应用研究，推动科研成果的转化应用，形成一批高质量、有影响力的成果，提升老年教育研究的高度和水平。三是加强国内外学术界、政府机构和实业界的沟通与合作，打造“服务地方、政府智库、业界智囊”的研究阵地。

（六）营造老年教育社会关注和支持的浓厚氛围

一要多渠道广宣传，通过公共场所、广电媒体、网络媒体等多种渠道，广泛宣传“文化养老”的理念，倡导学习新风尚就是为个人健康、家庭幸福、社会和谐做贡献的重要意义，动员全社会关心和支持老年教育，营造发展老年教育的舆论氛围，拓展老年教育的吸引力。二要引导老党员干部发挥“传帮带”作用，充分发挥广大老党员干部工作经验和学识丰富、家庭威望稳固、群众基础深厚、社会影响广泛等优势，参加老年教育的教学、党组织和涉老社会组织工作、关心下一代工作、文明城市创建等，协助党委和政府多做协调各方利益、化解社会矛盾的工作，让全社会充分认识老年人的重要性和积极作用。三要树典型立标杆，挖掘生活和生命质量因老年教育而得到显著提升的先进典型，对在老年教育中做出突出贡献的人才予以表彰奖励，激发各类人才的参与热情。

参考文献

民进广州市委员会课题组：《广州市老年教育发展现状及政策建议》，载《2018 年中国广州社会形势分析与预测》，2018。

叶忠海：《中国老年教育发展的若干基本问题》，《河北师范大学学报》（教育科学版）2017 年第 5 期。

张晓林：《以习近平新时代中国特色社会主义思想引领我国老年教育事业蓬勃发展》，《中国社会工作》2018 年第 4 期。

王英、谭琳：《中国老年教育的可及性研究》，《学术论坛》2018 年第 8 期。

蒋文宁：《“养教用”结合的老年教育新模式探索》，《成人教育》2018 年第 3 期。

B.22
新型城镇化背景下城市设计编制研究

苗润涛 赵 超 张 浩*

摘 要： 在快速城市化进程中，缺乏对城市空间环境的系统引导，致使建筑文化迷失。在新型城镇化背景下，城市千城一面，缺乏风貌特色的问题日益突出，城市设计则是解决此类问题的有效途径。本文从国家政策要求入手，通过研究借鉴外省市城市设计编制工作经验，分析河北省城市设计编制制度现状，提出河北省城市设计编制技术导则需要解决的重点问题，以及对编制内容的建议。

关键词： 新型城镇化 城市设计 技术导则 编制内容

在快速城市化进程中，由于缺失法定及规范性文件对空间环境的控制和引导，河北省乃至全国建筑文化迷失、城市文化缺失，城市千城一面、万楼一貌，城市特色不明显、生活环境品质不高等问题日益严重。而城市设计是提高城市生活环境品质的重要手段。

一 政策要求

（1）国家要求。2015 年 12 月，中央城市工作会议首次对城市设计提出

* 苗润涛，河北省城乡规划编制研究中心工程师；赵超，河北省城乡规划设计研究院工程师；张浩，河北省城乡规划编制研究中心工程师。

要求，提倡“城市双修”，加强城市设计，并明确了城市设计的对象和内容，城市规划、城市设计和建筑设计三者关系。2016 年 2 月，《中共中央国务院关于进一步加强城市规划建设管理工作的若干意见》也提出了相关要求，各地要有序推进城市设计管理法规的制定工作。

（2）部门规章。2016 年住建部相继出台《城市设计管理办法（征求意见稿)》和《城市设计技术管理基本规定（征求意见稿)》。2017 年 6 月《城市设计管理办法》实施，明确了立法目的、工作原则、职责划分、城市设计内容、编制组织、实施要求等内容。

（3）省级要求。2016 年 5 月河北省印发《关于进一步加强城市规划建设管理工作的实施意见》，对城市设计的工作定位、编制内容和管理实施做出了明确规定。

二　外省（市）城市设计制度分析

（1）北京市。北京市 2010 年编制《北京市城市设计导则》，城市设计导则体系比较完善，采用分区管理的模式，分为重点地区和一般地区，运用刚性控制与弹性引导相结合的方式，以属性化、量化指标为基础控制手段，明确强制性内容。主要特点是通过公共空间设计导则和建筑设计导则来管控城市风貌，同时配套出台了《北京中心城第一批城市设计重点地区划定草案》、《北京新城第一批城市设计重点地区划定草案》和《北京市城市设计导则编制基本要素库》等文件。

（2）天津市。天津市 2011 年编制《天津市城市设计导则编制规程（试行)》，导则将城市的历史文化保护地区、重点地区和一般地区控规分别作为控制单元。针对不同的单元类型，在“设计总则”和“设计分则”两个层面应提出不同内容的控制和引导要求。主要特点是以 10 个试点单元导则编制为先导，推动城市设计成果转化为与控规单元、地块一一对应的设计导则。通过建立动态化的三维数字成果系统，实现中心城区建筑模型 100% 全覆盖。利用 GIS 技术建立动态维护系统，实现无纸化、联网化运行。城市设计导则与规划管理实现有效结合。在方案评审、项目管理、名城保护、环境整治中，导则发挥了重要作用。

（3）江苏省。江苏省2011年编制《江苏省城市设计编制导则》，导则分为总体规划阶段、控制性详细规划阶段和单项三类城市设计。江苏省导则结构体系完善，主要特点是在控规阶段城市设计成果明确要求增加图则，该图则侧重于三维空间要素控制，包括建筑高度、建筑后退、廊道控制、开敞空间、交通组织等具体控制要求，与控规结合紧密。在城市设计的实施管理方面，明确要求控规阶段城市设计内容纳入相应地块规划条件，作为土地建设用地和建设工程规划管理的依据。

（4）福建省。福建省2011年编制《福建省城市设计导则（试行）》，分为总规城市设计、控规城市设计和单项三种城市设计类型。主要特点是控规城市设计专篇成果注重图则的应用，重点表达景观结构、高度布局、开发强度引导、界面控制等内容，宜单独编制；地块控制性详细规划城市设计专篇图则可以和控制性详细规划分地块图则合并绘制，也可以独立编制，图则应侧重于三维空间要素控制（建筑高度、建筑体量、建筑风格、建筑位置及后退要求、交通出入口组织、景观界面控制等具体控制要求）；加强了成果实施性，城市设计通过与法定规划等相结合的方式，有效对建筑设计或具体建设进行控制。

（5）浙江省。浙江省2014年编制《浙江省城市设计编制导则》，分为总体城市设计、详细城市设计和实施性城市设计三个层次。主要特点是明确了成果图则的要求，提出详细城市设计成果要增加“以街区或地块为基本单元，对重要的控制与引导要求的图形化表达”导则图，并对导则图的主要内容做了规定；加强了组织实施，将总体城市设计的重点控制要素，作为城市总规编制的研究专题，吸收到城市总规中，详细城市设计相关控制要素，作为控规编制的前期研究成果，纳入控制性详细规划；实施性城市设计，作为提出建设用地规划条件和实施建设项目规划管理的参考依据。

三　河北省城市设计编制制度分析

河北省分别于1999年和2011年，编制了《河北省城市设计编制技术指引（试行）》和《河北省城市风貌特色控制导则（试行）》，弥补了河北省城市设计制度上的空白，明确了城市设计编制类型、内容和控制要素等内容，对河北省城市设计编制工作起到了积极的推动和引导作用。

（1）《河北省城市设计编制技术指引（试行）》。从总规、控规两个层面的城市设计任务、编制内容、成果要求、实施运行机制都做了明确规定，同时规定了应单独编制城市设计的重点地段，内容细腻深刻。

面对国家的新形势和新要求，《河北省城市设计编制技术指引（试行）》还存在一定的不足。一是编制类型缺乏对下一层次规划的指导。只有总体城市设计和详细城市设计两个阶段，对下一层次规划及建筑设计缺乏有效指导。二是编制内容深度有所欠缺。总体城市设计中对自然资源和特色资源保护内容不足；提出重点地区城市设计，但缺乏具体技术规定。三是组织实施性有待提升。该指引规定了总体城市设计和详细城市设计成果纳入相应的规划体系，但未明确强制性管控内容和刚性控制要求；成果跟规划体系结合不紧密，内容有待革新。

（2）《河北省城市风貌特色控制导则（试行）》。该控制导则明确城市风貌特色的构成要素，制定完整的城市风貌特色的控制体系、控制内容与控制指标，提出与城市风貌特色控制有关的规划编制和规划管理的要求。在空间构成划分、控制指标体系及实施管理等方面进行了积极探索，但是还存在一些不足。一是规划层次不满足国家新要求。二是控制指标与规划体系衔接不足，未明确纳入相应规划的强制性内容。三是各层次城市设计成果要求不明确，实施性不强。

四　对河北省城市设计编制思考

在新型城镇化的背景下，编制和完善河北省的城市设计编制技术导则，只有从制度上对城市设计进行规范化、法治化，才能稳步地推进河北省的城市设计工作。通过对国内城市设计编制工作的研究，对河北省的城市设计编制技术导则编制工作提出以下建议。

（1）编制原则方面。注重合法性，对接法定规划体系，明确城市设计的法定实施途径；注重系统性，明确各层次、各类型城市设计的主要任务，规范科学的编制体系；注重规范性，规范城市设计的编制内容、设计要点和成果要求；注重可操作性，与规划管理制度相衔接，因地制宜，注重城市设计成果的可操作性。

（2）重点研究解决的问题。一是明确城市设计的类型及内容。以《河北省城市设计编制技术指引（试行）》和《河北省城市风貌特色控制导则（试行）》为基础，进一步落实国家要求。结合其他省份编制内容，规范深化各阶段的城市设计内容，分层次、分重点地进行编制城市设计。二是加强与相应规划的衔接，明确收集资料内容，体现收集资料与相应城市规划一致性和特殊性；明确各层次城市纳入相应城市规划的强制性管控内容；明确成果表现形式，加强图则内容与控规对接，便于实施。三是增强组织实施性，明确城市设计编制、主体、审批及组织实施等内容，让城市设计成为提出建设用地规划条件和实施建设项目规划管理的重要参考依据。

（3）编制内容方面。一是明确编制类型和内容，对编制类型和内容进行规范和深化，按照国家新要求，分为总体城市设计和重点地区城市设计，并分别与城市总体规划和控制性详细规划有效对接。二是加强特色资源保护，总体城市设计中应对城市自然资源进行评估与研究，分析生态本底条件，确定自然资源、历史人文资源保护范围及控制要求，并明确城市与其周边自然景观资源的协调控制要求。三是突出重点地区的编制要求，对历史文化街区建设控制地带、重点更新改造地区、重要街道、生活性滨水地区、沿山地区、重要广场和公园、交通枢纽等重点管控地区提出编制要求。四是加强城市设计的可实施性。重点地区城市设计成果应明确要求城市设计图则与控制性详细规划紧密衔接，有利于城市设计规划管理。

参考文献

樊伟：《湖北省城市设计管理体系研究》，华中科技大学硕士论文，2015。

魏钢、朱子瑜、陈振羽：《中国城市设计的制度建设初探——〈城市设计管理办法〉与〈城市设计技术管理基本规定〉编制认识》，《城市建筑》2017 年第 5 期。

王宏杰、纪叶、刘力飞：《总体城市设计导则编制的困境及方法探索——“系统拼叠法”在抚松新城总体城市设计中的应用》，《城市发展研究》2018 年第 9 期。

郑晓燕：《重点地区控规阶段城市设计的实施路径——以 C 市金鸡山南部区域城市设计实施为例》，《中外建筑》2018 年第 9 期。

陆遥、吴南居、王紫辰：《北京城市设计重点地区划定探索》，《北京规划建设》2018 年第 7 期。

高楠、顾大治：《老城区街头边角空间城市设计导则编制研究》，《青岛理工大学学报》2018 年第 4 期。

沈磊、沈佶：《运用城市设计彰显城市特色——天津城市设计的探索、实践与思考》，《城乡建设》2016 年第 8 期。

窦川茸：《不同层级城市设计的应用探索——以河西区城市设计为例》，天津大学硕士学位论文，2015。

陈雄涛：《城市设计导则编制及管理的探索——以天津滨海新区重点地区为例》，载《转型与重构——2011 中国城市规划年会论文集》，2011。

韩冬青：《当前我国城市设计的实践类型及其所面临的挑战》，《江苏建筑》2018 年第 1 期。

刘红杰、徐倩：《特色导向的总体城市设计编制方法探索——以宣城市为例》，《建筑与文化》2017 年第 10 期。

B.23
推进“街区制”若干问题思考

武明明　苗润涛　陈　昊*

摘　要：　针对中国城市病日益凸显的问题，中央召开城市工作会，提出逐步推行“街区制”，本文从国内外住区演变历史规律入手，分析街区制案例，发掘推行意义，探索推行措施，提出适合我国国情的街区制实施建议。

关键词：　街区制　住区　开放　尺度

伴随高速的城市化进程，中国城市建设问题越发凸显，城市规划前瞻性、严肃性、强制性和公开性不够，城市建筑贪大、媚洋、求怪等乱象丛生，“城市病”蔓延加重。针对各种“城市病”，中央专门召开城市工作会，出台《关于进一步加强城市规划建设管理工作的若干意见》，提出“优化街区路网结构”，“推广街区制，原则上不再建设封闭住宅小区”，“树立‘窄马路、密路网’的城市道路布局理念”。

一　历史沿革

（一）国内住区形态演变

街区制并非国外的独创，而是中国传统居住空间的回归与再造。中国的

* 武明明，河北省城乡规划编制研究中心工程师；苗润涛，河北省城乡规划编制研究中心工程师；陈昊，石家庄市城乡规划局工程师。

居住空间总体而言经历了“封闭—开放—封闭”的历程。

如图1所示，具体来看，中国住区形态历史演变如下：战国之前封闭邑里制—秦汉时期封闭闾里制—三国至唐时期封闭里坊制—宋元明清时期开放街巷制—近代逐渐摆脱封建桎梏，形成开放式居住格局—计划经济时期单位大院—过渡时期单位制解体，社区走向开放—市场经济时期封闭小区。

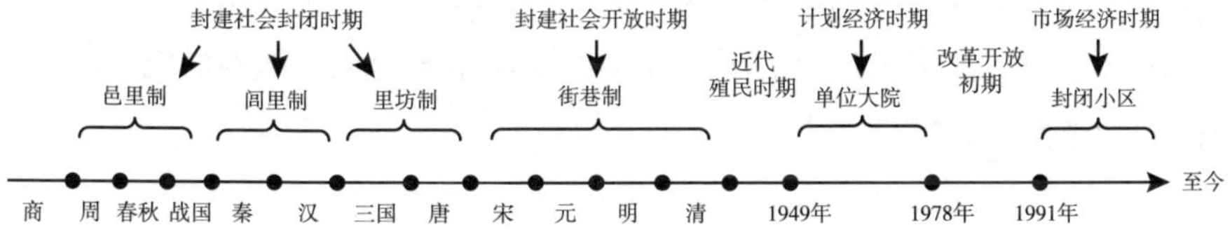

图1　中国住区形态历史演变

（二）国外住区形态演变

以西方发达国家为例，国外住区空间总体而言经历了“开放—封闭—开放”的历程。大体分为三个阶段：19世纪前的欧洲街坊以街道和广场作为城市的空间要素，由棋盘状或放射环形路网围合成院落，形成1~2公顷的街坊；19世纪至20世纪中叶，受带形城市、田园城市等理论影响，主张建设大尺度封闭街区，其间无过境交通，形成等级化的功能主义城市空间体系；19世纪末之后，开放式街区逐渐盛行，从传统社区和邻里发展中借鉴城市组织和空间安排的经验，提倡住区功能与形态的混合，采用小街区密路网模式，重视街道的作用，倡导公交导向。

（三）街区制案例

1. 日本幕张滨城住区

日本幕张滨城住区重视建筑与街道的关系，其主要设计理念是将住区打造为城市街区，构筑适应周边城市街区肌理的开放型住区结构。表现形式是采用围合式布局沿街布置建筑，对内形成私密的中庭活动空间，同时，沿街安排商业设施，住区内的公共设施面向城市开放，形成一个个复合功能的居住社区。

2. 北京建外 SOHO

北京建外 SOHO 采用商住混合式街区制住区模式，引入三条南北向城市支路对地块进行划分，既提高了区域通达性，也增加了街区内商业建筑的临街面。对外，住区各建筑裙房顺应街道走向布置，向外围界面安排各种公共设施，形成连续沿街商业界面。设置多个人行出入口，建立城市与住区的有机联系。对内，住宅入口设门卫，在裙房屋顶布置绿化与休闲设施，以维护住区的私密性与领域性。

二 推行意义

（一）封闭住区的弊端

1. 占地规模过大，城市交通受阻

我国已全面进入汽车时代，现代交通理论证明住区规模过大，导致城市道路被阻断，道路路网稀疏，容易造成交通拥堵，封闭大住区导致的路网密度较低，通过加宽道路方式来疏解交通，同样的起讫点，大尺度稀路网与小尺度密路网相比，非机动车通行距离长，可达性差。

2. 外围界面封闭，街道活力丧失

采用“封闭式管理”的社区，独立于城市之外，把公共景观绿化放到小区内部，实现自我封闭。外围界面被忽视，相邻的街道空间变得冷漠，催生居民的排外心理与优越感，所谓“不患寡而患不均”，不利于社会稳定。街道空间只有交通功能，屏蔽居民的日常活动。

3. 追求自我完善，公共设施低效

根据《城市居住区规划设计规范》，每个小区都应配备一套完整的服务设施，涵盖居民生活的方方面面。各自为政地重复建设级别较低配套服务设施，而非集约利用资源，为城市居民提供高水平、多样化的服务，造成资源浪费和设施低效利用。

4. 破坏城市文脉，城市风貌趋同

我国封闭式住区建设套用模式的现象广泛存在，不同地域住区特色缺失，大面积的拆旧建新活动割断了城市的历史传统。规模差异、建成时间不同、建筑风格自说自话的住区使城市肌理、城市特色、传统街区等无价之宝很有可能在短时间内付诸东流。

5. 社区性缺失，邻里关系冷漠

大尺度的环境空间不易产生领域感，且绿地等公共设施配套缺乏多样性，难以满足不同年龄层次居民的需求，难以营造邻里氛围，领域感缺失，出现“有区无社”的局面。

平行布置的住宅、封闭的院墙阻碍了邻里交往，使犯罪行为失去了邻里监督。

（二）街区制的推行意义

1. 改善交通组织

随着封闭小区逐步开放，部分住区道路升级为城市道路，密集街道提供多路径的选择，增加城市路网密度，完善城市路网结构，调节城市微循环，使城市路网稠密、四通八达，从而达到“治堵”的目的。

2. 重构空间形态

通过改善路网结构，开放封闭住区内部空间，连续的街步行空间增加娱乐、休闲、交流的场所，激活邻里关系，增强居民的归属感、邻里的认同感、工匠精神的领地感。构建住区与城市的良性互动，形成“公共—半公共—半私密—私密”的空间层次，丰富城市公共空间，为不同需求的交往行为提供可能。

3. 提升土地价值

封闭社区临街面较少，出现了“金角 - 银边 - 草肚皮”的开发模式，内部缺乏道路联系的大尺度街廓，由于开发效益差异明显，临街面过度开发，内部土地闲置的开发失衡现象普遍存在，高密度支路支持的开放街区临街面多，缓和土地供需矛盾，便于土地的集约内向型发展，提升土地的价值。

4. 完善公共设施

封闭住区内部配套服务设施重复建设率高，服务对象少，使用效率低。推行街区制可以实现住区道路公共化，通过资源整合，推动区域设施资源共享，从而带动城市公共设施质量整体提升，最终实现城市共荣。

5. 增强街区活力

街区制旨在通过开放住区促进城市文化、功能空间的有机融合，将内向的住区空间赋予外向性，提升街道、院落、广场等公共空间的利用率，吸引人群驻足，打造活力街区，提升城市活力。

三 推行措施

（一）立法先行

1. 协调政策与法律的关系

封闭小区、单位大院是传统城市规划理念的产物，已成既定法律事实与利益格局。按照《物权法》，居住区内的道路、绿地属业主共有，落实涉及包括业主在内的有关主体的权益保障问题。街区制的推行，可能损害小区业主对居住区公有部分的共有权，也与现行的居住区规划审查标准存在冲突。为保证公共利益，街区制推行的前提是妥善处理好政策与法律之间的关系，启动相关立法与修法程序。

2. 标准规范改革

按照《城市用地分类与规划建设用地标准》，控规用地适建性列表指出在同一地块允许开发的其他用途，有效地解决了合理更改用地功能和功能混合的问题。但实际建设时的商住混用功能，在指标确定时只能是要么按照居住用途要么按照公共建筑用途，套用公共建筑，往往开发强度偏高；套用居住建筑，则会偏低。高低之间，经济账出入很大。建议研究增加混合用地类型，增强用地性质弹性，引导城市用地混合功能开发。

按照最新版的《城市居住区规划设计规范》，居住小区作为独立系统，按照四级生活圈，对应不同人口规模配套建设服务设施，街区制推行后，新的住区规划主张资源共享，无需“捆绑”配置服务设施，我国街区的规模将介于现有居住小区和居住组团之间，研究社区服务设施配置内容和配置标准，是街区制空间开发的必要基础之一。

3. 税费改革

尽快改革国有土地出让和相关税收政策，从源头促进土地开发模式的转变，带动街区制、密路网的推行。例如，允许和鼓励联合开发公共设施用地；采用不同类型建筑联合开发的多元化土地使用模式；适度控制房地产开发；加快推进实施房产税、物业税、消费税、交通便利税等多税种改革。

（二）转变观念

1. 政府层面

转变通过大面积卖地的不可持续的做法，通过街区制的次干路和支路网加密带来的沿街商业面积、就业岗位、商业税收，促进税收的增加。“土地批发改为零售”，这样投资渠道多，开发方式灵活，减少了由大规模开发方式带来城市多样性丧失的风险。与之相应的是由不同设计单位各自进行小地块的设计，有利于形成各具特色的街区形象，避免简单化设计，塑造城市特色。

2. 开发商层面

开发商着眼于业主的长远利益和物业经营的实际，在设计理念上把小区定位为“社区资源，社会共享”的开放式小区，会达到双赢、多赢的目的。配合政府的规划建设，适当地将服务设施临街建设，或建于小区边缘，服务周边区域。

3. 居民层面

街区制倡导开放、交流的社区环境，这就产生了“我家”和“大家”利益的冲突。政府和舆论媒体应引导居民逐步转变小农意识，逐渐从乡村文化向城市文化转变，打破在相对封闭的小区内围绕一亩三分地形成“我家”的空间范围，提升居民公共利益观念。

（三）实施建议

1. 设置合理的街区尺度

通过对国内外相关理论研究，街区尺度的影响因素主要包括：对城市功能的容纳，参考部分欧洲城市，在70米×70米的街区，做好城市交通、设计、建设、管理的有效衔接，可满足大多数城市功能的容纳；景观视线的渗透性，街区尺度越小，道路交叉口越多，城市景观视线的渗透性越强，最理想的尺度为70～130米的街区；土地效益的经济性，土地规模大小和临街面的多寡是土地效益经济性的关键，参考其他城市经验，60～200米的界面长度，可以最大限度发挥土地经济效益；城市交通的要求，美国学者提出80～110米的交通网络为理想的步行距离，必须采用长街区时，中间应设置人行步道。

2. 控制较小的建筑红线距离

现行大部分城市技术管理规定中建筑红线距离是依据现有的“宽马路、大街区”城市形态确定的，为将住区内部空间隔离于外部道路机动车影响之外，普遍较宽。而在街区制的“窄马路、密路网”模式下，建筑红线距离应相应减少。

3. 有层次的开放住区空间

街区型住区倡导住区与城市的互动，但要保证街区的领域感和安全感，建议将空间开放为以下几种层次：私密空间，承载着住区居民家庭内部交往活动；半私密空间，几栋住宅围合的院落空间，承载着邻里居民的交往活动；半公共空间，住区内部主要的社会性交往空间，表现形式为社区公园等；完全开放空间，居民公共性的社会交往空间，属于城市公共空间，包括城市公园、带形绿地等。

4. 旧城区建设对策

旧城区新建项目应以“窄马路、密路网”的原则建设。优化调整路权，优先保障绿色交通的空间，在道路空间分配上，优先保障公交和非机动车、步行路权；开放超大街区，打通微循环，在宽马路已存的情况下，应为步行和自行车流量提供替代路径，减轻宽马路的交通压力；以人为本、精细化设计，减轻大尺度道路的负面影响。可通过人性化的交叉口、道路断面、交通静缓、路段过街和停车设施设计，减少机动交通对非机动交通的干扰，倡导促进街道生活、增加街道活力的公共空间设计，以及限制机动车速度的交通静缓设计。

参考文献

杨保军、顾宗培：《“推广街区制”的规划思辨》，《城市观察》2017 年第 2 期。

彼得·卡尔索普：《未来美国大都市：生态·社区·美国梦》，郭亮译，中国建筑工业出版社，2009。

李呈琛、张波、李开宇：《国外可持续街区研究、实践及其对中国的借鉴》，《国际城市规划》2013 年第 2 期。

王双、唐欣：《基于 SWOT 分析的城市街区制推广策略研究》，《山东农业工程学院学报》2018 年第 7 期。

丁泳、黎志涛：《“开放街区”规划理念及其对中国城市住宅建设的启示》，《规划师》2006 年第 2 期。

杨保军：《关于“推广街区制”的解读》，《地球》2016 年第 3 期。

❖ 皮书起源 ❖

“皮书”起源于十七、十八世纪的英国，主要指官方或社会组织正式发表的重要文件或报告，多以“白皮书”命名。在中国，“皮书”这一概念被社会广泛接受，并被成功运作、发展成为一种全新的出版形态，则源于中国社会科学院社会科学文献出版社。

❖ 皮书定义 ❖

皮书是对中国与世界发展状况和热点问题进行年度监测，以专业的角度、专家的视野和实证研究方法，针对某一领域或区域现状与发展态势展开分析和预测，具备原创性、实证性、专业性、连续性、前沿性、时效性等特点的公开出版物，由一系列权威研究报告组成。

❖ 皮书作者 ❖

皮书系列的作者以中国社会科学院、著名高校、地方社会科学院的研究人员为主，多为国内一流研究机构的权威专家学者，他们的看法和观点代表了学界对中国与世界的现实和未来最高水平的解读与分析。

❖ 皮书荣誉 ❖

皮书系列已成为社会科学文献出版社的著名图书品牌和中国社会科学院的知名学术品牌。2016 年，皮书系列正式列入“十三五”国家重点出版规划项目；2013~2019 年，重点皮书列入中国社会科学院承担的国家哲学社会科学创新工程项目；2019 年，64 种院外皮书使用“中国社会科学院创新工程学术出版项目”标识。

S 基本子库
SUB DATABASE

中国社会发展数据库（下设 12 个子库）

全面整合国内外中国社会发展研究成果，汇聚独家统计数据、深度分析报告，涉及社会、人口、政治、教育、法律等 12 个领域，为了解中国社会发展动态、跟踪社会核心热点、分析社会发展趋势提供一站式资源搜索和数据分析与挖掘服务。

中国经济发展数据库（下设 12 个子库）

基于"皮书系列"中涉及中国经济发展的研究资料构建，内容涵盖宏观经济、农业经济、工业经济、产业经济等 12 个重点经济领域，为实时掌控经济运行态势、把握经济发展规律、洞察经济形势、进行经济决策提供参考和依据。

中国行业发展数据库（下设 17 个子库）

以中国国民经济行业分类为依据，覆盖金融业、旅游、医疗卫生、交通运输、能源矿产等 100 多个行业，跟踪分析国民经济相关行业市场运行状况和政策导向，汇集行业发展前沿资讯，为投资、从业及各种经济决策提供理论基础和实践指导。

中国区域发展数据库（下设 6 个子库）

对中国特定区域内的经济、社会、文化等领域现状与发展情况进行深度分析和预测，研究层级至县及县以下行政区，涉及地区、区域经济体、城市、农村等不同维度。为地方经济社会宏观态势研究、发展经验研究、案例分析提供数据服务。

中国文化传媒数据库（下设 18 个子库）

汇聚文化传媒领域专家观点、热点资讯，梳理国内外中国文化发展相关学术研究成果、一手统计数据，涵盖文化产业、新闻传播、电影娱乐、文学艺术、群众文化等 18 个重点研究领域。为文化传媒研究提供相关数据、研究报告和综合分析服务。

世界经济与国际关系数据库（下设 6 个子库）

立足"皮书系列"世界经济、国际关系相关学术资源，整合世界经济、国际政治、世界文化与科技、全球性问题、国际组织与国际法、区域研究 6 大领域研究成果，为世界经济与国际关系研究提供全方位数据分析，为决策和形势研判提供参考。

法律声明